Anselm Bilgri

GOTTESENTRÜMPLUNG

Warum es nicht verrückt ist, heute religiös zu sein

Gütersloher Verlagshaus

Bibliografische Information der Deutschen Nationalbibliothek

Die Deutsche Nationalbibliothek verzeichnet diese Publikation
in der Deutschen Nationalbibliografie; detaillierte bibliografische
Daten sind im Internet über http://dnb.d-nb.de abrufbar.

Verlagsgruppe Random House FSC-DEU-0100
Das für dieses Buch verwendete FSC®-zertifizierte Papier
Munken Premium Cream liefert Arctic Paper Munkedals AB, Schweden.

1. Auflage
Copyright © 2011 by Gütersloher Verlagshaus, Gütersloh,
in der Verlagsgruppe Random House GmbH, München

Covermotiv: © privat
Druck und Einband: GGP Media GmbH, Pößneck
Printed in Germany
ISBN 978-3-579-06558-8

www.gtvh.de

GÜTERSLOHER
VERLAGSHAUS

Gütersloher Verlagshaus. Dem Leben vertrauen

Fratribus, sociis, amicis

Inhalt

Vorwort

Die letzten sieben Jahre meiner Zeit als Prior von Kloster Andechs und damit meines Mönchslebens habe ich einen monatlichen Bibelabend angeboten, der dann von 50 bis 100 interessierten Menschen überwiegend aus der Umgebung des Klosters besucht wurde. Ich schreibe bewusst: »interessierte Menschen« – und nicht Gläubige bzw. Gemeindemitglieder oder Katholiken. Mir war gerade als Ordensgeistlicher klargeworden, dass ein Kloster von vielen Menschen aufgesucht wird, die man landläufig als Ungläubige bezeichnet, die aber besser als Zweifelnde oder noch besser als Suchende angesprochen werden sollten. Die Form meines Bibelabends unterschied sich auch von dem, was in den Pfarreien normalerweise unter diesem Titel geboten wird. Entweder sind es ausgedehnte Katechesen, also Religionsstunden, oder – noch schlimmer – langatmige Predigten oder die so beliebten Stunden des Bibelteilens, bei dem jeder Teilnehmer – im Stuhlkreis sitzend – seine eigenen Assoziationen zu bestimmten Texten der Bibel mitteilt. Das, was sich als die mir gemäße Form herausstellte (die auch von den Menschen, die regelmäßig kamen, angenommen wurde), war eher eine eineinhalbstündige Vorlesung in Exegese. Passend zur jeweiligen Kirchenjahreszeit befasste ich mich mit den vorgesehenen Bibeltexten, aber auch thematische Themen wurden behandelt wie der biblische Schöpfungsbericht oder die Wunder Jesu in den Evangelien. Wir lasen auch einzelne Psalmen, ganze Briefe des Apostels Paulus oder die Offenbarung des Johannes. Erwachsen war die Idee dazu aus den Lektorenkursen, die ich hielt und bei denen ich den Vorlesern im Gottesdienst immer von der Verpflichtung sprach, sich eingehend mit der Bibel zu beschäftigen. Wenn die Kirche das von ihren engagierten Laien erwartete, musste sie die Gelegenheit dazu aber auch – möglichst vor Ort – anbieten. Natürlich hatte ich vorher schon 25 Jahre lang Sonntag für Sonntag oft für zwei verschiedene Personenkreise – Kinder oder Krankenhauspatienten – meine Predigten vorbereitet. Dazu benutzte ich nicht nur den griechischen Originaltext des Neuen Testamentes, sondern auch die einschlägigen Kommentare zur Bibel, die in einer Klosterbibliothek vermutlich vollständiger zur Verfügung stehen als in einem Pfarrhaus. Dieses Handwerkszeug half mir auch bei der Vorbereitung der Bibelabende.

Ein zweites Motiv, solche Abende anzubieten, hatte mich schon vorher jahrelang umgetrieben. Und das war eigentlich das Entscheidende. Mich beschäftigte zunehmend die Frage: Warum gelingt es uns, den Kirchenfunktionären, also den Pfarrern, Religionslehrern, Pastoralreferenten, Mönchen und Nonnen nicht, die Botschaft des Christentums als das Evangelium zu verkünden. Evangelium ist ja ein ursprünglich griechisches Wort und heißt: Frohe Botschaft, oder wie sich eine neue Übersetzung der Bibel in heutigem Deutsch nennt: Gute Nachricht. Es handelt sich also um eine Mitteilung, oder um es in der heutigen Umgangssprache auszudrücken, um eine *message*, die die Menschen, die sie hören und vielleicht sogar annehmen, froh machen sollte. Warum jedoch tut sie das nur in den seltensten Fällen?

Gerade wenn man sich mit dem Neuen Testament beschäftigt, stellt sich einem die Frage, warum sich die Botschaft des Christentums in solch horrender Geschwindigkeit ausbreiten konnte, dass sich Paulus schon im Jahr 50 unserer Zeitrechnung einen Brief an die Christengemeinde in der Hauptstadt der damaligen Welt, in Rom, zu schreiben veranlasst sah? Was war an dieser jüdischen Sekte der *christianoi*, der Anhänger des Jesus aus Nazareth, den seine Jünger Christus, Messias, den erwarteten Retter, Heiland nannten? Dreihundert Jahre später war die Christenheit schon derart erstarkt – man nimmt an, dass etwa 20 % der Bevölkerung des römischen Reiches getauft waren –, dass Kaiser Konstantin den Entschluss fassen konnte, mit Hilfe dieser neuen Religion die Einheit seiner Regentschaft zu festigen. Eine ungeheure, für uns nicht mehr vorstellbare Anziehungskraft und Begeisterung muss von dieser Glaubensgemeinschaft ausgegangen sein, dass ihr trotz Anfeindungen und Verdächtigungen, ja sogar Verfolgungen die Menschen in Strömen zuliefen. War es wirklich nur spätrömische Dekadenz, die die Völker des weltumspannenden Imperiums reif für die Botschaft Jesu werden ließ, die bei den Gelehrten der Griechen und Römer anfänglich nur Verachtung und Spott hervorrief? Worin bestand der Anwendernutzen für die Menschen der damaligen Zeit? Oder, wenn das ökonomisch geprägte Wort nicht gefällt, was machte die Lebensdienlichkeit dieser Lebenseinstellung aus? Sie muss den Menschen eine bessere Antwort auf das gegeben haben, was wir modern die Frage nach dem Sinn nennen. Auch uns Heutige treibt ja die Frage nach dem Sinn des Lebens um. Wozu sind wir auf der Welt? Wie ist sie entstanden? Wo geht die Reise des Universums, aber auch jedes einzelnen Individuums hin? Wie gestalten wir optimal das Zusammenleben der Menschen? Wie gelingt die Balance im Leben? Gibt es ein Jenseits? Was geschieht beim Sterben eines Menschen? Ist dann alles aus? Oder bleibt etwas für immer? Diese Fragen haben die Menschen der Antike bewegt, sie bewegen auch uns. Können wir das Begeisternde und Befriedigende, weil Befriedende und Befreiende des christlichen Glaubens wieder entdecken, oder müssen wir es erst vom Staub der Jahrhunderte und der Asche des erloschenen Feuers befreien, die sich in den vergangenen zweitausend Jahren wie versteinernde Lava auf das Vulkanfeuer der christlichen Botschaft gelegt haben? Wie kann diese Lehre, dieser neue Weg auch für uns und unsere Lebensgestaltung hilfreich sein?

Ein Drittes war es, was mich zur Beantwortung dieser Fragen bewegte. Ich hatte in München ein mathematisch-naturwissenschaftliches Gymnasium besucht. Nicht weil ich dafür besonders begabt gewesen wäre – im Abitur waren die beiden Hauptfächer Mathe und Physik sogar meine schwächsten –, sondern allein deshalb, weil diese Oberrealschule, wie sie zu Beginn noch hieß, am nächsten bei unserer Wohnung gelegen war. Dort jedenfalls habe ich naturwissenschaftliches Denken kennen und schätzen gelernt. Es war das Normalste von der Welt. Alle meine Lehrer und wir Schüler dachten so. Selbstverständlich waren mir im

Geographieunterricht das Alter der Erde, im Physikunterricht die Entstehung des Universums vor Milliarden von Jahren, in Biologie die Vererbungslehre von Mendel und die Evolutionstheorie von Darwin vermittelt worden. Mathematik, Physik und Chemie zeigten uns, dass alle Gesetzmäßigkeit in Zahlen und Formeln darstellbar war und nichts auf dieser Welt geschah, das diesen Gesetzen widersprach – bis neue Naturgesetze gefunden wurden, die die alten außer Kraft setzten. Parallel zur Schule entwickelte sich meine religiöse Sozialisation. Obwohl meine Eltern und Großeltern keine praktizierenden Katholiken waren, hatte ich, vermittelt durch eine fromme und kirchlich sehr konservative Großtante, Kirche und Frömmigkeit – heute würde ich wohl Spiritualität dazu sagen – als anziehend kennengelernt. Dies entwickelte sich bis zum Entschluss, Theologie zu studieren, Priester und schließlich Benediktinermönch zu werden. Damals war es für mich kein Problem, sozusagen in zwei Parallelwelten zu leben. Hier die selbstverständliche naturwissenschaftliche Prägung durch die Schule, das Wissen um die Gesetze der Schwerkraft und der Trägheit, die Einstein'sche Relativitätstheorie und Heisenbergs Unschärferelation, was mich alle technischen Entwicklungen nutzen ließ (vom Auto bis zum PC) – und dort die Welt der Religion mit dem Glauben an die Dreifaltigkeit, die Gottessohnschaft Jesu samt Jungfrauengeburt, seine im Neuen Testament geschilderten Wunder, Auferstehung und Himmelfahrt, die reale Gegenwart Christi im Brot der Eucharistie, Himmel und Hölle nach dem Tod. Auch die Gebote und Weisungen der Kirche für ein christliches Leben bereiteten mir weniger Schwierigkeiten als meinen Altersgenossen: der sonntägliche Kirchgang etwa oder die Hochschätzung einer solch altmodisch anmutenden Tugend wie der Keuschheit. So eigenartig es klingen mag: Erst lange nach meinem Studium und während meiner Zeit als Cellerar, d.h. als Wirtschaftsleiter des Klosters, ist mir die Kluft zwischen modernem Leben und kirchlichem Glauben immer bewusster geworden. Meine verschiedenen Aufgaben als Seelsorger – Jugendpfarrer in den Münchner Altstadtpfarreien, Bauernpfarrer im Dorf Machtlfing bei Andechs und Wallfahrtsdirektor auf Bayerns Heiligem Berg – haben mich geerdet, was die tatsächlichen Probleme der Menschen waren. Damals ging mir schon die später gehörte Formulierung des ungemein anregenden Theologen Eugen Biser auf: Die Kirche beantwortet Fragen, die die Menschen gar nicht haben, und auf deren wirkliche Fragen gibt sie wenig hilfreiche Antworten. Neben der Seelsorge hat mir vor allem die Tätigkeit als Cellerar den Horizont des Denkens erweitert. Ich habe mich in etlichen Verbänden und Gremien der Wirtschaft engagiert und dabei viele ernsthaft denkende, verantwortlich agierende und christlich leben wollende Menschen getroffen, die gerade von einem Mönch, der mit beiden Beinen im Leben steht, angetan waren. Natürlich gab es auch andere, die von einem Mönch vor allem Zurückgezogenheit, Bescheidenheit und – ein oft missbrauchtes Wort – Demut erwarteten und mir deshalb kritisch gegenüberstanden. Damals habe ich erst die Weisheit der Benediktsregel richtig zu verstehen gelernt, die sich mir als ein zeitloses Organisations- und Führungshandbuch der europäischen Kultur- und Wirtschaftsgeschichte offenbarte.

Bei aller ökonomischen Verantwortung für mein Kloster wurde mir die Frage nach Gott immer wichtiger. Und ich erkannte, dass diese eigentlich unbeantwortbar war. All das, was ich im Theologiestudium gelernt hatte, wurde immer fragwürdiger und erwies sich als wenig hilfreich für mich persönlich und für die Menschen, mit denen ich zu tun hatte. Gleichzeitig bemerkte ich aber in der Gesellschaft, obwohl diese immer säkularisierter wurde, ein erneutes Interesse am Religiösen. Und sei es nur, weil zunehmend eine uns fremde Art von Religionsausübung öffentlich sichtbar wurde: der Islam. Mein eigener Vater, eigentlich religiös nicht sonderlich musikalisch, drängte in gelegentlichen Diskussionen darauf, die christlichen Werte doch wieder mehr hervorzuheben. Die Angst vor einer drohenden Übernahme unserer westlichen Welt durch fanatische Muslime ließ unsere kirchlich distanzierten Christen spätestens seit dem 11. September 2001 aufhorchen. Die geplanten Bauten von Moscheen, die endlich aus den Hinterhöfen heraus an repräsentative Plätze der Metropolen drängen, tun heute ein Übriges. Das Wiederentdecken der Werte unserer abendländischen »Leitkultur« führt aber eigenartigerweise nicht zu einer Zunahme der Kirchenmitgliedschaften. Im Gegenteil, die Austritte schrauben sich, angeheizt durch die jüngsten Missbrauchsfälle, in neue Höhen. Gleichzeitig ist zu beobachten, dass Meditationskurse, angeboten in Klöstern oder spirituellen Zentren, Zulauf haben wie nie zuvor. Der gestresste und durch seine berufliche Beanspruchung sich selbst entfremdete moderne Mensch sucht Hilfe bei den Institutionen, die er eigentlich ablehnt, den Kirchen. Wohl werden Klöster und Orden eher positiv gesehen, im Gegensatz zu den verfassten Großkirchen, aber sie gehören doch dazu. »Jesus ja, Kirche nein!«, so lautete ein Slogan der siebziger Jahre. Heute müsste man ihn wohl abwandeln: »Spiritualität ja, Kirche nein!« Spiritualität als neues, neutrales Synonym für Frömmigkeit und kirchliche Praxis ist der Verkaufsschlager, den aber die Kirchen selber eher skeptisch betrachten. Spiritualität wird vielfach in die Ecke der Esoterik gedrängt, genau dort findet man diese Literatur auch in den Buchhandelsgroßmärkten.

Häufig hört man gerade in kirchlichen Kreisen auch das abschätzige Wort von der »Wellness-Religion«, die dort angeboten und zu Billigstpreisen verschleudert werde. Das Christentum könne man sich nicht selbst zusammenschneidern, es sei nur im Paket zu haben – von einer Kirche zusammengestellt und geschnürt. Meine Erfahrung ist eine andere. Schon seit Klostertagen habe ich Kurse für Manager angeboten: Besinnungstage, Exerzitien, Trainings, Workshops – oft mit dem ausdrücklichen Verweis auf die Benediktsregel, die ja nach Aussage eines Theologen so etwas wie ein fünftes Evangelium Christi nach Benedikt sei. Also durchaus harte Kost, was die Anforderung an eine werteorientierte Führungskultur betrifft. Die Menschen sind bereit, sich darauf einzulassen, ohne gleich an ein kirchliches Engagement oder einen Wiedereintritt zu denken. Unsere Werte werden als das angenommen, was sie meiner Meinung auch von

Gott, von Jesus her kommend sind: Angebote zum Führen eines sinnvollen, stimmigen, in sich ruhenden Lebens. Dagegen sind unsere Aussagen über Gott für die Menschen von heute weitgehend nicht mehr verständlich, zum Teil sind sie auch unübersetzbar geworden. Vielleicht auch weil wir sie zu sehr rational unterfüttert haben und ihren Geheimnischarakter damit verblassen ließen. Vielleicht auch weil sie einfach nicht mehr hilfreich, sondern eher behindernd sind. Religionen haben gegenüber Philosophien den großen Vorteil, dass sie auch Feiergemeinschaften sind. Sie können den Glauben verkünden, Lebenshilfe bieten und beides feiernd und erinnernd vergegenwärtigen. Aber auch hier wird vor lauter Ehrfurcht vor der Tradition ungeheuer viel Ballast mitgeschleppt, der vielfach nichtssagend geworden ist. Dieser Ballast steht wie eine ungeheure Ansammlung von Gerümpel zwischen dem Menschen und dem tiefen Geheimnis Gottes. Daher auch der Titel dieses Buches: Gottesentrümpelung. Es geht also darum, den Zugang zu Gott freizuschaufeln von den vielen großen und kleinen Hindernissen, die im Wege stehen. Bei der Diskussion um den Titel stand Pate eines meiner früheren Bücher: »Entrümple deinen Geist. Wie man zum Wesentlichen vordringt«. Und auch das aufwühlende Buch »Gottesvergiftung« des Psychoanalytikers Tilmann Moser. Darin berichtet er von seiner Kindheit in einem sehr religiösen Elternhaus und der angstmachenden Verkündigung eines strafenden und rächenden Gottes. Durch dieses ambivalente Gottesbild sei ihm seine Beziehung zu Gott vergiftet worden. So wie ihm ging und geht es vielen Menschen mit einer religiös geprägten Kindheit. Da man es nicht anders gelernt hat, legt man nicht bestimmte Gottesbilder ab, sondern schüttet das Kind mit dem Bade aus und verabschiedet sich gleich ganz vom »Herrgott«. Moser selbst hat später wieder einen Zugang zu Gott gefunden, die Anklage gegen jene, die ihn ihm vergällt hatten, bleibt. Mein Buch »Entrümple deinen Geist« war durchaus der Anregung des evangelischen Pfarrers Tiki Küstenmacher verdankt, der mit seinem Bestseller »Simplify your life« Furore machte. Deshalb höre ich schon jene, die dem vorliegenden Buch vorwerfen werden, es handle sich nur um eine Version davon: Simplify your religion oder noch pointierter: Simplify your God. Ich antworte darauf: Warum nicht den Versuch einmal wagen? Einer meiner inzwischen bereits verstorbenen Freunde aus Andechser Zeiten, der engagierte Katholik und Journalist Josef Otmar Zöller, ein Kenner spanischer Kultur und Geschichte und deshalb Verehrer des dort überall spürbaren maurischen Erbes, hat oft bei einem Bier am Stammtisch geseufzt: Warum ist unsere Religion im Vergleich zum Islam so kompliziert? Dort gebe es keine so schwierigen Glaubenssätze wie den von der Dreifaltigkeit Gottes. Er und ich waren beide katholisch sozialisiert und ich möchte diese Ausprägung des christlichen Glaubens nicht missen. Dafür steht schon die Verwurzelung in meiner bayerischen Heimat. Aber Rokoko und Zwiebeltürme, Brauchtum und Herkommen sind auf Dauer zu wenig, um einen Glauben in heutiger Zeit vor dem eigenen Intellekt rechtfertigen zu können. Es soll auch nicht nur um eine Apologie des Christentums gehen. Ich glaube, das hat es gar nicht nötig, verteidigt zu werden. Die christliche Religion muss sich nur ihrer Lebensdienlichkeit gerade in einer immer unübersichtlicher werdenden Zeit bewusst werden. Religion und Glauben bieten Haltepunkte, Bojen im Ozean des Lebens. Diese rücken durchaus gelegentlich Standpunkte zurecht, die man sich selber so leichtfertig verpasst. In diesem Sinn glaube ich, dass es nicht »ver-rückt« ist, sich zurechtrücken zu lassen. Die in diesem Buch dargelegten Gedanken wollen ein Anstoß sein, selber nachzudenken über Gott und die Welt. Was dabei herauskommt, mag nicht immer kirchenkonform sein. Aber es ist dann hoffentlich eine vor der eigenen Vernunft und dem eigenen Gefühl gerechtfertigte Beschäftigung mit dem Glauben. Viele Ideen in diesem Buch sind schon einmal von anderen vorgedacht und aufgeschrieben worden. Eine Auswahl davon ist in der Literaturliste zu finden. Besonders anregend waren für mich Epikur, Meister Eckhart, Nikolaus Cusanus, Paul Tillich, Eugen Biser und Gianni Vattimo. Wir alle verdanken denen ungeheuer viel, auf deren Schultern wir stehen.

An dieser Stelle noch eine kurze Erklärung der vorangestellten Widmung: *fratribus, sociis, amicis* (den Brüdern, Wegbegleitern und Freunden). Zuallererst denke ich an meine leiblichen Geschwister: meinen Bruder Herbert Gietl und meine Schwester Susanne Frankenberger samt ihren Erst- und Zweitfamilien; durch sie habe ich gelernt, wie demütig man als Alleinlebender sein muss angesichts von Gelingen und Scheitern heutigen Familienlebens. Dann an meine ehemaligen Brüder und Schwestern in den Klöstern, die mir gezeigt haben, wie die Regel des hl. Benedikt und damit Christentum heute praktisch gelebt werden kann. Ich bewundere ihr treues Durchtragen gerade angesichts des schwindenden Nachwuchses. Von meinen Wegbegleitern möchte ich meine Mitarbeiter in den verschiedenen Aufgaben, die ich wahrnehmen konnte, nennen. Sie haben mich mehr gelehrt, wie gutes Führen und Dienen geht, als ihnen selbst bewusst ist. Es seien nur zwei genannt: meine langjährige Sekretärin in Andechs, Therese Eisenschmied, und meine jetzige gute Seele, Beate Wagner. Bekannte hat man sehr viele, Freunde nur eine Handvoll. Das wäre mir aber zu wenig. Ich fühle mich von vielen guten Freunden begleitet und getragen. Ganz wenige haben sich nach meinem Klosteraustritt von mir abgewandt – auch das ein Kriterium für wahre Freundschaft. Seit unserem gemeinsamen Studium begleiten mich Pfarrer Franz X. Leibiger und Monsignore Rainer Boeck. Wir hatten eine Zeitlang unter dem oberbayerischen Klerus den spöttischen Spitznamen »Die Heilige Dreifaltigkeit«, was mich immer amüsiert, die anderen beiden manches Mal gestört hat: die sprichwörtliche *invidia clericorum* (Neid der Pfarrer) stand dafür wohl Pate. Nicht vergessen möchte ich meine Stammtischfreunde. Manches gute Gespräch, das dort geführt wurde, floss in dieses Buch mit ein. Zum Schluss ein Dank an Thomas Schmitz vom Gütersloher Verlagshaus für seine Initiative und seine Geduld.

München, Mariä Lichtmess, im Februar 2011

Anselm Bilgri

1. Gott suchen

Ein paar Jahre vor meinem Klosteraustritt bat ich meinen damaligen Abt Odilo um ein Gespräch. Seit geraumer Zeit hatte mich umgetrieben, worüber ich mit ihm sprechen wollte. Um es auf den Punkt zu bringen, traf ich eine nicht ganz klare und doch harte Aussage: »Ich glaube, dass ich meinen Glauben an Gott verloren habe.« Und weiter: »Wenn ich das konsequent durchdenke, muss ich eigentlich aus dem Kloster austreten.« Wie ist das möglich, dass man beinahe dreißig Jahre in einer behüteten Welt lebt, in der Gott die wichtigste Rolle im Leben spielen sollte, und dann plötzlich feststellt: Der Grund, warum ich mich für diese Lebensform entschieden habe, ist allmählich weggebrochen ... Wenn ich die damalige Situation analysiere, sind es drei Argumente, die mich bewegt haben:

– Mit dem Beginn des Theologiestudiums, aber verstärkt durch meine Beschäftigung mit Exegese, der Wissenschaft von der Bibelauslegung, und der Kirchengeschichte in der Zeit als Cellerar und Prior im Kloster Andechs war mir immer deutlicher geworden, dass all unser Reden von und über Gott ein geschichtlich gewachsenes Reden darstellt. Dieses hat sich im Lauf der Jahrhunderte immer verändert – je nach den Kenntnissen der Menschen. Auch das Reden von Gott in der Bibel ist nicht statisch. Die Bibel ist ja nicht nur ein Buch, sondern, wie der griechisch-lateinische Ausdruck *biblia* besagt, es handelt sich um eine Sammlung von Büchern, die ganz unterschiedliche Reden über Gott transportieren. Die Bibel ist im Laufe von ungefähr eintausend Jahren entstanden. Jede Generation des hebräischen Volkes hat ihre Erfahrungen und ihre Ansichten über Gott und die Welt eingetragen. Wir sehen das an der Entwicklung der Gottesbezeichnungen oder Attribute: vom Stammes- und Kriegsgott, den auch wir übrigens noch in der katholischen »Nationalhymne« dem Lied »Großer Gott, wir loben dich« als Herr, Gott Zebaot, also als den Herrn der Heerscharen ansprechen, bis zu der unüberbietbaren Aussage des Ersten Johannesbriefes: Gott ist die Liebe. Vor einigen Jahren hat ein jüdischer Theologe ein beachtenswertes Buch geschrieben mit dem Titel »Gott. Eine Biographie«, in dem er die Entwicklung des Gottesbildes nur in dem Teil der Bibel, den wir Christen als Altes Testament bezeichnen, beschreibt. Mir war allmählich klar geworden, dass die große Sicherheit, wie ich mir Gott vorstellte, nicht mehr vorhanden war. Der große unwandelbare Gott stellte sich plötzlich als veränderbar und abhängig von der Fassungskraft der Menschen dar. War das dann noch Gott, der Allmächtige, Allgegenwärtige, Ewige? Und wenn er das nicht war, konnte er dann überhaupt Gott sein? Gab es Gott dann überhaupt?

– Ein zweiter Strang meiner Überlegungen war mein Interesse an den so genannten Naturwissenschaften. Von meiner Schulzeit an haben mich die wissenschaftliche Erklärung der Entstehung des Universums, die Entwicklung der unbelebten und belebten Natur genauso interessiert wie die Geschichten der Bibel, etwa der Schöpfungsbericht des ersten Buchs Mose. Schon früh war mir klar geworden, dass sich hier zwei Ansichtsweisen und Erklärungstraditionen zu widersprechen scheinen. Mit der Zeit und einer intensiven Lektüre merkte ich, dass es nicht nur mir so ging. Spätestens seit der Aufklärung im 17. und 18. Jahrhundert haben sich immer mehr Menschen diesem Widerspruch gestellt und sich damit auseinandergesetzt. Die historisch-kritische Exegese ist daraus hervorgegangen. All die vielen Ereignisse, die in der Bibel als wunderbare Eingriffe in den Ablauf der Natur und der Welt beschrieben werden, verloren durch die Beschäftigung mit der wissenschaftlichen Exegese ihren Wundercharakter. All diese Wundergeschichten der Bibel konnten auf naturwissenschaftliche Weise erklärt werden, sei es aus dem Literaturvergleich mit der ägyptischen oder babylonischen Kultur, die ähnliche Geschichten überliefern (wie z.B. bei der

Sintflut und der Noah-Geschichte), oder bei Heilungswundern durch therapeutische oder autosuggestive Erklärungen. Das berühmte Zitat aus Goethes Faust »Das Wunder ist des Glaubens liebstes Kind«, das ich bisher nur in die Abteilung Apologetik meines Theologenwissens abgespeichert hatte, bekam für mich eine neue, existentielle Bedeutung. Das Wunder, als Aufhebung der Naturgesetze, gab es nicht. Ehrlicherweise musste ich auch eingestehen, dass ich ein derartiges Wunder auch noch nie selbst erlebt hatte. Ich kannte es nur aus Berichten von anderen. Wenn also Gott nicht wunderbar eingreift in seine Schöpfung, braucht die Welt ihn dann überhaupt? Ein Gott, der, wie es schon bei dem griechischen Philosophen Epikur heißt, »nicht handelt, in keine Geschäfte verwickelt ist, keine Werke in Bewegung setzt«, sondern sich nur »an seiner Weisheit und Tugend freut und die Gewissheit hat, dass er immer größte und ewige Lust genießen wird«, ein solcher Gott ist nutzlos als Ziel- und Orientierungspunkt meines Lebens.

– Als einen dritten Beweggrund machte ich Folgendes aus: In meiner Teenagerzeit hatte ich durch eine fromme Tante Zugang zu entschiedenem Glaubensleben gefunden. Ich erinnere mich gut an einen bestimmten Moment, in dem ich mir selbst zwei Fragen stellte: Glaubst du, dass Gott existiert? Glaubst du, dass Jesus sein Sohn ist? Mir stellte sich bei positiver Beantwortung nichts anderes als Konsequenz daraus dar, als mein Leben diesem Gott zu weihen, das hieß konkret katholischer Priester zu werden. Mit all den Dingen, die damit verbunden sind: Verfügbarkeit für die Kirche, Verzicht auf Selbstbestimmung, religiös geprägte Lebensführung und Zölibat, also Verzicht auf sexuelle Partnerschaft. Als begeisterungsfähiger Jugendlicher fiel es mir auch gar nicht so übermäßig schwer, diesen Enthusiasmus einer Lebensentscheidung durchzutragen durch zwei Jahre Priesterseminar, Klostereintritt, Theologiestudium, Feierliche Profess, Priesterweihe, Seelsorgstätigkeit nacheinander als Kaplan, Dorfpfarrer und Wallfahrtsdirektor, Verwaltungsarbeit als Cellerar und schließlich Oberenaufgaben als Prior. Katholische Geistliche und Ordensleute leben – auch wenn sie mit Menschen zu tun haben oder sogar für sie da sein sollen – in einer geschlossenen Welt. Bei einem Pfarrer ist es das Pfarrhaus, aber noch viel mehr das geistige und atmosphärische Biotop von binnenkirchlicher Denke, Pflichterfüllung und Umgang mit kirchennahen Menschen. Ordensleute sollen in irgendeiner Art von Klausur leben, die eigentlich eine spirituelle Atmosphäre ermöglichen soll, aber oft zu Enge und Ghetto-Mentalität führt. Man sieht die Welt draußen nur noch durch die Kirchenbrille und innerkirchliche Themen werden zum Dreh- und Angelpunkt des Denkens und Redens. Die Abgrenzung zu den Menschen »draußen«, die Pflege der eigenen, besonderen Berufung gewinnen gern die Oberhand gegenüber dem Bewusstsein, »für die Menschen bestellt zu sein«, aber auch zu sich selbst und der eigenen Bestimmung im Leben, jenseits aller kirchlichen Vorgaben, zu finden. Schon als Jugendseelsorger, dann als Pfarrer in einem traditionellen kleinen Bauerndorf in der Nähe des Klosters, aber erst recht als Cellerar und Prior und mit den vielen Kontakten, die ich in die Gesellschaft hinein hatte, wurde mir die Diskrepanz zwischen der Lebenswirklichkeit der meisten Menschen und unserer kleinen heilen Welt, die wir oft krampfhaft aufrechterhalten wollten, immer mehr bewusst. Gerade die Rituale, die den Alltag eines Benediktinerklosters rhythmisieren, unterstreichen diese Kluft noch einmal besonders. Bis dahin waren sie mir teuer und wertvoll gewesen. Wegen des viermaligen gemeinsamen Gebets, des Choralgesangs, der feierlichen Gottesdienste, der liturgisch gestalteten Mahlzeiten, nicht zuletzt des herkömmlichen Ordenskleides bin ich u.a. Mönch geworden. Inzwischen wurde mir ihre Bedeutung immer weniger wichtig, ich empfand sie nicht mehr als Hilfen zur Lebensgestaltung, sondern eher als Hemmnisse, mit dem normalen Leben der Menschen in Berührung zu kommen. Die allmählich aufkeimende Erkenntnis, dass Gott das alles gar nicht von mir verlangt, sondern dass ich es war, der sich zu einem solchen Leben entschlossen hat, ließ mich auch an der »ewigen«, sprich lebenslangen Verbindlichkeit meiner Gelübde ganz erheblich zweifeln. Die gewonnene Erkenntnis, dass Gott, wenn es ihn denn gab, ein bedingungslos liebender ist, hat mir dann auch die letzte Angst genommen, einen derart schweren Schritt wie die Revision eines Lebensentwurfs zu vollziehen.

Mit diesen Gedanken im Hinterkopf redete ich also mit meinem Abt. Er hatte natürlich Antworten parat, von denen eine mich überraschte und die andere hilfreich war für meine weitere Glaubensgeschichte. Überrascht hat mich die Antwort auf den Gedanken an einen Klosteraustritt. Abt Odilo wollte mich wohl bei meiner Eitelkeit packen, als er sagte, ich sei als Andechser Prior eine bekannte Persönlichkeit. Nach einem Austritt würde ich wahrscheinlich nur ein paar Monate noch für die Medien interessant sein und in die Bedeutungslosigkeit versinken. Deshalb solle ich mir einen solchen Schritt gut überlegen. (In diesem Punkt hat er sich getäuscht, wie ich nach sieben Jahren feststellen kann.) Geholfen hat mir sein Hinweis auf die Benediktsregel. Dort heißt es im 58. Kapitel über die Aufnahme von Brüdern: Bei einem Novizen »achte man genau darauf, ob er wirklich Gott sucht«. Von daher kommt die Kurzdefinition des Mönchtums als lebenslange »Gottsuche«. Dies gilt wohl nicht nur für Ordensleute, sondern für alle gläubigen Menschen. Man ist ein Leben lang auf der Suche nach Gott. Schon »per definitionem« kann man ihn erst nach diesem Leben »finden«. Dies hat etwas ungeheuer Dynamisches an sich: Ich kann mich nie zurücklehnen und sagen: Jetzt habe ich Gott gefunden. Ich bleibe immer, um es mit den Worten des Apostels Paulus zu umschreiben, »ausgestreckt nach dem, was vor mir liegt. Das Ziel vor Augen, jage ich nach dem Siegespreis: der himmlischen Berufung ...« (Phil 3,13) Mein Abt wollte mir mit seinem Hinweis verdeutlichen, dass das, was ich als Verlust des Glaubens an Gott empfinde, nichts anderes ist als ein erneutes Suchen nach ihm. Im ersten Moment konnte ich damit nicht viel anfangen, es war mir zu bekannt und klang so verklärt und abgedroschen, eben beruhigend mit der erkennbaren Absicht, mich zu ermuntern, nicht gleich die Flinte ins Korn zu werfen. Im Nachhinein bin ich dafür dankbar. Es hat mich tatsächlich dazu gebracht, weiter darüber nachzusinnen, was denn gemeint sein könnte, wenn wir von Gott reden und welche Bedeutung er für unser Leben hat oder wieder neu haben könnte.

Die Gottesfrage

Wie also kann man heute an Gott glauben? Unsere erforschte und vermessene Welt hat sich immer stärker ausgedehnt. Die Bereiche, von denen noch vor vierhundert, fünfhundert Jahren die Menschen gar nicht wussten, dass sie existierten, etwa in der Atomphysik oder der Astrophysik, und die Räume, die für vier, fünf Generationen vor uns noch unerreichbar schienen, das Weltall oder die virtuelle Welt des world wide web, sind technisch erreichbar oder manipulierbar geworden. Damit hat sich auch der Zuständigkeitsbereich Gottes, haben sich die unerkannten und unentdeckten Zonen der naturwissenschaftlichen Gesetzmäßigkeiten immer weiter zurückgezogen. Gott war sozusagen die Erklärung alles Unerklärlichen. So wie die Götter der Antike ihre Zuständigkeitsbereiche für nicht erklärbare Naturphänomene wie das Wetter, Blitz und Donner, das Feuer, aber auch Seelenzustände wie die Liebe und den Zorn hatten. Ihr Erbe hatte der eine und einzige Gott der Philosophen und des Volkes Israel angetreten. Aber wissen wir, ob sein Wirkungsbereich dadurch wirklich kleiner geworden ist? Dehnt sich sein Bereich, das Reich des Geistes denn nicht ins Unendliche aus, so dass er nie ganz ausgeschritten werden kann?

Aber damit sind wir schon mitten in der Diskussion. Es gilt, ein bisschen systematischer an die Gottesfrage heranzugehen. Als ich während meines Diakonates in der Vorbereitungszeit zur Priesterweihe vom Heimatpfarrer meiner Eltern die praktische

Einweisung in die Seelsorgsarbeit erhielt, wurden der Pfarrer und ich gelegentlich zum damaligen Bayerischen Kultusminister Hans Maier eingeladen, der ein engagiertes Gemeindemitglied war und auch immer wieder beim Gottesdienst aushilfsweise an der Orgel saß und die Lieder begleitete. Natürlich drehten sich die Gespräche während des Essens um Gott und die Welt, Theologie und Kirche. Maier war damals auch Vorsitzender des Zentralkomitees der Deutschen Katholiken. Gerade angesichts der vielen kleinen und großen Probleme des kirchlichen Alltags sagte er sinngemäß einen Satz, der mir seither unvergesslich geblieben und darüber hinaus zu einer Triebfeder meines theologischen Denkens und Nachsinnens geworden ist: »Die Theologie muss sich zuallererst um eine zeitgemäße Beantwortung der Gottesfrage bemühen, das ist ihre drängendste Aufgabe in Gegenwart und Zukunft.« Etwas eigenartig, bedeutet doch das Wort Theologie wörtlich übersetzt: Rede von Gott, also scheint sie doch keinen anderen Zweck zu haben, als eben die Gottesfrage zu bedenken und zu erforschen. Wenn ich Hans Maier richtig verstanden habe, meinte er, die theologische Wissenschaft und Praxis solle sich besonders mit den Anfragen unserer Zeitgenossen an die Existenz Gottes und die Art und Weise, wie wir ihn beschreiben, mit seinen Attributen, auseinandersetzen, eher mit den Unsicherheiten als mit den vermeintlichen Sicherheiten des kirchlichen Betriebes.

Seit einigen Jahren ist das Phänomen eines neuen Atheismus festzustellen. Es verbindet sich vor allem mit dem Namen des englischen Biologen Richard Dawkins. Er war in den achtziger Jahren bekannt geworden durch bahnbrechende populärwissenschaftliche Bücher über die Evolutionstheorie. Wohl vor allem als Gegenposition zum so genannten Kreationismus, der eine zielgerichtete Entwicklung des Universums annimmt, die durch einen »intelligenten Designer« – ein anderer Name für Gott – geleitet wird, wurde Dawkins zu einem der entschiedensten Verfechter des Atheismus. Sein Buch »Der Gotteswahn« von 2006, in dem er eine militante Gegnerschaft zu allem Religiösen, Übernatürlichen und Mystischen vertritt, ist zum weltweiten

Bestseller geworden. Für unbedarfte Leser mag es sensationell sein, was Dawkins da zusammenträgt und mit leidenschaftlicher Parteilichkeit vertritt. Für jemanden, der sich mit dem Phänomen des Gottglaubens und des Atheismus näher beschäftigt, ist das hoch gelobte Buch enttäuschend, zumal der Verfasser auf seinem ureigenen Gebiet, der Naturwissenschaft, zweifelsohne große Verdienste aufzuweisen hat. Dawkins vertritt kein einziges Argument, das nur annähernd neu und überraschend wäre. Seitdem die Menschen über Religion und Gott nachdenken, also seit dem Beginn der kulturellen Entwicklung der Menschheit, erhob sich auch die Frage: Gibt es überhaupt ein Jenseits, eine Wirklichkeit jenseits unserer materiell erfahrbaren Welt? Wenn ja, ist diese Welt von Göttern und Geistern bevölkert? Wie ist deren Wesen? Wie wirken sie? Wie ist ihre Beziehung zur diesseitigen Welt und besonders zum Menschen? Wenn es diese Welt nicht gibt, was ist dann die Bestimmung des Menschen? Was bedeutet dann das Leben des Menschen und dessen Ende? Welchen Sinn hat es dann, dass es Leben gibt? Warum gibt es dann überhaupt etwas und nicht nichts?

Gottesbilder

Diese letzte Frage wird als Beginn des Nachdenkens über Gott und die Welt überhaupt angesehen. Ein solches Nachdenken, Staunen und Fragen, das sich nicht mit den Antworten religiöser Erzählungen, Mythen und Sagen begnügt, nennt die Tradition Philosophie, und der Denker, der sich mit diesen Fragen beschäftigt, ist ein Philosoph. Dieser griechische Fachausdruck heißt wörtlich übersetzt: Freund der Weisheit. Ein solcher Mensch staunt über die Welt, das Rätsel ihrer Existenz und unser Vermögen, darüber nachzusinnen; er tut dies mit der Voraussetzung, »etsi deus non daretur«, als ob es Gott nicht geben würde. Schon die ersten Philosophen der griechischen Antike, von denen wir schriftliche Kunde haben, äußerten Zweifel darüber, ob die Götter überhaupt existierten bzw. ob sie in der Form existierten, wie sie von den Mythen und Erzählungen überliefert wurden. Xenophanes, einer der Vorsokratiker, so genannt, weil man die richtige, »wissenschaftlich« betriebene Philosophie erst mit dem großen »Freund der Weisheit« Sokrates (469–399 v. Chr.) beginnen ließ, spottete über die Vorstellung, Leben und Wesen der Götter seien den Menschen ähnlich:

> »Stumpfnasig, schwarz: so seh'n Äthiopiens Menschen
> die Götter.
> Blauäugig aber und blond: so seh'n ihre Götter die Thraker.
> Aber die Rinder und Rosse und Löwen, hätten sie Hände,
> Hände wie Menschen, zum Zeichnen, zum Malen,
> ein Bildwerk zu formen,
> Dann würden Rosse die Götter gleich Rossen, die Rinder
> gleich Rindern
> Malen, und deren Gestalten, die Formen der göttlichen
> Körper,
> Nach ihrem Bilde erschaffen: ein jedes nach seinem.«

Diese Vorstellung, die Götter seien den Menschen ähnlich, nennt man Anthropomorphismus. Dagegen hat sich schon sehr früh Kritik erhoben. Aber es handelt sich dabei noch nicht um Atheismus im strengen Sinn. Der behauptet ja, man könne mit Sicherheit davon ausgehen, dass es keine Götter, keinen Gott gebe. Ein Klassiker dieser Ansicht ist Ludwig Feuerbach, ein deutscher Philosoph des 19. Jahrhunderts, der in seinem Buch »Das Wesen des Christentums« von 1841 seine »Projektionstheorie« entwickelte. Demgemäß ist der Mensch ein Mängelwesen, dessen Wünsche und Sehnsüchte unerfüllt bleiben. Diese projiziere er in das Reich des Religiösen. Die Seele wird für unsterblich gehalten, weil der Mensch an seiner eigenen Sterblichkeit verzweifle. Gott sei der unendlich Gute, weil es für den Menschen unmöglich sei, immer und überall als der Liebende aufzutreten. Religion ist für ihn vor allem eine Leistung des menschlichen Geistes, seiner Phantasie. Von Feuerbach führt ein direkter Strang zu Karl

Marx, für den aus der eher positiven Sicht von der Schöpfung Gottes durch den Menschen eine negative Sicht der Religion als Unterdrückungsinstrument der herrschenden Schichten über die unterdrückte Masse wurde. Von ihm kennt man das berühmte Diktum: »Religion ist Opium für das Volk.« Eine neue stärker empirisch gefärbte Note erhielt die Projektionstheorie durch Sigmund Freud. Der Seelenarzt schließt aus der Behandlung vieler seiner Patienten, dass Religionen vor allem unbewusste Sehnsüchte des Menschen befriedigen. Dies beweist zunächst noch nicht den Atheismus, erklärt aber viele religiöse Phänomene durch psychische Vorgänge. Den wissenschaftlichen Anstrich erhielt der Atheismus im Gefolge des Marxismus als theoretischer Materialismus: Die Überzeugung, dass es nichts als die Materie gibt, also die Welt des Geistes nicht existiert. Dagegen kann man beobachten, dass in unseren modernen Gesellschaften, auch denen des ehemaligen Ostblocks, eine Art praktischer Materialismus vorherrscht. Man macht sich keine großen Gedanken über Gott mehr. Es ist eigentlich egal, ob er existiert oder nicht. Man lebt, um es noch einmal mit dem klassischen Wort auszudrücken, »etsi deus non daretur«, als ob es Gott nicht geben würde, nicht aus theoretischer Überzeugung, die man durch langes und intensives Argumentieren gewonnen hat, sondern man lässt ihn sozusagen im Alltagsgetriebe des modernen Lebens außen vor, er spielt einfach keine Rolle mehr. Und das Erschreckende ist: Eigentlich fühlt sich das Leben nicht viel anders an bzw. man hat sogar den Eindruck, dadurch mehr Freiheit gewonnen zu haben. Das Leben des Einzelnen wird dadurch auch nicht automatisch unmoralischer. Eine andere Form neugewonnener Verhandlungsmoral setzt sich durch und wird von allen unterschiedslos akzeptiert. Ein befreundeter Benediktinerabt drückte dieses Erstaunen im Zusammenhang mit dem Fall der Mauer im Jahr 1989 folgendermaßen aus: »Wir dachten, mit dem Ende des kommunistischen Systems würde in den Köpfen und Herzen der Menschen ein Leerraum entstehen, eine Sehnsucht nach Gott, eine Rückkehr des Religiösen. Die Menschen würden endlich erkennen, dass ihnen eine religiöse Orientierung fehlt. Aber nichts dergleichen ist geschehen. Sie leben genauso glücklich oder unglücklich weiter wie vorher auch. Man merkt ihnen kein Defizit an.« Abgesehen von einer gewissen fragwürdigen Besserwisserei eines Wessis gegenüber den Menschen, die sich plötzlich als genauso intelligent und gebildet wie wir auch herausstellten, müsste uns dieses Erstaunen schon seit langem über unser eigenes Umfeld befallen. Neuere Umfragen ergeben, dass ein beträchtlicher Teil, ungefähr ein Viertel der getauften Katholiken, nicht mehr an die Existenz eines höchsten Wesens, also an Gott glaubt. Dafür glauben aber viele von ihnen an die Existenz der Engel und ihr vielfältiges Wirken im Leben der Menschen! Diese so genannte Erosion der Religiosität oder wie man sie bisher bezeichnete, die Säkularisierung greift weiter um sich und ergreift immer größere Teile der Bevölkerung, die in einer immer noch wohlwollenden, aber zunehmenden Distanz zur verfassten Form des Glaubens, also den Kirchen, stehen. Aber wird denn mit der Ablehnung der Kirchenbindung wirklich auch der Glaube an die Existenz Gottes abgelegt? Zurück zu meiner Eingangsgeschichte: Hatte ich damals wirklich den Kern der Sache getroffen, als ich meinem Abt erklärte, ich hätte den Glauben verloren? Und hatte er denn Unrecht mit seinem Hinweis, dass ich mich damit als guter Sohn des hl. Benedikt erweise, der von der lebenslangen Gottsuche eines Mönches spricht?

Was lehnen wir modernen Menschen denn ab, wenn wir meinen, nicht mehr an Gott glauben zu können? Die Frage, ob Gott existiert oder nicht, ist so alt wie die Fähigkeit des Menschen, über sich selbst nachdenken zu können. Die mehrtausendjährige Diskussion führt aber zu keinem Ergebnis. Gott ist weder wissenschaftlich zu beweisen noch ist seine Nichtexistenz erwiesen. Es ist eigentlich müßig, sich mit dieser unlösbaren Frage abzumühen. Dennoch tun wir es – und offenbar heute wieder mit neuer Intensität. Aber sind es denn nicht vielmehr die Bilder, die wir in unseren Hirnen und Herzen von Gott mittragen und die angesichts der vielfältigen Anfragen unserer Lebenserfahrung und unseres Lebenswissens nicht mehr tragfähig sind? Im Katechismus haben wir gelernt: Gott ist allweise, allmächtig, allgegenwärtig, unermesslich und allwissend. Solche Attribute kommen meist aus der philosophischen Tradition, der so genannten »natürlichen Theologie«, weil sie von unserem Denken her erschlossen werden können. Andere Attribute wie barmherzig, langmütig, sind von der biblischen Überlieferung geprägt. Gerade an diesen »Beschreibungen« Gottes stößt sich der moderne Mensch. Es ist das so genannte Theodizee-Problem, das uns hier entgegentritt, mit der ganz banalen Frage: Wie kommen dann das Böse, das Leid, die Sünde in die Welt? Georg Büchner bringt es mit seinem Argument auf den Punkt: Das Leid ist der Fels des Atheismus. Solange es Leiden in der Welt gibt, bleibt es schwierig, an den allgütigen Gott zu glauben. Mein eigener Großvater, der beide Weltkriege miterlebt hatte, sagte zu mir immer wieder: Wenn es einen Gott gäbe, hätte es nicht diese schrecklichen Kriege geben dürfen. Ähnlich die Frage kritischer Theologen nach dem Ende der Nazi-Herrschaft: Kann man nach Auschwitz überhaupt noch Theologie betreiben? Dieser nicht aufzulösende Widerspruch bewegte schon den seit dem Altertum zwar umstrittenen, aber dennoch immer wieder wirkmächtigen Philosophen Epikur: »Gott will entweder die Übel abschaffen und kann es nicht, oder er kann und will es nicht, oder er will es nicht und kann nicht, oder er will und kann. Wenn er will und nicht kann, ist er schwach, was auf Gott nicht zutrifft. Wenn er kann und nicht will, ist er neidisch, was Gott gleichermaßen fremd ist. Wenn er weder will noch kann, ist er neidisch und schwach, also auch kein Gott. Wenn er will und kann – was allein Gott zukommt – woher stammen dann all die Übel? Oder warum schafft er sie nicht ab?« Epikur reibt sich nicht an der Frage der Existenz Gottes, sondern an unserer Vorstellung von ihm. Er findet für sich und seine Schüler eine Lösung, die sehr modern anmutet: Die Gottheit sei ewig und unvergänglich, empfinde Lust und lebe in Ruhe und höchster Heiterkeit, und habe weder selbst Schwierigkeiten, noch bereite sie solche einem anderen. Deshalb müsse man Gott nicht fürchten, sondern aufhören, sich beunruhigen zu lassen. Gott sei nicht auf Ehrung angewiesen, sondern es sei vielmehr für uns natürlich, ihn zu ehren. So ähnlich drückten es auch die Deisten des 17. Jahrhunderts aus, für die Gott zwar existierte, aber sich nach seiner Schöpfung von jedem Wirken in ihr zurückgezogen habe.

Theismen

Vielleicht ist es an dieser Stelle ganz hilfreich, die verschiedenen Meinungen über die Existenz Gottes, die im Lauf der Menschheitsgeschichte entstanden sind, systematisch mit ihren jeweiligen Fachbegriffen aufzuführen und zu erklären:

- Theismus: Kommt vom griechischen *theos* und bedeutet: Glaube an die Existenz eines oder mehrerer göttlicher Wesen, die von der Welt unterschieden, in einer jenseitigen Welt als Person(en) ihr und damit den Menschen gegenüber stehen, diese erschaffen haben und weiterhin in den Lauf der Dinge eingreifen.
- Polytheismus (von griech.: *polys*: viele): Es gibt eine Vielzahl von Göttern, die für bestimmte Erscheinungen in der Welt zuständig sind. Meist wird ihr Leben im Jenseits (dem Himmel, dem Olymp) wie ein vollkommenes und (meist) sorgenfreies Vor- bzw. Abbild des menschlichen Gemeinschaftslebens geschildert. Die Götter unterliegen selber wieder einer Übermacht, dem Schicksal. Sie greifen zwar in die Welt ein, haben sie aber unter Umständen nicht geschaffen. In Mythen wird erzählt, wie sie entstanden sind. Sie sind unsterblich. Hierher gehören auch Henotheismus (bei mehreren Göttern gibt es einen höchsten, der besonders oder ausschließlich verehrt wird) und der Begriff Monolatrie (es gibt mehrere Götter, aber es wird nur einer verehrt). Der spätere jüdische Eingottglaube war ursprünglich henotheistisch, was sich in der Bibel noch widerspiegelt.

Der Polytheismus wurde auf dem Gebiet des ehemaligen Römischen Reiches vollständig vom Christentum und Islam verdrängt. Wir kennen die Götter der Alten Welt (Mesopotamien, Ägypten, Griechenland, Rom u.v.a.) nur noch als Sagengestalten. Dennoch findet er heute überraschend wieder Sympathisanten. Der Philosoph Odo Marquardt und der Schriftsteller Martin Walser werfen den monotheistischen Religionen vor, dass sie durch den Anspruch auf alleinige Wahrheit Intoleranz und gewalttätige Auseinandersetzungen untereinander gefördert hätten. Polytheismus würde auch plurale Sichtweisen des Religiösen zulassen.

– Monotheismus (von griech.: *monos*: einziger, allein): Man glaubt an einen einzigen, ewigen, persönlichen, jenseitigen wirkenden Gott. Hierher gehören die großen monotheistischen Religionen, die sich auseinander entwickelt haben: Judentum, Christentum und Islam.

– Pantheismus (griech.: *pan*: alles): Gott ist in allem. Alles ist göttlich, heißt: Die Welt ist selber mit der Gottheit identisch.

– Panentheismus (*en*: in): Gott ist in allem. Dennoch ist Gott von der Welt verschieden, Die Welt ist selber nicht göttlich.

– Deismus (von lat. *deus*: Gott): Gott gibt es, aber er wirkt nicht in die Welt hinein.

– Agnostizismus (von *gnosis*: Erkenntnis): Ein Agnostiker sagt, es sei unmöglich, über Existenz und Wesen Gottes irgendetwas Verlässliches in Erfahrung zu bringen.

– Atheismus (die griechische Vorsilbe *a*- bezeichnet die Verneinung): Es gibt keinen Gott und damit kein Jenseits.

Buddhismus und Hinduismus lassen sich nicht eindeutig zuordnen. Unsere westliche Begrifflichkeit passt nicht zum östlichen Denken.

Die hinduistische Volksreligion kennt zwar eine polytheistische Praxis, die hinduistische Philosophie bzw. Theologie (wenn dieser Begriff überhaupt angemessen ist) schwankt zwischen Pantheismus und Atheismus.

Buddha selber hat einen eher deistischen Ansatz. Es ist egal, ob es Götter gibt oder nicht. Der Mensch muss sein Leben gestalten, indem er die Leidenschaften überwindet bzw. beherrscht. Der Buddhismus ist vielmehr eher eine Lebenskunst, ein ethisch-asketisches System als eine Religion.

Der Theismus geht auch davon aus, dass uns ein persönlicher Gott gegenübersteht, den wir anreden können. Martin Buber spricht vom »Du« Gottes. Aber ist nicht der Personenbegriff, den wir auf Gott anwenden, schon wieder aus unserer menschlichen Erfahrungs- und Denkwelt genommen? Müssten wir nicht eher von einem überpersönlichen Gott sprechen, wenn wir uns ihm annähern?

Ist es verrückt, an Gott zu glauben?

Ziehen wir hier eine Zwischenbilanz und stellen die Frage dieses Buches: Ist es verrückt, heute an Gott zu glauben? Wie kann ich heute an Gott glauben?

1. Mit der zeitlichen Bestimmung »heute« nehmen wir Bezug auf die Situation des modernen Menschen. Es geht nicht darum, warum der Mensch der Antike, des Mittelalters oder des 19. Jahrhunderts vermeintlich leichter an Gott glauben konnte. Sondern wir hier und heute möchten wissen, wie das gehen könnte, ein Leben zu führen mit dem Bewusstsein der Gegenwart Gottes in dieser unserer Welt. Die Frage führt aber noch weiter: Welchen Anwendernutzen hat der Glaube an Gott für den heutigen Menschen? Oder noch direkter in der unverblümten Sprache der Jugend: Was bringt es mir, an Gott zu glauben?
2. Wir sind alle geprägt von der Empirie der Naturwissenschaften und der Kritik der Geisteswissenschaften.
Empirie bedeutet eine aus sinnlicher Erfahrung und Wahrnehmung heraus gewonnene Erkenntnis. Jedes naturwissenschaftliche Gesetz muss durch wiederholbare Experimente

nachgeprüft werden können. Es muss falsifizierbar sein, das heißt: Es gilt nur solange, bis ein anderes, neues, vielleicht auch übergeordnetes Gesetz entdeckt wird, das die Zusammenhänge besser und einfacher erklärt.

Die Anwendung der Kritik besagt, dass ich die Quellen, von denen ich eine Meinung übernehme, kritisch hinterfrage. Ich glaube einer Aussage nicht nur, weil es Autoritäten, also Vorgänger oder Vorfahren behaupten, sondern weil ich durch eigene Forschung und Vergleich möglichst nahe an die historische Wahrheit kommen kann.

Diese kritische, empirische Grundhaltung des modernen Menschen prägt zumindest den westlichen Menschen seit gut zweihundert Jahren, seit der Zeit der Aufklärung. Wir sind seither nicht mehr unmündig, sondern wagen selbst zu wissen, um mit Immanuel Kant zu sprechen. Im Lauf dieser beiden Jahrhunderte hat diese Einstellung alle Bildungsschichten erfasst. Die meisten Menschen verwenden die moderne Technik, die naturwissenschaftliche Erkenntnisse praktisch umsetzt und anwendet. Selbst im Vatikan gibt es eine Sternwarte mit modernster astronomischer Technik, er betreibt genauso selbstverständlich wie andere Organisationen eine homepage und verbreitet seine news mit Hilfe des Internet. Sogar der BILD–Leser wird aufgefordert, sich eine eigene Meinung zu bilden. Dies kann er nur durch kritischen Vergleich der verschiedenen Medien, die er selbstverständlich nutzt.

Deshalb fällt es dem heutigen Menschen so schwer, die Existenz Gottes, der sinnlich nicht wahrnehmbar und nachprüfbar, weil per definitionem nicht greifbar ist, anzunehmen. Er muss auf Aussagen anderer vertrauen, die nicht selbst nachgeprüft werden können. Viele Dinge und Ereignisse, die frühere Generationen selbstverständlich auf das Wirken Gottes zurückführen konnten, sind heute vernünftig, innerweltlich zu erklären, etwa Blitz und Donner oder Gefühle wie Liebe und Zorn, denen in der Antike eigene Gottheiten als Verursacher zugeordnet waren. Noch vor wenigen Jahrzehnten wurden auf unseren Dörfern bei herannahendem Unwetter die Kirchenglocken geläutet und die schwarzen Wetterkerzen angezündet.

Es bleiben zwar viele Fragen auch heute unbeantwortet, aber wir kennen sie oft gar nicht, weil sie sich nicht in unserer alltäglichen Erfahrungswelt ereignen, sondern in den Labors und *think tanks* der Wissenschaftler. Was verstehen wir schon von den schwarzen Löchern, der schwachen Kraft der Elementarteilchen und den Experimenten im europäischen Kernphysikzentrum CERN am Genfer See?

Eine einzige Frage, so scheint mir, lässt auch heute noch für die Allgemeinheit die Hypothese der Schöpfung dieser Welt durch Gott zu: Was war vor dem Urknall? Oder, um einen alten Begriff von Aristoteles zu verwenden, gibt es da einen ersten Beweger? Die Naturwissenschaft wird sie uns in dieser Form nie beantworten können, denn ihr entzieht sich schon von ihrem Ansatz her die Möglichkeit, Gottes Wirken zu finden bzw. zu beweisen. Sie wird nur immer weitere Lücken finden, die gläubige Menschen mit der Antwort »Gott« füllen können. Aber wird Gott dann nicht immer mehr nur zum Lückenbüßer? Ist das dann noch der allmächtige, absolute Gott, den wir aus unserer Tradition kennen?

3. Wir sind ebenso geprägt von einer weiteren Frucht der Aufklärung: der Hochschätzung der individuellen, persönlichen Freiheit. Der Wert der Freiheit wurde zu allen Zeiten mal mehr, mal weniger hoch gehalten, sei es in der griechisch-römischen Antike, im Freiheitskampf des Adels gegen die Könige des Mittelalters, der Bürger gegen die Stadtherren, des Bürgertums gegen die Aristokratie. Aber dort ging es immer um die Freiheit einer Gruppe von der Bestimmung durch eine andere Gruppe. Der Einzelne als Person war noch nicht im Blick. Er war eingebunden in den Stand, in dem er geboren wurde, und es war die schiere Ausnahme, daraus frei zu kommen. Man konnte weder seinen Wohnort noch seinen Beruf oder seinen Lebenspartner frei wählen, auch nicht die eigene

religiöse Überzeugung. Alles war durch Geburt, Standeszugehörigkeit und Herkommen festgelegt. Dagegen hat sich der Mensch allmählich erhoben. In der amerikanischen Verfassung von 1787 und zwei Jahre später bei der Französischen Revolution mit ihrem Motto »*liberté, egalité, fraternité*« (Freiheit, Gleichheit, Brüderlichkeit) wurden zum ersten Mal in der Geschichte diese Prinzipien in politische Wirklichkeit umgesetzt. Wir kennen sie heute als die Menschenrechtskataloge unserer eigenen Verfassungen. Für die Religion sind vor allem die Meinungsfreiheit und die Gedankenfreiheit, speziell in der Form der Religionsfreiheit, wirksam geworden. Der grundlegende Gottesglaube wird von diesem neuen Selbstbewusstsein des Menschen in Frage gestellt. Konnte der Mensch der Feudalzeit sich noch in der Fürsorge Gottes geborgen fühlen, die durchaus auch die Züge eines gestrengen und strafenden Vaters tragen konnte, wird diese Haltung für den modernen Menschen schwieriger. Der allmächtige und die ganze Welt regierende Gott widerspricht in einem eher diffusen Gefühl dem mühsam errungenen und behaupteten Wert der mündigen Selbstbestimmung. Evident wird solch individuelles Recht auf Gewissensfreiheit gegenüber den Organisationen, die den Glauben an Gott verwalten, den Religionsgemeinschaften, in unseren Breiten konkret den Kirchen. Man lässt sich von ihnen nicht mehr in den Bereich des privaten Lebens und der persönlichen Überzeugungen hineinreden. Sie werden als Machtstrukturen erfahren, die zum Erhalt der Herrschaft über die Gewissen genau zu wissen scheinen, was Gott von den Menschen fordert. Ihr Deutungsmonopol über Gott, die Welt und den Menschen wird – oft nur unbewusst – abgelehnt und abgelegt, durch inneren oder – wo durch Staatskirchenrecht wie in Deutschland möglich – äußerlichen Austritt. Es sagen zwar viele, die aus der Kirche ausgetreten sind, dass sie damit nicht dem Glauben an Gott abgeschworen hätten. Aber sie lehnen zumindest die Art und Weise ab, wie die jeweilige Religionsgemeinschaft diesen Gott verkündet und den Glauben an ihn gestaltet. Das gilt für beide Konfessionen gleichermaßen, obwohl die evangelischen Kirchen sich eher demokratisch, synodal verfasst haben, im Vergleich zur theokratisch und quasi monarchisch geführten katholischen Kirche. Was man als Stärke der jeweiligen Kirche ansehen könnte, wird für sie vor der Folie der Moderne zum Pferdefuß. Bei den Protestanten ist es der freudlos verkündete strenge absolute Gott, bei den Katholiken das mit Hingabe und ritueller Feierlichkeit gelebte, als totalitär empfundene Regime der päpstlich-bischöflichen Kirchenverfassung. Damit erfolgt die berühmte Abstimmung mit den Füßen: Da sich die Kirchen nicht grundsätzlich reformieren wollen oder zu können glauben, verlässt man sie mehr oder weniger still und leise. Wollen die Kirchen aber nicht sehenden Auges ihr eigenes allmähliches Verschwinden und die Verdunstung des Glaubens akzeptieren, müssen sie ihre Rede von Gott und ihr eigenes Selbstverständnis ändern. Auch hier die Frage: Wie kann Gott unter den Anforderungen der Moderne für die heutigen Menschen hilfreich, d.h. die individuelle Freiheit stärkend, verkündet werden?

Machen wir uns auf den Weg, zuerst die Möglichkeit der Existenz Gottes überhaupt zu diskutieren und dann die Bilder, die wir von ihm mit uns tragen, zu hinterfragen.

Pascals Wette

Einen interessanten Ansatz, der aber gar nicht so sehr bekannt ist außerhalb der philosophisch und theologisch interessierten Fachkreise, bietet der französische Denker Blaise Pascal (1623–1662). Sein Jahrhundert, das 17. Jahrhundert, war geprägt von der Auseinandersetzung von Religiosität und Skeptizismus. Er selbst war wie sein Vater begeisterter Mathematiker und hatte schon als 16-jähriger eine vielbeachtete Abhandlung über die Kegelschnitte veröffentlicht, ehe er mit 21 Jahren eine Rechenmaschine konstruierte, die ihm große Berühmtheit einbrachte. Seine Familie zählte zu einer katholischen Partei, die von ihren Gegnern, darunter Kardinal Richelieu, als Sekte bezeichnet wurde, den Jansenisten. Sie versuchte, aufgrund der Schriften des Kirchenvaters Augustinus eine Rückkehr zu einer strengeren, protestantisch anmutenden Lehre über die göttliche Gnade zu propagieren. Pascal versuchte zeit seines kurzen Lebens zwischen den beiden Welten, in denen er lebte und arbeitete, der exakten Wissenschaft und der frommen Theologie zu vermitteln. Dazu verfasste er zwei weltberühmte Schriften, die *Lettres Provinciales* (Briefe eines Provinzlers), die anonym erschienen, und die *Pensées* (Gedanken), die aus seinem Nachlass zusammengestellt wurden. Unter diesen »Gedanken« befindet sich einer, der in unserem Zusammenhang, der Frage nach der Nützlichkeit des Glaubens an Gott, von Interesse ist. Er nennt ihn selbst die »Wette« oder das »Spiel«. In einer verkürzten und verständlich übersetzten Fassung lautet sein Argument:

»Angenommen, es sei sicher, dass es Gott gibt oder ihn nicht gibt, und dass es keinen Mittelweg gibt. Für welche Seite werden wir uns entscheiden? ... Lassen Sie uns ein Spiel spielen, bei dem es zu einer Entscheidung für ›Kopf oder Zahl‹ kommt. Mit Vernunft können wir weder das eine noch das andere versichern; mit Vernunft können wir weder das eine noch das andere ausschließen. Verfallen Sie also nicht dem Irrtum, dass hierbei eine richtige Wahl getroffen werden könnte, denn Sie wissen nicht, ob Sie falsch liegen oder schlecht gewählt haben ... Sowohl wer sich für ›Kopf‹ entscheidet, als auch wer sich für ›Zahl‹ entscheidet, beide liegen falsch: Die Wahrheit kann nicht durch eine Wette entschieden werden, aber es muss gewettet werden. Es gibt keine Freiwilligkeit. Sie müssen sich darauf einlassen. Wenn Sie nicht wetten, dass es Gott gibt, müssen Sie wetten, dass es ihn nicht gibt. Wofür entscheiden Sie sich? Wägen wir den Verlust dafür ab, dass Sie sich dafür entschieden haben, dass es Gott gibt: Wenn Sie gewinnen, gewinnen Sie alles, wenn Sie verlieren, verlieren Sie nichts. Setzen Sie also ohne zu zögern darauf, dass es ihn gibt.«

Wohlgemerkt, es geht Pascal nicht um den Beweis der Existenz Gottes, wie es vor und nach ihm immer wieder Philosophen versucht haben, sondern allein um den Beweis, dass der Glaube an Gott eine sicherere Option ist als der Unglaube. Dabei ist für ihn wichtig, dass Unglaube im Fall der Existenz Gottes ewige Verdammnis bedeutet. Wenn man an ihn glaubt, so seine Argumentation, und er existiert nicht, so verliert man nichts. Wenn man an ihn nicht glaubt, und er existiert dann doch, so ist man ewig verdammt. Mich persönlich erinnert diese Wette stark an meine eigene Entscheidung als Jugendlicher für ein Leben in und mit der Kirche, wie ich sie eingangs dieses Kapitels geschildert habe. Mein eigener Weg der Gottsuche zeigt mir aber, dass auch dieser Ansatz Blaise Pascals die ganz existenziell berührende Frage nach der Bedeutung des Glaubens an Gott nicht befriedigend beantworten kann. Er kommt mir vor wie die kühle, rationale Kalkulation eines Mathematikers, der die verschiedenen Wahrscheinlichkeiten gegeneinander aufrechnet, aber die drängende und aufwühlende Frage der Seele nach dem Sinn des Glaubens an einen persönlich betreffenden Gott nicht berührt. Die Überlegungen Pascals bringen mich noch intensiver auf die Spur, ob wir uns denn nicht weniger an dem Gedanken der Existenz Gottes aufreiben sollten denn an den Bildern und Vorstellungen von ihm, die wir seit Jahrtausenden in uns angesammelt haben, die zwar zu einer anderen Zeit und in anderem kulturellem Zusammenhang passend und richtig waren, die uns Menschen der Moderne aber hindern, einen Zugang zu Gott zu finden.

Wege der Mystik

Im Christentum gibt es, wie in fast allen anderen Religionen auch, einen Traditionsstrang, der uns helfen kann, unseren Blick zu weiten, nämlich die so genannte Mystik. Von den amtlichen Vertretern der jeweiligen Religion bzw. Konfession wurde sie immer etwas beargwöhnt und wird gern etwas abwertend in die Nähe eines Phänomens gerückt, das wir heute für gewöhnlich

Esoterik nennen. Unter diesem Sammelbegriff subsumiert man eine Summe von Ansichten und Praktiken, die die Welt des Geistigen beherrschbar machen sollen. Die Mystik hat vor allem die Erfahrung Gottes, das Erleben und Erspüren seiner Nähe zum Inhalt. Den Gegensatz dazu bietet die wissenschaftliche Theologie, die die Offenbarung, im Christentum also die Bibel, mithilfe philosophischer Begriffe rational zu durchdringen versucht. Beides widerspricht sich nicht grundsätzlich, die besten christlichen Theologen waren oft zugleich Mystiker und auch umgekehrt.

Ein gutes Beispiel dafür ist Thomas von Aquin, einer der größten Theologen des Mittelalters. Seine philosophischen und theologischen Werke haben die katholische Kirche bis in die 50er Jahre des letzten Jahrhunderts maßgeblich geprägt. Von ihm wird berichtet, dass er vor jedem Eintauchen in die »Geisteswelt« um Erleuchtung gebetet habe. Interessant ist die legendarisch ausgeschmückte Tatsache seines Verstummens ein paar Monate vor seinem Tod. Am Nikolaustag des Jahres 1273 soll er vor dem Kruzifix betend die Worte vernommen haben: »Gut hast du von mir geschrieben, Thomas. Was willst du zur Belohnung?« Seine Antwort sei gewesen: »Nichts anderes, Herr, als dich allein.« Von diesem Tag an, und das ist historisch sicher überliefert, hat er, von dem gesagt wird, dass er drei, vier Sekretären gleichzeitig diktiert habe, keinen Buchstaben mehr geschrieben, bis er am 7. März 1274 auf dem Weg zum Konzil von Lyon verstarb.

Thomas ist sicher nicht das Paradebeispiel eines katholischen Mystikers. Aber gerade diese wenigen Notizen aus seiner Biographie zeigen auf, was Mystik und einen Mystiker ausmacht. Das Erlebnis am Nikolaustag wird von psychologisch geprägten Forschern als Nahtod- Erfahrung gedeutet, klassische mystische Interpretation wäre ein Einheitserlebnis, das auch von modernen Hirnforschern so beschrieben wird. Diese Erfahrung wird von vielen Mystikern und Visionären beschrieben: Sie sehen vor ihrem inneren Auge eine Lichtkugel, dieses Schauen ist verbunden mit einer ungeheuer intensiven Empfindung der Einheit mit allem, der Welt, den Menschen, mit Gott. Es ist für jeden Mystiker sehr schwer, dies zu beschreiben. Dennoch wird es immer wieder versucht, heraus kommt meist ein für alle, die es selbst nicht erlebt haben, stammelnd anmutender Versuch, Unbeschreibliches zu beschreiben.

Mystiker machen oft auch eine gegenteilige Erfahrung der Gottferne, die sie mit Bildern wie Nacht, Wüste, Trockenheit beschreiben. Das Aufgeben jeglichen Theologisierens des Thomas von Aquin nach seiner mystischen Erfahrung kann man sicher auch auf einen Erschöpfungszustand zurückführen, er hat ein ungeheuer umfangreiches schriftstellerisches Werk hinterlassen. Es weist aber auch darauf hin, dass er angesichts des Erlebten merkte, wie wenig das rationale, verstandesmäßige Nachdenken über Gott an die Erfahrung herankommt. Von ihm stammt ja auch die Bemerkung, dass Gott immer größer und mehr ist als alle Aussagen, die wir über ihn zu treffen versuchen. Ein Mystiker erfährt seine Schau als Geschenk bzw. in der Sprache der christlichen Theologie als Gnade, auch wenn er sich vielleicht durch innere und äußere Disposition darauf vorbereitet hat. Sie kommt unverhofft, Thomas beschreibt sie als *raptus*, als plötzliches Hinweggerissen werden. Ein Mystiker bleibt verwurzelt in seiner eigenen Religion, auch wenn er in seiner Erfahrung deren Grenzen erkennt und überschreitet. Das ist wohl der Unterschied zur Esoterik, die sich keiner religiösen Autorität verpflichtet weiß und die das gnadenhafte Erleben zugunsten eines bewussten Machens und Herbeiführens durch bestimmte Techniken zurückstellt.

Gott in der Tiefe

Die Mystik führt uns auf eine Spur, auf die auch der protestantische Theologe Paul Tillich zu Beginn des 20. Jahrhunderts hingewiesen hat. Die Erfahrung der Mystik wird im Herzen gemacht, nicht im Hirn. Auch wenn diese Aussage im Sinn der modernen Neurowissenschaften nicht exakt ist, weil natürlich alle geistigen, bewussten Vorgänge im Gehirn des Menschen ablaufen, sagt das Bild vom Herzen dennoch sehr viel aus. Es bedeutet die Mitte des Menschen, sein Innerstes, man spricht von der Tiefe des Herzens, in der die Empfindungen zu Hause sind, die den Menschen erst zum Menschen machen. Unser klassisches Weltbild, das uns seit der Menschwerdung des Menschen prägt, geht von der Unterscheidung »oben und unten« aus. Gott versetzen wir unwillkürlich nach oben. Zu einer Zeit vor der exakten Erforschung des Weltalls war dies auch die verständlichste Art, Gottes Existenz außerhalb unserer Zeit und unseres Raumes zu beschreiben. Der Himmel war tatsächlich der Bereich jenseits des uns sichtbaren Firmaments. Das war das Jenseits. Dort konnte Gott gut sein und die Schöpfung in seinen Händen halten. Auch wenn wir mit unserem Wissen über die Unendlichkeit des Universums die Vorstellung von einem lokalisierbaren Himmel über uns nicht mehr teilen, sprechen wir dennoch nach wie vor von einem Gott in der Höhe. Als der frühere Parteivorsitzende der SPD, Rudolf Scharping, das Kloster Andechs besuchte und von Abt Odilo durch die Fürstenräume des Klosters geführt wurde, erschien am darauf folgenden Tag im Münchner Merkur ein großes Foto, auf dem der Abt mit erhobener Hand auf das Deckenfresko eines Fürstenzimmers zeigte und er und der Besucher nach oben blickten. Wohl ironisch gemeint war die Bildunterschrift der Redaktion: »Dort oben wohnt der liebe Gott, Herr Scharping.« Oder eine andere Anekdote: Als der russische Kosmonaut Juri Gagarin, der erste Mensch im Weltall, nach 104 Tagen im All zurückkam, soll er bei Chruschtschow Meldung gemacht haben, dass er auf seiner Reise Gott nicht begegnet sei. Natürlich lächelten wir im Westen über dieses angeblich atheistische Argument der kommunistischen Propaganda. Aber sind wir wirklich ganz frei von der Vorstellung eines Gottes ganz, ganz oben hinter den unendlichen Weiten des gekrümmten Universums? Genau diese Diskrepanz zwischen den Bildern, die wir in uns tragen, und den Bildern, die wir tagtäglich über die Medien von der Wirklichkeit der Welt zu sehen bekommen, bringt uns zum Fragen und Zweifeln an der Existenz Gottes. Paul Tillich schlägt nun vor, die Vorstellung der Höhe gegen die Vorstellung der Tiefe auszuwechseln. Das Wort »Tiefe« bedeute für uns so etwas wie Gegenwart, während der Begriff der Höhe oft den Eindruck der Ferne erweckt. Tillich will aber nicht einfach das alte Denksystem unter einem umgekehrten Vorzeichen wieder einführen, er redet vielmehr von der unbegrenzten und unerschöpflichen Tiefe und dem Grund alles Seins, von dem, was uns unbedingt angeht. Er meint die Tiefe unseres persönlichen Lebens und die tiefsten Quellen unserer sozialen und geschichtlichen Existenz.

Der katholische Theologe Eugen Biser wählt einen ähnlichen Ansatz in der Tradition des Kirchenvaters Augustinus. Er spricht vom *magister interior*, vom inwendigen Lehrer oder Meister. Die Tiefe Tillichs wird zum Inwendigen oder Innersten. Auf die ganze Welt, die belebte und unbelebte bezogen, heißt das: Gott ist ihr inwendig. Im Blick auf den Menschen: Gott spricht aus unserem Inneren zu uns. Ein christlicher Meditationslehrer unserer Tage übersetzt das Wort Meditation oder Kontemplation mit dem Begriff Innerung. Damit sind wir wieder auf dem Weg der Spiritualität und Mystik. Durch die Versenkung nach Innen wird Gott viel intensiver erfahren als durch theologische Spekulation.

Der Begründer der christlichen mystischen Tradition, ein unbekannter Autor des 6. Jahrhunderts, der lange mit dem aus Athen stammenden Paulusschüler Dionysius identifiziert wurde und deshalb den Beinamen Areopagit erhielt, versuchte als erster, mystische Erfahrungen in Worte, sogar in ein System zu fassen. Für ihn hat die ungeheure Transzendenz Gottes Vorrang vor allem, d.h. Gott ist absolut nicht durch menschliche Begriffe zu fassen: Jede Aussage bleibt unvergleichlich hinter seiner Wirklichkeit zurück. Wir können uns ihm eher mit verneinenden Worten nähern: unsichtbar, unbegrenzt, unfassbar. Die Aussagen allmächtig, allgütig, allwissend usw. treffen ihn daher weniger als die unbestimmten verneinenden. Man nennt dies später negative Theologie. Diese geht aus von unserer Unfähigkeit, Gott umfassend zu erkennen. Von daher sind alle unsere Aussagen über ihn ihm unähnlicher, als dass sie eine annähernde Wirklichkeit bezeichnen könnten. Das sollte man sich immer vor Augen halten, wenn man über Gott spricht. Leider vergessen das aber auch die Theologen leicht und gerne, wenn sie sich in ihren dogmatischen Feinheiten verlieren.

Ein Ordensgenosse des Thomas von Aquin, Dominikanermönch wie dieser, geht in seiner mystischen Theologie konsequent einen Schritt weiter. Meister Eckhart, ein im 20. Jahrhundert wiederentdeckter, von der Inquisition des 14. Jahrhunderts verurteilter Theologe und Seelsorger, sagt, dass der Mensch einzig durch Erkennen zum göttlichen Grund seiner selbst gelangen kann. Man erreicht dies durch das Lassen seiner selbst – damit prägt er zum ersten Mal den deutschen Begriff Gelassenheit. Er umschreibt damit eine Art der Selbstentäußerung im Denken. Aber er geht noch weiter, wenn er fordert, sogar Gott sei um seiner selbst willen zu lassen. Der Mensch muss auf Gott als Objekt seines Denkens verzichten, um ihn im Grund seiner selbst durch völlige Gelassenheit zu finden. Damit sind wir schon beinahe bei der Tiefe von Paul Tillich und dem inneren Meister Augustins angelangt. Gott ist nicht oben oder außen zu suchen, sondern innen, in der Tiefe, im Grund des menschlichen Wesenskerns. »Man soll Gott nicht außerhalb von einem selbst erfassen und ansehen, sondern als mein Eigen und als das, was in einem ist … Manche einfältigen Leute wähnen, sie sollten Gott so sehen, als stünde er dort und sie hier. Dem ist nicht so. Gott und ich, wir sind eins« (Predigt 6). Oder: »Wäre ich nicht, so wäre auch Gott nicht: Dass Gott Gott ist, dafür bin ich die Ursache. Wäre ich nicht, so wäre Gott nicht Gott.« (Predigt 52)

Ein Jahrhundert nach Meister Eckhart findet sich in dem Philosophen Nikolaus Cusanus, Bischof von Brixen und Kurienkardinal, aus Kues an der Mosel stammend, ein Denker, der insofern über Meister Eckhart hinausgeht, als ihn zwar genauso die Möglichkeit der Gotteserkenntnis interessiert, er sie aber eher mit den Mitteln der Mathematik als mit den Seelenbewegungen frommer Zeitgenossen zu veranschaulichen versucht. Er kehrt zurück zum Ansatz der vorsokratischen Philosophen, die nach dem Ursprung allen Seins gesucht haben, nach dem Einen im Vielen. Er entdeckt die »einfache Einfachheit«, in der auch alle Gegensätze zusammenfallen. Gott ist für ihn der Urgrund aller Einfachheit, deshalb müssen in ihm auch alle Gegensätzlichkeiten in eins zusammenfallen. Zugleich schreibt er ihm aber auch Vielheit, Mannigfaltigkeit zu. Das Eine ist für Nikolaus unendlich, weil es zugleich auch das Viele ist. Gott ist für ihn Einfaltung der Welt, die Welt Ausfaltung Gottes. Diese Einheit Gottes umfasst also die ganze Welt, auch den Betrachter und Gottsucher. Der Mensch, gefangen in seinem Schwarz-Weiß-Denken, erkennt diese Alleinheit nicht, sondern nähert sich ihr auf eine einseitige Weise. Diese Einseitigkeit wird als unbefriedigend erfahren, es entsteht der Eindruck, die Wahrheit sei eigentlich nicht zu finden. Die Lösung besteht darin, zu erkennen, dass die Wahrheit nicht in etwas anderem zu suchen ist, da jedes und jeder Einzelne in sich die gesamte Wirklichkeit enthält. Trotz der zu erfahrenden Individualität ist alles mit allem verbunden. Aufgrund seiner Begeisterung für Mathematik veranschaulicht Nikolaus die unendliche Einheit mit dem Beispiel einer unendlichen Geraden. Diese ist nicht nur Gerade, sondern zugleich auch ein Dreieck (mit größter Grundseite und kleinster zugehöriger Höhe) und ein Kreis (mit unendlich großem Durchmesser).

Im Gegensatz zu Meister Eckhart, der zu den von ihm betreuten Nonnen schon sagte, er sei ein Lebemeister und nicht ein Lesemeister, also ein Lehrer, der vor aller dogmatischen Weisheit vor allem Hilfe zum rechten Leben bieten wolle und dessen Predigten in Deutsch überliefert wurden, ist Nikolaus Cusanus ein eher trocken zu lesender spätscholastischer Gelehrter. Sein Latein ist alles andere als lebendig und inspiriert. Dennoch sind seine Gedanken äußerst fesselnd. Die Koinzidenztheorie, seine Auffassung, dass in Gott alle Gegensätze, also auch das Sein und das Nichtsein zusammenfallen, hat mich, seitdem ich sie kennenlernte, fasziniert. Mir war Nikolaus in meiner Klosterzeit immer sehr nahe, hat er doch Herzog Albrecht III. von Bayern, dem er sehr verbunden war, empfohlen, für die Gründung des

Klosters Andechs im Jahre 1455 Benediktiner aus dem damals berühmten Kloster Tegernsee zu gewinnen. Diesen hatte der Cusaner zwei Jahre zuvor seine mystisch anmutende philosophische Spekulation mit dem Titel *De Visione Dei* (Gottesschau) gewidmet. Vor einigen Jahren konnte ich ein kleines Kunstwerk eines jungen Schweizer Bildhauers ersteigern, zwei angerostete Metallplatten, mit dem Motto des Nikolaus von Kues: *Coincidentia Oppositorum* (Zusammenfall der Gegensätze). Sie hängen in meinem Wohnzimmer rechts und links neben der Eingangstür und erinnern mich an diese Station meiner Gottsuche. Wenn in Gott Sein und Nicht-Sein zusammenfallen, dann steht Gott auch über den Alternativen des Theismus und Atheismus. Auch diese beiden Gegensätze müssten dann in ihm zusammenfallen. Die Konsequenz daraus hieße dann doch, dass der uralte Streit, ob Gott existiert oder nicht, gegenstandslos ist. Gott existiert und existiert doch zugleich nicht. Dies ruft sofort die Erinnerung an ein paradoxes Phänomen in der modernen Physik hervor, die so genannte Heisenberg'sche Unschärferelation. Der Kernphysiker Werner Heisenberg hat entdeckt, dass die damals kleinsten bekannten Bausteine der Materie, die Quanten, oszillieren zwischen der Eigenschaft als Wellen einerseits und als Teilchen andererseits. Außerdem beeinflusst die Beobachtung die Eigenschaft der beobachteten Quanten. Dies hat natürlich enorme Konsequenzen für die Wissenschaft und ihren Anspruch von Objektivität. Heisenberg selbst formuliert sie folgendermaßen:

»Die Wirklichkeit, von der wir sprechen können, ist nie die Wirklichkeit an sich, sondern eine von uns gestaltete Wirklichkeit. Wenn eingewandt wird, dass es schließlich doch eine objektive, von uns und unserem Denken völlig unabhängige Welt gebe, so muss diesem entgegengehalten werden, dass schon das Wort ›es gibt‹ aus der menschlichen Sprache stammt und daher nicht gut etwas bedeuten kann, das gar nicht auf unser Erkenntnisvermögen bezogen wäre. Für uns gibt es eben nur die Welt, in der das Wort ›es gib‹ einen Sinn hat.«

Ähnlich argumentieren ja auch Theologen: Man könne von

Gott nicht sprechen wie von den Dingen, »es gibt ihn« oder »es gibt ihn nicht«. Auch hier ist klar, dass unser Denken und Sprechen über Gott ihn sozusagen verändert: Er wird hineingepresst in die Vorstellungswelt des kleinen menschlichen Gehirns und in unsere Kategorien von Existenz und Nichtexistenz.

Ein weiterer Meilenstein bei meinem religiösen Umbau, wie ein befreundeter Psychologe meinen Weg der erneuten Gottsuche bezeichnete, war der barocke Schriftsteller und Mystiker Angelus Silesius. Eigentlich hieß er Johannes Scheffler, ein gebürtiger Schlesier, Arzt und nach seiner Konversion zum Katholizismus auch Priester. Im Jahrhundert nach der Reformation und des 30-jährigen Krieges glaubte er, im Konvertiteneifer das Luthertum bekämpfen zu müssen. Für uns Heutige ist sein antiprotestantischer Furor nur noch schwer zu ertragen. Das ist aber auch sein einziger Makel. Neben seinem untadeligen Leben trat er durch geistliche Gedichte und Lieder hervor, von denen einige wie »Mir nach, spricht Christus, unser Held« und »Ich will dich lieben, meine Stärke« noch heute in konfessionsübergreifenden Gesangbüchern vertreten sind. Berühmt geworden ist seine Sammlung von Epigrammen, kurzen zweizeiligen Gedichten, in denen tatsächlich ungeheuer verdichtet, oft sehr gewagte Aussagen über Gott und die Welt getroffen werden. Er gab ihr den Titel »Cherubinischer Wandersmann«. Ein paar Kostproben daraus:

Wird Christus tausendmal zu Bethlehem geboren,
und nicht in dir: du bleibst noch ewiglich verloren.

Oder ein Epigramm, das schon in die Richtung der Gottsuche weist:

Der Himmel ist in dir und auch der Höllen Qual:
Was du erkiest und willst, das hast du überall.

Bei Scheffler finden sich auch ganz gewagte Spekulationen über Gott und Mensch:

Ich weiß, dass ohne mich Gott nicht ein Nun kann leben
Werd' ich zunicht, Er muss von Not den Geist aufgeben.

Auch hier wird deutlich: Die mystische Theologie sucht und findet den Zugang zu Gott nicht in rationaler Spekulation »oben«, sondern in der Tiefe des eigenen Denkens und Fühlens, kurz in der eigenen Seele bzw. im Herzen als Wesensmitte des Menschen.

Dieses Suchen »oben« oder jenseits der sichtbaren und sinnlich erfahrbaren Dinge betreibt nicht erst die Theologie, das war schon Sache der Philosophen. Sie nannten es die »erste Philosophie«, die Theologen hingegen »natürliche Theologie«. Aristoteles, einer der ersten systematischen Philosophen, hat seine Gedanken über den Ursprung und das Wesen des Seins, des höchsten Guten, der letzten Wahrheit, des wahrhaft Schönen in einem kleinen Büchlein niedergelegt, das in einer der ersten Gesamtausgaben seines Werkes nach seinen Schriften über die Physik eingeordnet wurde. Seither nennt man dieses Nachdenken über die Frage, warum etwas ist und nicht nichts »Metaphysik«, auf deutsch in etwa übersetzbar: hinter oder über der Physik.

Gott ist die Liebe

Zum eigentlichen Durchbruch in meinem Ringen mit der Gottesfrage verhalf mir ein zeitgenössischer italienischer Philosoph, den ich schon einmal kurz erwähnt habe: Gianni Vattimo. Er hat sich besonders mit den deutschen Denkern Nietzsche und Heidegger beschäftigt, der eine ein verzweifelter Gottsucher, der mit seinem Ruf »Gott ist tot und wir haben ihn getötet« die Welt des ausgehenden 19. Jahrhunderts erschüttert hat; der andere, der in höchst verschlungener Art und Weise in seinem Hauptwerk »Sein und Zeit« (1927) das Nachdenken über die Metaphysik aus der Überzeitlichkeit des Jenseits in die Welt zurückgeholt und sie sozusagen vom Kopf auf die Füße gestellt hat. Für Martin Heidegger gibt es kein absolutes Sein, es gibt immer nur das Seiende, also die konkrete Wirklichkeit. Da die klassische Metaphysik mit dem absoluten Sein eine philosophische Umschreibung Gottes versucht hat, bezeichnet sich Heidegger als Atheisten, wenn er auch in einem erst nach seinem Tod veröffentlichten Spiegel-Interview das Wort geprägt hat: »Nur noch ein Gott kann uns retten.« Vattimo, geboren 1936 in Turin, lange Jahre Philosophieprofessor an der Universität seiner Geburtsstadt, folgert aus der Geschichte des menschlichen Nachdenkens über das Sein, dass dieses im Lauf der Jahrhunderte, ja Jahrtausende immer »schwächer« geworden sei, die Metaphysik sich sozusagen im Nihilismus verflüchtige. Für ihn bereitet das Ende des metaphysischen Gottes (also des Gottes der Philosophen) die Wiederentdeckung des christlichen Gottes insofern vor, als damit auch das Gottesbild immer schwächer werde. Er sieht darin eine »Transkription« der christlichen Lehre von der Menschwerdung des Gottessohnes. Diese Herablassung Gottes auf die Ebene des Menschen, das, was das Neue Testament *kenosis (Entäußerung)* Gottes nennt, ist für ihn ein weiterer Schritt der Entwicklung unseres Gottesbegriffs hin zu einem nicht-absoluten und nicht-gewaltsamen Gott. Deshalb ist die Geschichte des am Kreuz sterbenden Jesus von Nazareth ein Bild der Ohnmacht Gottes. Der allmächtige, allwissende, allgegenwärtige Gott wird entlarvt als tatsächliche Projektion aller menschlichen Sehnsüchte und Wünsche, wie schon Feuerbach konstatiert hat. Vattimo nennt ihn den Gott der »natürlichen Religion«, verstanden im Sinn der natürlichen Neigung des Menschen, sich als von einem höchsten Wesen abhängend zu denken.

Dieses radikal Neue im Zugang zu Gott, das Vattimo als Philosoph entdeckt, formuliert Eugen Biser in seiner »Neuen Theologie« folgendermaßen: Gott wird in der natürlichen Religion stets als ein ambivalenter, ein zwischen Güte und Härte, zwischen Liebe und Zorn oszillierender Gott gesehen, bei dem man nie weiß, ob er, wenn er mir seine gütige Seite zuwendet, mich nicht doch wieder mit seiner Strafgerechtigkeit bedroht und ins Gericht zieht. Dieser Gott ist von Jesus überwunden worden. Er offenbart einen Gott der bedingungslosen Liebe, der seine

Güte sogar den Undankbaren und Bösen erweist, wie es in der Bergpredigt nach dem Evangelisten Lukas heißt. Die ersten der christlichen Theologen und Denker, deren tiefgehende Meditationen noch in die Heilige Schrift des Christentums, das Neue Testament, Eingang fanden, waren noch kühner. Der Verfasser des ersten Johannesbriefs formuliert kurz und bündig: Gott ist die Liebe (1 Joh 4,16). Es wird natürlich von den Theologen, mehr noch von den Philosophen daran herumgedeutet und interpretiert, in dem Sinn, dass die Liebe ein Erkennungszeichen des von Jesus verkündeten Gottes sei. (So auch Papst Benedikt XVI. in seiner bemerkenswerten ersten Enzyklika »Deus Caritas Est«.) Und das ist ja tatsächlich auch ein enormer Fortschritt von den Gottheiten der antiken Welt hin zu dem einen Gott Abrahams und Jesu. Gott ist grundsätzlich den Menschen in Liebe zugetan. Die Götter waren grundsätzlich böse und neidisch auf die Menschen und mussten durch Opfer versöhnt werden. Aber warum den Johannesbrief nicht einfach so lesen, wie es dasteht und damit auch umkehrbar ist: Die bedingungslose Liebe ist nicht nur ein Attribut des Gottes, eine Eigenschaft, die Gott anhaftet, sondern sie ist sein Wesenszug bzw. Gott und Liebe sind identisch. Mir ging die Umkehrbarkeit dieses Satzes zum ersten Mal richtig auf, als ich mit einem meiner Freunde, dem früheren Hörfunkdirektor des Bayerischen Rundfunks, Josef Othmar Zöller, einem an sich sehr kirchlich denkenden Menschen, ein Gespräch über die schwindende voreheliche Enthaltsamkeit der heutigen jungen Menschen führte. Da sagte er, altersweise und milde geworden: Alles, was aus echter Liebe geschieht, kann nicht gegen den lieben Gott sein. Darin ist auch die Problematik menschlicher Schwäche ausgedrückt: Wir kommen an die »echte« Liebe immer nur annäherungsweise heran. Göttlich wird wohl nur die absolute Idee der Bedingungslosigkeit und Absichtslosigkeit sein. Sie wird uns nun in der Person des Jesus von Nazareth und der Deutung seines Lebens und Sterbens gezeigt.

Von theologischer Seite wird gegen dieses Bild vom Gott der bedingungslosen Liebe angeführt, es stehe in Gefahr, beliebig zu werden. Ein solcher Gott toleriere alles und sei damit nicht mehr ernst zu nehmen. Dagegen führt Biser an, der Gott der Liebe sei die größte Herausforderung, da dem Menschen aufgrund seiner Gespaltenheit zwischen Selbstsucht und Selbstflucht und der dadurch bedingten Gebrochenheit der ambivalente Gott, der zwischen Güte und Drohung oszilliert, weit mehr entspricht als der bedingungslos liebende Gott. Er überkommt ihn vielmehr wie ein »verzehrendes Feuer«, da er ihm alles gibt. Die einzig angemessene Antwort auf dieses Angebot der Liebe sei aber wiederum nur Liebe zu ihm und seiner Schöpfung, zu den Mitmenschen, den »Nächsten« und sogar zu den Feinden.

Eine weitere Annäherung aus der theologischen Tradition des vierten Evangelisten, dem die Überlieferung den Namen des Apostels Johannes gegeben hat, mag hier folgen. Er ist nach Paulus wohl der zweite Mystiker des Christentums. Der Prolog des Johannesevangeliums stellt eine einzige großartige Meditation über die Bedeutung Jesu für den gläubigen Christen dar. Er verwendet dafür einen Begriff, der sich in der griechischen Philosophie und der davon beeinflussten jüdischen Theologie der Zeitenwende mit einer großen Bedeutungsgeschichte aufgeladen hatte. Es handelt sich um den Begriff »*logos*«. Er wird im Lateinischen mit dem Ausdruck »*verbum*« übersetzt und heißt dann für gewöhnlich »Wort« oder »Rede«. Unser Adjektiv »logisch« deutet schon auf eine Erweiterung der Bedeutung in Richtung »vernünftig« hin. Logos ist dann das Vernunftprinzip, das den Kosmos ordnet, im Judentum schließlich das Denken Gottes, das im Akt der Schöpfung aus ihm heraustrat. So heißt es in der Schöpfungserzählung der Genesis, dem Ersten Buch Mose, denn auch: »Gott sprach: Es werde Licht.« Durch seinen Logos, sein »Wort«, kam also Ordnung in das Chaos (hebräisch: Tohuwabohu) und wurde zum Kosmos (zur Weltordnung). Oder analog in der Sprache modernen Denkens: Gott tritt in Kommunikation, er schafft und erhält dadurch ein geordnetes System.

Johannes nun lässt sein Evangelium ähnlich feierlich wie das Buch Genesis beginnen: »Im Anfang war das Wort, und das Wort war bei Gott, und das Wort war Gott.« Herkömmliche christliche Theologie denkt hier sofort an die ewige Präexistenz der zweiten göttlichen Person, das »Wort«, das in Jesus Christus Fleisch angenommen hat, also Mensch geworden ist; darauf führt ja auch der weitere Johannestext hin. Aber bleiben wir vorerst in Gedanken »vor« der Menschwerdung und beim griechisch-jüdischen Denken. Sowohl der griechische Originaltext des Neuen Testamentes als auch die lange Zeit maßgebliche lateinische Übersetzung verwenden für das deutsche »Im Anfang« ebenfalls einen philosophisch aufgeladenen Begriff: Das lateinische *principium* wie sein griechisches Pendant bezeichnen nicht nur einen zeitlichen Anfang, sondern meinen darüber hinaus auch »Ursprung« oder »Prinzip«. Übersetzen oder besser interpretieren wir deshalb einmal folgendermaßen: »Im Prinzip gab es Kommunikation, und sie war bei Gott und Gott war Kommunikation.«

Die Verbindung zum Gott der bedingungslosen Liebe stellte eine Lesefrucht von Josef Pieper, christlicher Philosoph des 20. Jahrhunderts, her. In seiner Abhandlung »Über die Liebe« schreibt er: »Jemanden oder etwas lieben heißt: diesen jemand oder dieses Etwas ›gut‹ nennen und, zu ihm gewendet, sagen: Gut, dass es dich gibt; gut, dass du auf der Welt bist!«

Positive Zuwendung, aufrichtige Kommunikation ist also gelebte und ausgedrückte Liebe!

Und Gott ist diese bedingungslose Liebe und offene Kommunikation sozusagen in Person. Liebe und Kommunikation sind das Prinzip, der Ursprung, der Anfang der Welt und damit des Lebens. Diesem göttlichen Prinzip begegnen wir in der Tiefe des Menschenherzens, im Inneren des Selbst, ja in der Tiefe der Materie, wie uns moderne christliche Interpreten der Evolutionstheorie und der Mikrophysik erklären. Das Zusammentreffen und Zusammenbleiben der kleinsten Teilchen der Materie ermöglicht Weiterentwicklung, allmähliche Entstehung des Lebens und des Geistes. Deshalb neigen heutige Religionsphilosophen eher zu einem Panentheismus. Natürlich ist diese Sicht des

Verhältnisses zwischen Gott und Welt nicht neu. Philosophisch schlüssig dargelegt hat es der jüdische, niederländische Denker Baruch Spinoza im 17. Jahrhundert, der deshalb aus der jüdischen Gemeinde ausgeschlossen wurde.

Zusammengefasst in meinem heutigen Verständnis: Gott ist nicht über uns oder außerhalb von uns, er ist tief in uns, ja im ganzen Kosmos. Gott ist in allem, aber er ist nicht identisch mit allem. Er ist das Prinzip der Schöpfung: die Liebe.

Als ich das erkannt hatte, fiel es mir nicht mehr schwer, weiterhin Gott zu suchen. Ich erkannte, dass dies tatsächlich die beste Umschreibung für den klassischen Begriff des Glaubens darstellt.

Aber welche Konsequenzen hat das dann für meine Sicht auf das Christentum, das Verstehen der Bibel, das Bekenntnis, für Ethik und Moral, für das alltägliche Leben, für das Feiern des Glaubens und das Miteinander der Religionen?

2. Gottes Wort in die Zeit

Während meines Theologiestudiums an der Münchner Universität und an der Benediktinerhochschule S. Anselmo in Rom haben mich die weniger zum Kern gehörigen Fächer interessiert, wie Kirchengeschichte, Liturgiewissenschaft und Ökumenische Theologie. Ein wenig wie für ein Hobby habe ich mich sogar für Kirchenrecht, eine ansonsten wenig geschätzte Disziplin, interessiert. Die Hauptfächer Exegese, Dogmatik und Moraltheologie waren zwar wichtig, aber entfachten bei mir keinen Enthusiasmus. Erst mit der schon erwähnten Seelsorgspraxis, d.h. konkret der Aufgabe, Sonntag für Sonntag zu predigen, im Beichtstuhl und Gespräch Rat und Beistand geben zu sollen, und dem viele Jahre hindurch angebotenen Andechser Bibelabend erwachte ein intensives Interesse daran, wie das Lehrgebäude der Kirche im Einzelnen entstanden und gewachsen sei und welche Grundlagen dafür in der Bibel (oder anderswo?) zu finden seien. Außerdem wurde ich vom Institut Bavaricum, einer Art privater Volkshochschule mit den Schwerpunkten zur Geschichte Münchens und Bayerns, eingeladen, jährlich im Frühjahr drei bis vier Vorlesungen zu theologischen Themen zu halten. Biblische, kirchengeschichtliche und dogmatische Aspekte waren zu behandeln. Mir machte diese intellektuelle Arbeit und Auseinandersetzung Spaß, auch wenn es natürlich eine gewisse zeitliche Bedrängnis mit sich brachte neben der Arbeit als Ökonom und Wallfahrtsdirektor des Klosters. Ich wurde mit all der andersartigen Erfahrung durch meine »Nebenjobs« im Hinterkopf dadurch gezwungen, mich mit den Grundlagen meines Glaubens und unserer abendländisch-christlichen Kultur auseinanderzusetzen. Und dies in wissenschaftlich redlicher Form, aber doch eben auch in einer Art und Weise, dass es für interessierte Laien verständlich war. Dass dies nicht ohne Rückwirkungen auf mein eigenes Glaubensleben und damit auf eine authentische Verkündigung in Gottesdienstfeier und Predigt bleiben konnte, wurde mir und – wie ich im Nachhinein durch Freunde erfahren habe – den Zuhörern bald klar. Mir ging auf, dass es drei oder gar vier Welten waren, in denen ich mich bewegte: das Leben im Kloster als »real existierende« Lehre und Praxis der Kirche, die Welt der Wissenschaft, damit meine ich auch die wissenschaftlich betriebene Theologie, und schließlich das »pralle« Leben der Menschen, mit denen ich tagtäglich als Seelsorger und Chef eines mittelständischen Betriebes zu tun hatte. Ich empfand mehr und mehr die Kluft bzw. die Klüfte, die sich zwischen diesen Welten aufgetan hatten. Für jeden, der sich mit der heutigen, modernen Theologie ernsthaft beschäftigt, wie sie an den Universitäten gelehrt und erforscht wird, ist klar, dass viele Wahrheiten, die wir in der Verkündigung als so eindeutig und sicher darstellen, eben nicht mehr so eindeutig und klar sind. Und diese verkündigte Wahrheit geht oft massiv an den Bedürfnissen der Menschen vorbei. Sie erweisen sich für das Leben im Alltag als nicht mehr hilfreich, oft sogar im Gegenteil als behindernd, womöglich sogar krank machend. Aber liegt es an dieser dahinterliegenden Wahrheit selbst? Oder nicht doch nur an einer zeitgebundenen, vielleicht für vergangene Epochen unserer Geschichte nützlichen Weisen des Redens, Denkens und Interpretierens?

Rettende Übersetzung

Mir hilft dabei sehr der Ansatz von Jürgen Habermas. Der Frankfurter Philosoph zählt zu den Hauptvertretern der Kritischen Theorie. Er ist der Philosophie der Aufklärung und des Rationalismus verpflichtet. Verständlich ausgedrückt besteht seine Hauptthese darin, dass in unserer nachmetaphysischen Zeit der gesellschaftliche Konsens nur durch den Diskurs der Menschen miteinander gefunden werden kann. Es gibt keine vorgegebenen Letztbegründungen. Schon gar keine religiösen. Habermas bezeichnet sich selbst mit einem Wort von Max Weber als »religiös unmusikalisch«. Die demokratischen Gesellschaften müssen ihre Ethiken durch innere Kommunikation entwickeln.

Seit den neunziger Jahren des letzten Jahrhunderts und der Beschäftigung mit der Postmoderne und deren Kritik an der Aufklärung findet er aber immer mehr Positives an den Traditionen der europäischen Kultur, die vom jüdisch-christlichen Erbe und seiner Auseinandersetzung mit der hellenistischen Philosophie geprägt ist. Auch die Aufklärung ist ja nur aus der Auseinandersetzung mit diesem kulturellen Erbe möglich geworden. Deshalb ist eine Beschäftigung mit den Maximen der religiösen Tradition sinnvoll. Es gilt allerdings, sie so zu interpretieren, dass sie für die moderne, säkularisierte Gesellschaft hilfreich sein können. Damit kann der Gehalt dieser Grundlage aus unserer Tradition bewahrt und gleichzeitig zustimmungsfähig gemacht werden. Habermas spricht von einer »rettenden Übersetzung«.

Dies ist auch eine schöne Beschreibung dessen, was ich mir seit meinem Klosteraustritt zur Aufgabe gemacht habe: die christlichen, sagen wir neutraler: abendländischen Werte in der konkreten Form der Benediktsregel in einer rettenden Übersetzung für eine wertegeleitete Unternehmensführung hilfreich vorzutragen.

Im Grunde muss diese Arbeit der hilfreichen Übersetzung christlichen Traditionsgutes jeder Prediger leisten. Eine solche Aufgabe wird umso notwendiger und auch schwieriger, je größer die Kluft zwischen der Anfangszeit des Christentums und der jeweiligen Zeitgenossenschaft wird. Die Bilder, Begriffe, Denkweisen der Zeit des Entstehens unserer Bibel und die daraus resultierenden Lehren des Christentums sind uns nicht mehr in derselben unmittelbaren Weise zugänglich wie den Menschen damals. Uns trennen nicht nur die Jahrhunderte mit ihren Entwicklungen, sondern auch die kulturellen Schranken zwischen der hellenistisch geprägten Welt des ansonsten römisch beherrschten Nahen Ostens.

Dazu kommt noch die ganz banale Bedeutung des Wortes Übersetzung. Es muss tatsächlich von einer Sprache in eine andere übersetzt werden. Die biblischen Sprachen sind meist so genannte tote Sprachen, d.h. sie werden heute nicht mehr von einer Bevölkerungsgruppe gesprochen. Sie existieren nur in der Literatur vergangener Epochen. Es passiert keine Weiterentwicklung mehr, sie sind seit Jahrhunderten erstarrt. Die modernen Sprachen leben, d.h. die Bedeutung von Wörtern verändert sich ständig, es müssen neue Begriffe für neue Dinge geprägt werden. Was könnte ein Mensch der Antike mit Radio, Fernsehgerät oder Telefon anfangen? Und doch: Wenn wir uns die Wörter genau ansehen: sie sind oft aus Bezeichnungen und Begriffen genau der Sprachen zusammengesetzt, die ich vorher als tot bezeichnet habe.

»Geboren aus Maria, der Jungfrau«

Zurück zu einem vielzitierten Beispiel aus der Bibel: In der Weihnachtszeit wird im christlichen Gottesdienst oft aus dem alttestamentlichen Buch Jesaja gelesen. Dort steht im 7. Kapitel der berühmte Satz: »Darum wird euch der Herr von sich aus ein Zeichen geben: Seht, die Jungfrau wird ein Kind empfangen, sie wird einen Sohn gebären, und sie wird ihm den Namen Immanuel – Gott mit uns – geben.« Dieser eine Satz, gelesen und bedacht von den Jüngern Jesu nach seinem Tod, hat eine ungeheure Wirkungsgeschichte hervorgebracht. Man könnte sagen, er steht am Anfang des Christentums. Und das hängt im Wesentlichen von der Bedeutung und Übersetzung eines einzigen Wortes ab.

Der Prophet Jesaja hat im 8. Jahrhundert vor Christus gelebt und gewirkt. Schon seine Berufsbezeichnung Prophet hat eine ungeheure Bedeutungsgeschichte, sodass wir das, was ursprünglich damit gemeint sein könnte, nur schwer rekonstruieren können. Für uns sagt das Wort Prophet, dass derjenige, der damit bezeichnet wird, etwas Zukünftiges voraussagt, weil er eine besondere Beziehung zu Gott hat. Ich würde einen Propheten modern mit einem Berater gleichsetzen. Dieser stellt Prognosen auf, was sich wahrscheinlich in der näheren Zukunft ereignen wird. Welche Maßnahmen sind in der Gegenwart zu ergreifen, damit die Zukunft gelingen kann? Für Führungskräfte in Wirtschaft und Politik eine offensichtlich unverzichtbare Dienstleistung: Schon im 1. Buch der Könige, einer weiteren biblischen Schrift, wird berichtet, dass der König von Israel an die 400 Propheten beschäftigt habe. Es gab also viel mehr Propheten als nur das gute Dutzend, das in der Bibel mit eigenen Büchern vertreten ist. Sie kamen zu dieser Auszeichnung, weil sich ihre Prophezeiungen strikt auf den im jüdischen Volk immer mehr verstärkenden Monotheismus bezogen. Die Religion durchzog in der Alten Welt alle Lebensbereiche: Staat, Gesellschaft und Religion waren nicht getrennt, wie wir es heute kennen. Ein König hatte zugleich priesterliche und herrscherliche Funktionen, ebenso ein Prophet religiöse und politische. Religion bestimmte Politik und umgekehrt. Deshalb hatte religiöses (Fehl-)Verhalten Einfluss auf die Geschicke des Herrscherhauses und damit des ganzen Volkes.

So auch im Fall Jesaja. König Ahas von Juda, südliches Teilreich des jüdischen Volkes mit der Hauptstadt Jerusalem, wird von seinen Nachbarn kriegerisch bedrängt. In dieser Situation macht Jesaja Hoffnung: Der Nachkomme des Ahas wird nach der Invasion und Besatzung durch die Feinde, die durch das politische Ungeschick des Vaters herbeigeführt wurde, mit Gottes Beistand das Land in eine gute Zukunft führen. Im Hebräischen heißt es dann, wörtlich übersetzt: Die junge Frau wird schwanger werden, ein Kind zur Welt bringen, das ganz nach orientalischer Art einen Namen mit einer bestimmten Bedeutung tragen soll: Gott ist mit uns, d.h. Gott hilft dem jungen König und seinem Volk. Für die junge christliche Gemeinde wurde vor allem die griechische Übersetzung der hebräischen Bibel maßgeblich. Diese heißt Septuaginta, weil sie der Legende nach von 72 Gelehrten aus der griechisch sprechenden, jüdischen Gemeinde im ägyptischen Alexandria unabhängig voneinander und dennoch wörtlich übereinstimmend verfasst worden sein soll. In der Septuaginta nun wurde aus der jungen Frau, verheiratet oder nicht, die Jungfrau. Man kann nicht direkt von einem Übersetzungsfehler sprechen, aber doch von einer Einengung der Bedeutung. Dazu kommt noch eine Art der Bibelauslegung, die uns zum Teil völlig fremd geworden ist. Da ist zum einen die so genannte allegorische Deutung: Man verstand einzelne Aussagen der Bibel nicht mehr und deutete sie dann in einem übertragenen Sinn. Der eigentliche Sinn sei hinter dem Wortlaut zu suchen. Dazu wurden alle möglichen Assoziationen zu Hilfe genommen. Ein Spruch wurde dann zur Allegorie, zu einer geheimnisvollen Umschreibung einer tieferen Wahrheit. Übrigens hat man schon zur Zeit der Griechen auch die großen Epen Homers, die Ilias und die Odyssee, allegorisch gedeutet. So wird das Kraut Moly, das Odysseus vor der Zauberkraft der Circe schützen soll, zu einem Symbol für Gegenzauber, das noch von den Alchemisten der Neuzeit gesucht wird.

Dazu kam eine Art des Umgangs mit ehrwürdigen alten Texten, die noch heute im evangelischen Christentum praktiziert wird, die der Losungen. Einzelne wichtige Sätze werden auf Zettel geschrieben und wie Lose aus einer Urne gezogen. Sie werden dann als Leitsätze für den Tag gedeutet, oft wie Horoskope als Trost- oder Hoffnungsträger im Herzen getragen. Das Bibelstechen ist dann eher eine schon ein wenig abergläubisch wirkende Abart davon. Man steht vor einem bestimmten Problem und erhofft Weisung aus dem Wort Gottes. Mit einem Messer wird willkürlich zwischen die Seiten einer Bibel gestochen und die Stelle, bei der die Messerspitze hängen bleibt, gilt als Gottes Antwort auf die gestellte Frage. Das heißt dann, einzelne Bibelsätze, aus dem Zusammenhang gerissen, nehmen eine gänzlich andere Bedeutung für den Leser an.

So ähnlich dürfen wir uns auch den Umgang frommer Juden mit ihrer Bibel zur Zeit Jesu vorstellen: Man trug einen Schatz von Schriftworten mit sich im Herzen und im Sinn, die zum Teil völlig losgelöst von ihrem ursprünglichen Zusammenhang in bestimmten Situationen für den jeweiligen Menschen eine existentielle Bedeutung annehmen konnten.

Die ersten Christen waren zum größten Teil fromme Juden, meist sogar, wie Paulus, Pharisäer. Diese haben in unseren Ohren einen negativen Beiklang, weil wir sie aus dem Neuen Testament vor allem als Gesprächspartner bzw. Gegner Jesu kennen. In ihrer Frömmigkeit wollten sie die Worte der Schrift wörtlich nehmen und befolgen, also durchaus ähnlich unseren heutigen Fundamentalisten. Dabei blieben sie am Wortlaut hängen und machten sich zu seinen Sklaven. Die Kritik Jesu, der ihnen an sich nahe zu stehen scheint, findet vor allem darin ihren Ansatzpunkt: Ist der Mensch für den Sabbat oder der Sabbat für den Menschen da? Wenn der Wortlaut sinnvolles Leben verhindert, muss man ihn hinterfragen!

Der andere Teil der jungen Christenheit waren Heiden, die sich um die jüdischen Gemeinden, die Synagogen, sammelten. Sie glaubten an Jahwe, den Gott der Juden, der der einen und höchsten Gottheit der Philosophen zu entsprechen schien. Sie vollzogen aber nicht den Übertritt zum Judentum, weil sie Angehörige ihres eigenen Volkes bleiben wollten und oft wohl auch die Beschneidung, das Zeichen der Zugehörigkeit zu dieser Religion, scheuten. Man nannte sie: die Gottesfürchtigen.

Aus diesen beiden Gruppen setzte sich die junge christliche Gemeinde zusammen. An sich schon eine revolutionäre Tatsache für eine Welt, die zwar von einer Vielfalt von Kulturen geprägt war, die aber dennoch die Verschiedenheit respektierte und z.T. wie die jüdische sich von den anderen Kulturen des römischen Weltreiches bewusst absetzte. Innerhalb der einzelnen Volksgruppen gab es dann noch die oft viel schwieriger zu überwindenden sozialen Schranken, nehmen wir nur die fundamentale Unterscheidung zwischen Freien und Sklaven, die uns, obwohl die endgültige Abschaffung der Sklaverei erst vor zwei Jahrhunderten erfolgte, völlig fremd geworden ist. Ein Nachhall dieser umwälzenden Einheit der jungen christlichen Gemeinde ist im Galaterbrief des Apostels Paulus zu lesen: »Es gibt nicht mehr Juden und Griechen, nicht Sklaven und Freie, nicht Mann und Frau; denn ihr alle seid ›einer‹ in Christus Jesus.« Trotz oder vielleicht wegen dieser Vielfalt, aus der die Gemeindemitglieder der ersten Stunde kamen, entstand eine einheitliche christliche Kultur, die sich nun über das ganze römische Reich ausbreiten konnte. Das unterschied die neue Religion von allen anderen Kulten der damaligen Zeit: Sie berief sich auf eine historische Person und vereinigte bei sich Menschen quer durch alle nationalen und sozialen Schichten. Sie forderte eine ethische Haltung, die besonders die unterprivilegierten Mitglieder berücksichtigte, und brachte damit etwas Neues in die alte Welt. Diese entstehende Verbindung von Juden und Griechen hatte zur Folge, dass im Überlieferungsgut dieses »Neuen Weges«, wie das Christentum sich schon bald selbst beschrieb, beide Traditionen, die jüdische wie die griechisch-hellenistische, einen gemeinsamen neuen Traditionsstrang begründeten, der sich schon bald verfestigte und Eingang in das Schrifttum der christlichen Gemeinden fand.

Dieses Schrifttum entwickelte sich um einen Kern, die Briefe des Gemeindegründers und reisenden Missionars Paulus an verschiedene Gemeinden, die er bei ihren Problemen »beriet«, wie wir es heute nennen würden. Er selbst und die Briefempfänger verstanden sie durchaus als handfeste Ermahnung und Ermunterung. Solche Mahn- und Trostbriefe wurden von den Gemeinden untereinander ausgetauscht und bei den Versammlungen vorgelesen. Man traf sich wohl von Anfang an am ersten Tag der Woche, dem Tag, der dem Sonnengott geweiht war, weil er durch die Erfahrung, die wir die »Auferstehung Christi« nennen, ausgezeichnet worden war. Als Ort dienten die Häuser wohlhabender Gemeindeglieder, die über einen größeren Raum, wohl meist der Speisesaal, verfügten. Die Versammlung bestand in einem gemeinsamen Mahl wie auch bei heidnischen Vereinen, den Erzählungen über die Lehren und das Leben Jesu, seinen Tod, die Konsequenzen für das Leben der Gemeinde und des Einzelnen, eben den Briefen des Paulus und anderer, die eine ähnliche Autorität beanspruchen konnten, Kollekten für bedürftige Gemeindemitglieder, dem Gebet nach jüdischer Tradition und schließlich einer symbolischen Mahlhandlung mit Brot und Wein, wie wir sie heute noch aus der Eucharistiefeier kennen. Dabei wurde auf Geburt, Leben, Lehre und Tod Jesu durch eine zweifache »Brille« geschaut: die Brille der jüdischen Tradition, wie sie sich um die Zeit Jesu entwickelt hatte, und die Brille des Hellenismus mit seiner mythischen und philosophischen Tradition. Aus dem Judentum kamen wie in der Synagoge die Lesungen aus der Heiligen Schrift, die wir heute als Altes Testament kennen, und deren Auslegungen. Daher auch die vielen Anspielungen auf Stellen dieser Schrift, die man auf Jesus hin ausdeutete. Aus der hellenistischen Umwelt kam die Art und Weise, wie man diesen Jesus als einen Heroen, einen Gottmenschen, darstellte. Und beides wurde miteinander verknüpft. Wir haben bereits das Beispiel der Jungfrauengeburt gesehen. In der interpretierenden Übersetzung der Septuaginta war von einer Jungfrau die Rede, die einen Sohn gebären solle. Die hellenistische und römische Umwelt kannte Sagen, Legenden, eben Mythen von der Zeugung und Geburt großer Menschen ohne die Mitwirkung eines (menschlichen) Mannes. Aus beidem zusammen ergibt sich dann der christliche Anfangsmythos, dass Jesus von Nazareth unmittelbar von Gott gezeugt wurde und seine Mutter Maria vor, während und nach der Geburt Jungfrau geblieben sei. Dabei wurde sogar die Tatsache weginterpretiert, dass im Neuen Testament von Brüdern Jesu die Rede ist, sogar ausdrücklich der Herrenbruder Jakobus beim Namen genannt wird, der nach Jesu Weggang die Gemeinde von Jerusalem geleitet hat. In diesem Zusammenhang diente dann die ungenaue Übersetzung eines verloren gegangenen aramäischen oder hebräischen Originals ins Griechische als Deutungshilfe: Im Semitischen werde zwischen Brüdern und anderen nahen Verwandten wie Vettern nicht unterschieden, so habe man eben im Griechischen die Brüder Jesu daraus gemacht.

Auch wir heutigen Bibelleser, seien wir nun gläubige Christen oder nicht, tragen mindestens eine Brille, wenn wir die »Heilige Schrift« dieser Religion lesen. Wir tragen das Vorverständnis der christlichen Erziehung oder der christlich geprägten abendländischen Kultur in uns. Auch wenn wir uns noch so sehr bemühen wollten, diese abzulegen – sie bleibt wenigstens rudimentär in unserer Herangehensweise an diese alten Texte vorhanden und weitgehend bestimmend. Wenn wir etwa den Satz über Jesus aus dem Markusevangelium lesen: »Das ist mein geliebter Sohn, auf ihn sollt ihr hören«, oder aus dem schon zitierten Galaterbrief des Paulus: »Als aber die Zeit erfüllt war, sandte Gott seinen Sohn …«, hören wir eine ganze Geschichte der Auslegung mit. Das geht vom einfachen Katechismussatz »Jesus Christus ist der eingeborene Sohn Gottes, der für uns Mensch geworden ist« bis zur theologischen Definition der Wesensgleichheit des Sohnes mit dem Vater auf dem Konzil von Nicäa im Jahr 324 n.Chr. Wohlgemerkt, auch die militanten Atheisten, die Gott ablehnen oder den Glauben an ihn sogar bekämpfen, kommen nicht ohne die Kenntnis dieser Glaubensgeschichte aus. Wir nehmen aber deshalb nicht mehr wahr, dass Sohn Gottes oder im Griechischen gleichlautend Knecht Gottes ein durchaus geläufiges Attribut für jeden gläubigen und frommen Juden bedeuten konnte. Es sagte also ursprünglich nichts anderes aus, als dass Jesus sich selbst und auch die Jünger ihn als einen besonders gläubigen und gesetzesfrommen Juden auffassten.

Mythos

Es ist jetzt schon mehrmals das Wort Mythos gebraucht worden. Was ist das eigentlich, ein Mythos? Schon die Antike unterschied zwischen Mythos und Logos. Der Logos ist die vernünftige Durchdringung der Welt. Hingegen bedeutet Mythos mehr die erzählerische Gestaltung einer Deutung und Interpretation für das Verhältnis des Menschen zu seinen Erfahrungen und zur Welt. Mythen bewahren grundsätzliche Wahrheiten auf, die hilfreich werden, wenn die wissenschaftlich-technische Erklärung oder die gesellschaftlich-ideologische Deutung versagen. Durch mündlich weitergegebene und damit ständig der kaum merklichen Veränderung unterworfene Erzählungen wurde das Grundbedürfnis des menschlichen Geistes zufriedengestellt, alle beobachteten Dinge in ein für unser Gehirn notwendiges geordnetes System zu bringen. Die Mythen boten den nicht sichtbaren, aber vorwissenschaftlich erschließbaren Kausalzusammenhang für nicht Erklärbares. Die Religionen der Antike waren wesentlich mythologisch. Wie die Götter entstanden, wie sie miteinander umgingen, wie sie sich in den Lauf der Welt, die sie geschaffen hatten, einmischten, all das war Gegenstand der Mythen. Einzelereignisse galten dann exemplarisch als Erklärungen für immer Wiederkehrendes. Eine klassische Sammlung antiker Mythen bietet Gustav Schwab in seinem Longseller »Die Sagen des klassischen Altertums«, der Generationen von Schülern mit der Mythenwelt der griechisch-römischen Kultur bekannt gemacht hat. Diese Mythen blieben wirkmächtig, auch als mit den Philosophen die ersten Kritiker des mythologischen Ansatzes auftauchten. Sie versuchten die Welt mithilfe des Logos, also logisch, wissenschaftlich, innerweltlich zu erklären. Trotzdem schrieben zur selben Zeit die großen griechischen Dramatiker ihre Stücke zu mythologischen Themen. Die Ödipus-Geschichte z.B. handelt von einem als Säugling verstoßenen Königssohn, weil das Orakel weissagte, er werde den Vater töten und die Mutter ehelichen. Gerade die Aussetzung des Kindes ermöglicht dann die schreckliche Tat. Für Sigmund Freud wurde diese Erzählung zur Vorlage, um eine seiner Theorien zu beschreiben, den Ödipus-Komplex: jeder Junge konkurriere mit seinem Vater um die Mutter. Der Philosoph Odo Marquard erkennt die Bedeutung von Mythen für unsere beschränkte menschliche Geistigkeit. Sie helfen – dadurch durchaus wissenschaftlichen Erklärungen ähnlich –, für die uns umgebende Welt Erklärungs- und Sinnzusammenhänge herzustellen.

Nun waren schon die frühen christlichen Apologeten, d.h. Glaubensverteidiger, darauf bedacht, aufzuzeigen, der jüdisch-christliche Glaube unterscheide sich von der heidnischen Religion der Zeitgenossen dadurch, dass er nicht auf mythischen Erzählungen, sondern auf dem Leben historischer Personen, ihren Taten und ihren Worten beruhe. Diese Geschichte sei in der Bibel schriftlich niedergelegt. Man übersah dabei jedoch, dass auch in die Bibel Mythen der orientalischen Welt aufgenommen und so verschriftlicht wurden. So etwa der grandiose Schöpfungsmythos, der gleich in zweifacher Variante in das erste Buch der Bibel Eingang gefunden hatte. Oder die berühmte Sintfluterzählung, die im mesopotamischen Kulturkreis lange Zeit schon vor der Entstehung der Bibel im Gilgamesch-Epos kursierte. Aber auch in das Neue Testament sind mythologische Elemente eingeflossen. Wie sollte man in der Zeit des Hellenismus die einzigartige Stellung, die die junge Christengemeinde ihrem Religionsstifter Jesus von Nazareth zuerkannte, anders ausdrücken als durch mythische Bilder, die auch für die Zeitgenossen ohne große theoretische Erklärungen verständlich waren. Man verwendete dazu vorhandene mythische Vorbilder. Jesus wurde als Gottmensch vorgestellt, ausgezeichnet durch eine wunderbare Zeugung. Zeichen seiner Besonderheit waren die Ereignisse um seine Geburt und Kindheit, die Heilungswunder bis hin zur Auferweckung von Toten während seiner Lehrtätigkeit, wunderbare Fähigkeiten wie das Wandeln auf dem See, schließlich die Naturereignisse im Umfeld seiner Kreuzigung. Die Auferstehung ist ein Hoffnungsmythos aus der jüdischen Tradition, dort ist sie ein Zeichen des Anbruchs der Wiedererrichtung des davidischen Königtums, bei den Christen wird sie zum Zeichen des Gottesreiches. Am griffigsten wird diese Hoffnung beschrieben beim Propheten Ezechiel im 37. Kapitel. Der Verfasser des Prophetenbuches beschreibt in einer gewaltigen bildhaften Vision, wie es sein wird, wenn Gott sich seines Volkes Israel erbarmt und es in seine alte Position – vor dem Exil in Babylon – einsetzt: »So spricht Gott, der Herr: Ich öffne eure Gräber und hole euch, mein Volk, aus euren Gräbern herauf. Ich bringe euch zurück in das Land Israel. Wenn ich eure Gräber öffne und euch, mein Volk, aus euren Gräbern heraufhole, dann werdet ihr erkennen, dass ich der Herr bin. Ich hauche euch meinen Geist ein, dann werdet ihr lebendig, und ich bringe euch wieder in euer Land. Dann werdet ihr erkennen, dass ich der Herr bin. Ich habe gesprochen, und ich führe es aus – Spruch des Herrn.« Die Auferweckung Jesu ist sozusagen der exemplarische Sonderfall dieser Verheißung. Sie ist zum Grundmythos des Christentums geworden.

Der zeitgenössische Theologe Eugen Biser sagt, dass schon von Anfang an in der Bibel selbst die Wurzel für die Entzauberung der Welt liegt, also die rationale Entkräftung der Mythen und für die Säkularisierung der Religion, also die Aufhebung der Trennung von Heilig und Profan. Im biblischen Schöpfungsmythos selbst werden die Naturgottheiten von Sonne, Mond und Sternen degradiert zu bloßen »Lampen«, die der eine Schöpfergott Jahwe an den Himmel hängt, damit die Erde und auf ihr das Zentrum seiner Schöpfung, der Mensch, Licht habe, erleuchtet werde. Seit der neuzeitlichen Aufklärung, die übrigens im Englischen und Französischen »Erleuchtung« genannt wird, wendet sich dieses Programm der rationalen Erklärung der biblischen Berichte gegen diese selbst. Man beginnt die in den Literaturwissenschaften entwickelten Prinzipien der historisch-kritischen Methode auf die Bibel anzuwenden. Kritisch ist diese Methode, weil sie einen biblischen Text nach bestimmten Kriterien untersucht, die auch bei profanen Texten angewendet werden. Historisch, weil sie die Entstehungsgeschichte eines Textes, von der mündlichen Erzählung über erste schriftliche Fassungen bis zur endgültig vorliegenden Textgestalt, zu verfolgen sucht. Man entdeckte plötzlich, dass Vieles, was in der Bibel steht, ursprünglich gar nicht monotheistisch gemeint war, sondern aus den Palästina umgebenden Kulturen entnommen worden war. Mit dem Ende des mythischen Weltbildes, das noch von dem Gedanken getragen war, dass Gott die Welt am Laufen hält, war dann auch das Argument der römischen Inquisition gegen Galilei obsolet geworden. Gegen seine Entdeckung, die Erde drehe sich um die Sonne, war ja die Stelle aus dem Buch Josua angeführt worden, wo Gott die Sonne in ihrem Lauf anhält, damit der Kampf gegen die Feinde zu Ende geführt werden könne. Sein berühmter Ausspruch nach seiner Verurteilung »*Eppur si muove – und sie bewegt sich doch!*« ist inzwischen Allgemeingut menschlichen Grundwissens geworden. Diese schmerzliche Anekdote ist ein gutes Beispiel für die allmähliche Machtübernahme des Logos gegenüber dem früher vorherrschenden Mythos. Dabei ist aber die Theologie ein Opfer ihres eigenen theoretischen Ansatzes geworden. Theologie, Lehre von Gott, besagt ja, dass philosophische Methoden auf die Offenbarung der Bibel angewendet werden. Da sie das Grunddokument des christlichen Glaubens darstellt, galt sie als »*norma normans non normata*«, also als die verpflichtende Norm, die selbst keine Geschichte hat. Die Christen sahen sie, zumindest seit dem Abschluss der Redaktion der biblischen Bücher und ihrer Zusammenstellung im so genannten Kanon, als gottgegeben an. Als das unmittelbar von Gott geoffenbarte Wort. Mithilfe des menschlichen logischen Denkens, zur Verfügung gestellt durch die Wissenschaften, d.h. durch die gerade herrschende philosophische Richtung, konnte sie erklärt werden. Aus ihrer Botschaft heraus wurden aufgrund neuer Fragestellungen Antworten gefunden und formuliert. Je weiter die Zeit der Abfassung dieser Texte in die Vergangenheit rückte, umso notwendiger wurde die Erklärung. Diese konnte aber nur mithilfe der zur jeweiligen Zeit herrschenden wissenschaftlichen Kenntnisse und der bereitstehenden Hilfsmittel erfolgen. Man vergaß immer mehr, dass es sich bei vielen biblischen Aussagen um Geschichten, Mythen, Sagen, Legenden, Bilder, Metaphern, Analogien, ja auch Märchen und Romane handelte. So hat sicher die Geschichte von der Hexe von Endor aus dem Erzählkreis um König Saul märchenhaften Charakter. Das Buch Judit, in dem die Titelheldin den babylonischen Feldhauptmann Holofernes, einen Feind des jüdischen Volkes, nächtens tötet, wird von den Alttestamentlern als romanhafte Lehrerzählung charakterisiert. Inzwischen hatte sich aber die christliche Theologie der Bibel bemächtigt und ihre oft widersprüchlichen Aussagen mithilfe von logischen »Bauchaufschwüngen« einzuebnen versucht. Großartige Gedankengebäude wurden errichtet, um Unerklärliches erklären zu können. Man braucht gar nicht auf die oft kolportierte Diskussion der mittelalterlichen Theologen zu verweisen, die sich die Köpfe heißredeten über die Frage, wie viele Engel auf einer Nadelspitze Platz hätten. Die Forschung hat ja inzwischen ergeben, dass die Engelwesen aus den altorientalischen Kulturen in das jüdische Denken und damit in die Bibel Eingang gefunden haben. Gerade deshalb ist es erstaunlich, dass das Vertrauen in die Engel in der jüngsten Zeit eine erstaunliche Renaissance erfahren hat. In Umfragen wurde erhoben, der Glaube an die Engel sei bei mehr Menschen ausgeprägt als der Glaube an die Existenz Gottes. Unter anderem aus dieser populären Engellehre lässt sich folgern: Aus Bildern und Analogien wurden Dogmen, aus Mythen realistische Beschreibungen, und um verschiedene Deutungen biblischer Erzählungen und Metaphern wurden schon von frühester Zeit des Christentums an oft blutige Auseinandersetzungen geführt. Mit dem Erstarken des kritischen Denkens und seiner Diffundierung in immer breitere Bevölkerungsschichten lehnte man zunehmend nicht nur die Bibel, sondern vor allem die sich auf ihre wörtliche Inspiration berufenden Kirchen ab – hier vor allem die katholische, weil sie noch bis weit ins 20. Jahrhundert die historisch-kritische Exegese verurteilte. Auf der anderen Seite wird deutlich, dass sich die Menschen, auch kirchlich gebundene, nicht mehr strikt von der Kirche vorschreiben lassen, was sie glauben, wie sie die Bibel interpretieren, und wie sie ein verantwortetes Leben zu führen gedenken. Dies ist auch auf eine eigenartige Gemengelage im Empfinden des heutigen Menschen zurückzuführen: Einerseits ist er geprägt von modernen Werten, wie persönlicher Freiheit, die sich von einer Institution nichts unhinterfragt vorgeben und vorschreiben lassen will, dann dem wissenschaftlichen Denken, das uns mit dem empirischen Prinzip infiziert hat. Das heißt, jede Erklärung eines natürlichen Phänomens muss im Experiment nachvollzogen werden können, und jede Erklärung gilt nur solange, bis eine bessere, umfassendere und einfachere gefunden ist. Andererseits gibt es trotz oder vielleicht gerade wegen der modernen Rationalität eine untergründige, diffuse Sehnsucht nach dem Geheimnisvollen, eben nicht Erklärbaren. Gäbe es sonst Kino-Erfolge wie die Harry-Potter-Filme, die Trilogie des »Herrn der Ringe« oder das Wiederaufleben des Vampirismus auf der Leinwand? Der Mensch scheint müde, immer so schrecklich rational und vernünftig sein zu müssen.

Anwendernutzen der Bibel

Ich vermute, dass sich an diesem Punkt eine Möglichkeit eröffnet, für Menschen unserer Tage den Anwendernutzen der Bibel aufzuzeigen.

1. Die Bibel, oder wie sie bei den Katholiken bevorzugt genannt wird, die Heilige Schrift, ist ein literarisches Dokument der menschlichen Geschichte der letzten zweitausendfünfhundert Jahre. Sozusagen ein schriftliches Weltkulturerbe. Seit der Ausbreitung des Christentums ist auch das von uns so genannte Alte Testament, oder wie die Theologen heute lieber sagen, das Erste Testament, ein global gelesenes Buch geworden. Es war ursprünglich nur die allmählich verschriftlichte Form des religiösen, aber auch nationalen Selbstverständnisses eines kleinen Volkes am östlichen Rand des Mittelmeeres, das in der Geschichtsschreibung der umliegenden Völker kaum Beachtung gefunden hatte. Auch wenn wir es der christlichen Religion und damit der Organisation Kirche verdanken, dass die Bibel nicht verloren und vergessen wurde, ist sie dennoch Kulturbesitz der ganzen Menschheit geworden. Das bedeutet, das Deutungsmonopol der Kirche, ihres Lehramtes und ihrer theologischen Forschung ist immer schwächer geworden und faktisch weithin aufgehoben. Gerade die protestantischen Kirchen haben dies in ihrer Geschichte erfahren. Es gibt dort, regional und konfessionell verschieden gewichtet, so viele Kirchen, wie es Gemeinden gibt. In der Theorie hat ja jeder Getaufte unmittelbaren Zugang zur Schrift und damit das Recht seiner eigenen Deutung, Auslegung und Interpretation. Er bedient sich dafür der Hilfe der professionellen Theologen- und Pfarrerschaft. Die Konsequenz ist, dass tatsächlich sehr viele evangelische kirchliche Denominationen und Gemeinschaften existieren. Dies weist auf ein zukünftiges Modell kirchlicher Interpretation der Bibel hin: Sie stellt mit ihrem Fachwissen aus ihrer tau-

sendjährigen Tradition und Erfahrung ihre Deutung und ihre Anwendungs- und Umsetzungsvorschläge zur Verfügung, sie lässt es aber den Menschen weitgehend frei, sich aus diesem Pool zu bedienen. Ein common sense des Christentums stellt nur fest, was absolut nicht mehr mit einer aus der Lehre Jesu von Nazareth gewonnenen Ethik zu vereinbaren ist. Dies ist eigentlich auch schon in der aktuellen Lehre von der Priorität der Entscheidung des eigenen Gewissens gegenüber kirchlichen Lehraussagen grundgelegt. Allerdings muss sich der Einzelne auch bereit zeigen, sich mit diesen offen und ehrlich auseinanderzusetzen. Das zeigt: Christentum zum Nulltarif wird es nicht geben. Die Anforderungen der bedingungslosen Liebe sind massiver als die eines strafenden und zürnenden Gottesbildes.

2. Einen Zugang zu vielen für uns moderne, naturwissenschaftlich vorgeprägte Menschen schwierigen Stellen der Bibel bietet ein evangelischer Theologe des 20. Jahrhunderts, Rudolf Bultmann. Der Marburger Professor hat in seinem Theologenleben zuerst eine Entwicklung von der liberalen Theologie zur existentialen Exegese vollzogen. Die so genannte liberale Theologie bestand in der radikalen Anwendung der historisch-kritischen Methode auf die Bibel, sodass von ihr wenig mehr übrig blieb als ein Setzkasten verschiedenster wissenschaftlich sezierter Bausteine, hinter dem man kaum mehr das Gesamtwerk eines Glaubensdokumentes wahrnehmen konnte. Die Frage nach Gott oder nach der Person Jesu verschwand hinter der akribischen Detailversessenheit der Forschung. In den Jahrzehnten vor Bultmann war die Leben-Jesu-Forschung intensiv betrieben worden. Es ging um die Frage, was man denn in den Aussagen des Neuen Testaments von dem historischen Jesus entdecken könne. Die Schilderung der Evangelien wurde durch die historisch-kritische Methode als weitgehend überformt von den Intentionen der Redakteure der vorliegenden schriftlichen oder mündlichen Quellen gelesen. Da blieb im Endeffekt von einer historisch

fassbaren Figur nicht mehr viel übrig. Das konnte soweit gehen, dass Jesus überhaupt als mythisches Wesen angesehen wurde, das ähnlich wie Homer oder Moses gar nicht existiert habe. Dagegen setzt Bultmann seinen ersten Ansatz, den existentialen. Es sei nicht wichtig, was die kritische Forschung ergeben habe, sondern welchen Anspruch die Verkündigung Jesu an den gläubigen Menschen, seine Existenz, habe. Es geht ihm nicht mehr um Dogmen, sondern um die Kernbotschaft Jesu, dass Gott dem Menschen in Liebe begegne. Um diese einfache und doch existentiell berührende Botschaft als Theologe aus der geschlossenen Welt des universitären Diskurses in die Verkündigung der Kirche zu bringen, entwickelt Bultmann in den 40er Jahren des 20. Jahrhunderts sein berühmt gewordenes Konzept der Entmythologisierung. Er geht davon aus, dass das Neue Testament wie das Alte Testament ganz selbstverständlich aus dem mythologischen Weltbild heraus geschrieben wurde, das aber inzwischen von unserem heutigen wissenschaftlichen Weltbild abgelöst worden sei. Es ist genau die Frage, die auch mich persönlich schon als Gymnasiast umgetrieben hatte. Wenn es uns nicht gelingt, die Voraussetzungen des Glaubens »heutig« werden zu lassen, werden sich die mündig denkenden Menschen von den hilfreichen Inhalten des Glaubens insgesamt abwenden, weil sie sie nicht mit ihrem alltäglichen Leben und dessen Erfahrungen in Übereinstimmung bringen können. Bultmann bringt das in einem Zitat unübertroffen zum Ausdruck:

»Man kann nicht elektrisches Licht und Radioapparat benutzen, in Krankheitsfällen moderne medizinische und klinische Mittel in Anspruch nehmen und gleichzeitig an die Geister- und Wunderwelt des Neuen Testaments glauben. Und wer meint, es für seine Person tun zu können, muss sich klar machen, dass er, wenn er das für die Haltung des christlichen Glaubens erklärt, damit die christliche Verkündigung in der Gegenwart unverständlich und unmöglich macht.«

Seine Absicht ist es, die in vergangener mythischer Sprache

ausgedrückten Geheimnisse christlicher Verkündigung für unsere Zeit zu retten. Ganz klar scheidet er Mythologie von ihrem Aussageinhalt. Es geht ihm um die Wahrnehmung und Unterscheidung. Er wurde allerdings gerne missverstanden, als ob er das Neue Testament von allen Mythen befreien wolle. Ihm ging es nur um ein Bestehen der Kernbotschaft angesichts radikal veränderter Sicht- und Verständnisweisen des modernen Menschen, die ihm selbst oft gar nicht bewusst sind und deshalb zu einer gespaltenen Einstellung führen: Im Bereich des Religiösen und des Glaubens nimmt man die völlig andere Welt des mythologischen Denkens wahr, im alltäglichen Leben denkt und fühlt man wiederum völlig anders. Dies führt bei vielen zu einem andauernden Unbehagen: Entweder man hat ein schlechtes Gewissen, weil man glaubt, nicht (mehr) glauben zu können. Oder man leistet das *sacrificium intellectus,* d.h. man opfert den eigenen Intellekt zugunsten eines Kinder- und Köhlerglaubens, der märchenhaft erzählte Wundergeschichten für wörtlich wahrzuhalten verpflichtet. Ich erinnere mich an einen promovierten Naturwissenschaftler aus einem Industriebetrieb in der Nähe des Klosters Andechs, der mich immer wieder ermahnte, beim Schlusssegen der Heiligen Messe doch unbedingt einzufügen: »auf die Fürbitte der Gottesmutter Maria«, weil ein solch angereicherter Segen viel wirksamer sei als einer, der »nur« im Namen der göttlichen Dreifaltigkeit gesprochen werde. Ich will hier beileibe nicht gegen eine kindliche, vertrauensvolle Marien-Frömmigkeit polemisieren, aber eine derartige gespaltene religiöse Gefühls- und Denkwelt war mir denn doch zu abwegig.

Rudolf Bultmann selbst fühlte die Abgründe, die sich mit seinem Ansatz der Entmythologisierung auftun könnten. Was war dann mit zwei der fundamentalen Glaubenssätzen des Christentums, der Jungfrauengeburt und der Auferstehung Jesu? Sie waren ja eindeutig mythologischen Ursprungs, beide aus einem Konglomerat von jüdischer Überlieferung und heidnischem Mythos. Mit der Geburt Jesu von der jungfräulichen Mutter Maria ist die Gottessohnschaft, wie sie im Glaubensbekenntnis formuliert ist, verbunden: »Jesus Christus, Gottes eingeborener Sohn, aus dem Vater geboren vor aller Zeit: Gott von Gott, Licht vom Licht, wahrer Gott vom wahren Gott, gezeugt, nicht geschaffen, eines Wesens mit dem Vater; durch ihn ist alles geschaffen. Für uns Menschen und zu unserem Heil ist er vom Himmel gekommen, hat Fleisch angenommen durch den Heiligen Geist von der Jungfrau Maria und ist Mensch geworden.« Und die Auferstehung Jesu von den Toten wird schon vom Apostel Paulus im ersten Brief an die Korinther als *»articulus stantis et cadentis ecclesiae«* (ein Glaubenssatz, mit dem die Kirche steht und fällt) bezeichnet: »Ist ... Christus nicht auferweckt worden, dann ist unsere Verkündigung leer und euer Glaube sinnlos ... Wenn Christus nicht auferweckt worden ist, dann ist euer Glaube nutzlos, und ihr seid immer noch in euren Sünden; und auch die in Christus Entschlafenen sind dann verloren.« Rudolf Bultmann zieht sich aus der Verlegenheit mithilfe einer Brücke: Die Auferstehung sei im Gegensatz zur Kreuzigung keine historische Begebenheit, vielmehr sei allein die Entstehung des Osterglaubens unter den Jüngern als historischer Kern zu betrachten. Dieser gelte dem Historiker als visionäres Erlebnis ungeklärter Herkunft, dem glaubenden Christen dagegen als Offenbarung Gottes, dass Jesu Kreuzigung als Heilsereignis zu verstehen sei. Mich persönlich hat diese Halbherzigkeit der Theologen immer etwas gestört. Es kam mir so vor, als ob sie mit aller Kraft ein letztes Zipfelchen der Geschichtlichkeit der im Evangelium geschilderten Ereignisse um Jesus behalten wollten. Das war ja auch die Crux der von der Aufklärung und ihrem Postulat der Vernunft geprägten Moderne. Auch die Theologie ist in diese Falle getappt. Sie versuchte alle Mythen historisch-kritisch zu belegen und musste feststellen, dass dann nur wenig Gesichertes übrigblieb.

3. Damit sind wir bei unserer Epoche angelangt, die man die Postmoderne nennt. Ihr wird ja eine gewisse Beliebigkeit und Unbestimmtheit unterstellt. Man weiß nicht mehr recht, woran man sich halten soll und was den Grundzug unserer derzeitigen Kultur ausmacht. Ich habe einmal eine prägnante Definition gelesen: Postmoderne ist die Moderne, die sich selbst zum Problem geworden ist. Das Vernünfteln, d.h. der unbeirrbare Glaube, dass man die Welt mit Hilfe der Vernunft in den Griff bekommt, hat eine ganz gehörige Erschütterung erlitten. Der Fortschrittsglaube, der sich davon ableitet, hat einen ebenso gehörigen Dämpfer erlitten. Grund dafür ist nicht nur unser neu entdecktes Umweltbewusstsein, das die schon eingetretenen und noch zu erwartenden Schäden oder gar Katastrophen konstatiert, sondern auch eine Grundskepsis gegenüber allem Machbaren. Die Natur ist offensichtlich stärker als der Mensch, der mit ihr Raubbau betrieben hat mit allen technischen Mitteln, die er entdeckt und entwickelt hat. Der Mensch fühlt, dass er dabei ist, den Ast, auf dem er sitzt, selbst abzusägen. Unser Wissen nimmt zwar zu, aber die Konsequenzen dessen, was wir damit anfangen, beginnen wir erst allmählich zu ahnen. Der erste Schock war sicher die Freisetzung der Atomkraft, die heute vielen Menschen nach dem Ende des Kalten Krieges auch in ihrer friedlichen Nutzung Angst macht. Die radio-aktive Strahlung, die wir selber in Gang gesetzt haben, wird auch in Generationen noch gefährlich sein. Keiner will den Atom-Müll in seiner Nähe wissen. Der Klimawandel und immer wieder eintretende Umweltkatastrophen, in Verbindung mit unerwarteten Naturereignissen, die in der globalen Medienwelt jedem Menschen nahe kommen, haben das Vertrauen in die wissenschaftlich und damit vernünftig gelenkte Zukunft massiv erschüttert. Mit dem Begriff der Nachhaltigkeit wird plötzlich die Verantwortung für die kommenden Generationen zu einem bestimmenden Faktor des Denkens und Fühlens. Die Zukunft, so erfahren wir schmerzlich, ist offen. Wir können sie nicht bestimmen.

Mit dieser Erfahrung einher gehen vielfältige Ängste, die sich bis in die Zunahme der Depression als Volkskrankheit hinein bemerkbar machen. Gleichzeitig merkt die globalisierte Welt, dass eine kulturelle Erscheinung, die bei uns im so genannten Norden der Weltkugel schon im Absterben zu sein scheint, in anderen Gegenden virulente und vitale Urstände feiert: die Religion. Seit dem 11. September 2001, als die ganze Welt vor den Fernsehschirmen zusehen musste, wie die Twin Towers, wenn man so will, symbolische Zeichen unserer westlichen vernunftgeleiteten Kultur, zusammenstürzten und Hunderte von Menschen mit sich in die Tiefe rissen, ist klar geworden, dass Religion weiterhin eine Rolle spielen wird im Zusammenleben der Menschen. Sicher – es handelte sich hier um eine politisch und ideologisch irregeleitete Form von Religion. Aber gerade das beweist, dass sie präsent ist und eine ungeheure Faszination und Wirkmacht auf den Menschen ausübt. Die Postmoderne zeichnet sich auch dadurch aus, dass sie unsicher geworden ist dem Phänomen Religion gegenüber. War dies doch schon durch Rationalität und Wissenschaft scheinbar verschwunden, zumindest als irrelevant für das Leben in der Moderne erklärt worden. Zunehmend müssen wir zur Kenntnis nehmen: Der Mensch ist unausrottbar religiös. Es ist sogar die Rede von einer Rückkehr des Religiösen. Der Philosoph Peter Sloterdijk hat ein ganzes Buch gegen diese These geschrieben, nur um zu konstatieren, dass die von ihm als Grundlage der menschlichen Verhaltensweise angesehene Maxime »Du musst dein Leben ändern« die religiös oder philosophisch motivierte Konstante humaner Kultur darstellt. Wir können sagen, die Postmoderne ist vor die Aufgabe gestellt, die Trümmer oder, positiver ausgedrückt, die Fragmente neu zusammenzustellen, die die Moderne hinterlassen hat. Dies bedeutet keineswegs, gewissermaßen vor die Moderne zurückzukehren. Wir können die Errungenschaften und Erkenntnisse nicht einfach dem Vergessen oder dem Ignorieren anheimgeben. Wir müssen sie zur Kenntnis nehmen und daraus einen gangbaren Weg in der Gegenwart und in die Zukunft bauen. Mit all der Erfahrung, dass dieses vernünftig erworbene Wissen allein nicht tragfähig ist.

4. Was bedeutet das für unsere konkrete Religion, für das Christentum, das unsere Kultur geprägt hat gerade mit den vielfältigen Bildern, die uns aus der Bibel zugekommen sind? Wir stehen nach der historisch-kritischen Methode vor den vielen Einzelstücken, die uns die verschiedenen wissenschaftlichen Disziplinen fein auseinander ziseliert haben. Wir kennen den »Sitz im Leben« bestimmter Textpassagen, ihre mündliche Geschichte bis zur schriftlichen Fixierung, die unterschiedlichen Textgattungen von Geschichtsschilderung, ihrer Deutung, von religiöser Dichtung bis zur romanhaften Erzählung. Wir wissen um die Einmaligkeit der Gattung »Evangelium« und kennen die Formen des antiken Briefes. Und wir wissen, dass viele Details des Alten und des Neuen Testamentes ganz selbstverständlich dem mythischen Denken und Empfinden der Zeitgenossen entsprechen. Anders hätten diese die ausgedrückte Botschaft nicht verstanden. All dieses Detailwissen sollen, dürfen, müssen wir im Hinterkopf behalten. Wir können gar nicht anders. Das sind wir unserer Existenz als mündig denkende Erben der Moderne schuldig. Aber wir haben gelernt, dass Vernunft und Wissenschaft allein nicht helfen, das Leben und die vielfältig wirkenden Kräfte im Zusammenleben der Menschen zu erklären und zu gestalten. Die Welt, wie wir sie durch die Ratio, den Logos, erfahren, ist nur ein Teil, vielleicht sogar der kleinere, unserer Wirklichkeitserfahrung und -bewältigung. Der Mythos, die Erzählung, das Bild, die dem menschlichen Empfinden, Hoffen, Denken und Fühlen entspringen, sind weitaus wirkmächtiger und bestimmender als das kühle und rationale Wissen. Der Mythos vermag Angstbewältigung und damit Geborgenheit zu vermitteln, er setzt ungeahnte Kräfte frei, die helfen, der unbestimmten Zukunft hoffnungsvoll entgegenzugehen, mehr und tiefer als jede noch so vernünftige Aufzählung wissenschaftlicher Formeln.

Was not tut, ist eine Art Remythologisierung unserer Theologie. Wir Theologen müssen lernen, dass dies unserer Reputation in der Moderne und damit in der *universitas scientiarum* keinen Abbruch tut. Wenn wir dies nur klar und deutlich erklären, dass wir der Kraft der Mythen genauso vertrauen wie der messerscharfen wissenschaftlichen Analyse der Texte. Ja, dass diese erst den Blick auf den Sinn des Mythos erhellt und verdeutlicht. Der christliche Philosoph Klaus Müller macht auf einen Denk-Ansatz des Franzosen Paul Ricoeur aufmerksam, der schon bei Max Scheler zu finden sei. Er spricht vom Prinzip der so genannten »zweiten Naivität«. Es besteht, kurz gesagt, darin, mit heiligen Texten so umzugehen, *als ob* sie wahr seien. Gerade die Herausarbeitung ihres poetischen Charakters zeige ihre Wahrheitsfähigkeit jenseits aller Historizität. Die heiligen Bücher, so führt Klaus Müller aus, werden zunächst kritisch gelesen, historisch analysiert, in ihrem literarischen Charakter gewürdigt: ob sie Mythos, Legende, Poesie oder Geschichtserzählung sind; sie werden auf ihren möglichen historischen Gehalt hin untersucht usw. Und dann werden sie nochmals gelesen so, als ob sie wahr seien – darum »zweite Naivität«, zweite nach der ersten Naivität, die sich um all die eben genannten Fragen keine Gedanken macht. Das Erstaunliche dabei ist, dass bei gar nicht wenigen Passagen der Bibel, von denen wir mit größter Sicherheit sagen können, dass sie gar nichts Historisches oder nur sehr wenig davon beinhalten, dass gerade diese Texte genau dadurch theologisch zu sprechen beginnen, wenn man sie in dieser Als-Ob-Optik liest. Ich brauche nur an meine eigenen Vorträge oder Predigten zur biblischen Schöpfungsgeschichte zu denken. Es war ja eine der ersten Entdeckungen der historisch-kritischen Methode, dass am Anfang des Buches Genesis zwei sich widersprechende Berichte über die Schöpfung der Welt zu lesen sind.

Wie schon eingangs ausgeführt, waren mir mit meinem Schulunterricht die Entstehung der Welt seit Jahrmillionen und die

Entwicklung des Lebens gemäß der Evolutionstheorie eine Selbstverständlichkeit. Dennoch hatte ich ganz unmittelbar nie Probleme, die Erzählungen der Bibel zur Erschaffung der Welt durch Gott mit diesem naturwissenschaftlichen Weltbild und meinem eigenen, als mündig empfundenen Glauben in Einklang zu bringen. Ich glaube auch, dass es heute keinen ernst zu nehmenden katholischen Gelehrten oder Theologen geben wird, der an der wörtlichen Interpretation des Schöpfungsberichtes festhält. Im Gegenteil, wer diese Anfangsverse der Heiligen Schrift im Sinn der »zweiten Naivität« liest, entdeckt ungeheuer Vieles, was einen neuen Zugang zu unserem Gottesbegriff, zu einem modernen christlichen Weltbild und zur Stellung des Menschen in dieser Welt und seiner ungeheuren Verantwortung gegenüber den Mitgeschöpfen eröffnen kann. Ich frage mich nur, warum wir bei diesen doch sehr fundamentalen Blicken auf die Welt kein Problem mit der historisch-kritischen Methode und der wiedergewonnen Naivität haben, diese aber bei anderen Themen der biblischen Geschichte, vor allem im Neuen Testament, ängstlich und übervorsichtig umkreisen. Klaus Müller nimmt sich hierzu ein Beispiel vor, das direkt in die Ereignisse um die Geburt Jesu hineinführt: die Figur des Herodes aus der Kindheitsgeschichte des Evangelisten Matthäus. Historisch-kritische Exegese ist sich heute durchgängig darin einig, dass der bethlehemitische Kindermord nicht als historisch gelten kann. Diese Episode fängt dennoch das geschichtlich erwiesene Charakterbild des Herodes treffend ein: ein bei der Bevölkerung absolut unbeliebter Despot, der zu blindwütiger Raserei neigt, die nichts und niemanden schont. Wegen Verdachts auf Verschwörung ließ er drei seiner eigenen Söhne im Jahre 7 v. Chr. hinrichten. Seither verband sich mit seinem Namen das Stichwort »Kinder-Mord«. Er erscheint als von Herrschsucht, Machtstreben und vor allem Angst getriebener Tyrann. Die historische Geburt des Jesus-Kindes lässt uns Matthäus als Symbol eines gottgeschenkten Lebens lesen, das frei ist und

Freiheit schenkt, und deshalb von der Grundangst des Menschen vor dem Tod und damit von allen Ängsten zu befreien in der Lage ist. Der historische Herodes erscheint dann als ideale Rohmasse für ein Kontrastbild, gegen das das Evangelium vom neuen Leben ins sprachliche Bild gesetzt werden kann. Diese Rohmasse wird so lange geformt und verdichtet, bis die Perikope die vom Evangelisten gewünschte Tiefenschärfe gewinnt. Das Massaker an den Kindern von Bethlehem betont die Alternative, die Jesus im Vergleich zum König Herodes darstellt. Die Ägypten-Flucht der Heiligen Familie erinnert an die Errettung des Mose-Knaben, der dadurch zum Proto-Typen Jesu wird, der später vom Berg das neue Gesetz – unsere »Bergpredigt« – verkünden wird. »In diesen Verweisungszusammenhängen kommt man faktisch an kein Ende. Fängt man an, ihnen nachzugehen, verstrickt man sich in die Geschichten. Und genau das ist die Absicht solcher Theopoetik, weil sie so im Leser oder Hörer ein regelrechtes Bibliodrama in Gang setzt, in dem er selbst mitspielt – um eben das als wahr und wirklich zu erfahren, wovon die Geschichten erzählen.« (Müller, Dem Glauben nachdenken, S. 145f)

5. Klaus Müller verwendet bei seiner Beschreibung der »zweiten Naivität« den Begriff Theopoetik. Das ist ein ganz neues Wort im Zusammenhang von Glaube und Theologie. Zumindest gibt es dieses Stichwort nicht in der letzten Auflage des »Lexikons für Theologie und Kirche«, einem Standardwerk für katholische Gottesgelehrsamkeit. Es ist zusammengesetzt aus den griechischen Worten *theos* und *poiesis*, Gott und Dichtkunst. Gemeint ist damit der Ansatz, sich Gott mit den Augen der Kunst und damit der Künstler anzunähern. Als ersten derartigen Anlauf eines großen Theologen der Neuzeit möchte ich das umfangreiche, mehrbändige Werk des Schweizers Hans Urs von Balthasar nennen, dem dieser den Titel *Herrlichkeit* und den Untertitel *Eine theologische Ästhetik* gegeben hat. Die Philosophie wird klassisch in drei große Themenbereiche eingeteilt: die Lehre vom

Wahren, Guten und Schönen, in der Fachsprache: Logik, Ethik und Ästhetik. Vor allem die Logik hat sich inzwischen in viele Unterbereiche aufgeteilt, seit der Ausfächerung der Naturwissenschaften sind es gerade sie, die das Wahre, das heißt das durch Gesetze Festgelegte, sich nicht Widersprechende, beschreiben. In der Ethik wird nachgedacht über ein verantwortungsvolles und gelingendes Verhalten des Menschen als Individuum und in Gemeinschaft und Beziehung zu anderen. Die Ästhetik behandelt das Schöne bzw. die künstlerische und kulturelle Betätigung des Menschen. Die christliche Theologie hat nun – nicht ganz deckungsgleich – eine ähnliche Dreiteilung vorgenommen: die Verkündigung der Wahrheit, die Nächstenliebe als christliches Postulat der Ethik, und schließlich die Feier des Glaubens in der Liturgie. Eine grobe Draufsicht auf eine theologische Bibliothek wird ergeben, dass vor allem die Verkündigung der Wahrheit den Löwenanteil des Bücherbestandes ausmacht. Das rationale, aus der Philosophie gewonnene Handwerkszeug der Logik, angewandt auf die Aussagen der Bibel, hat zu einem seit zweitausend Jahren angewachsenen Bestand an Glaubenssätzen unterschiedlicher Verbindlichkeit geführt: von der göttlichen Dreifaltigkeit bis zur Definition der Art und Weise der Gegenwart Christi in der Eucharistie bzw. im Abendmahl. Ähnlich erging es der Ethik oder, wie sie im katholischen Bereich genannt wird, der Moraltheologie. Stiefmütterlich behandelt wird im kirchlichen Denken allerdings der dritte Bereich, die Ästhetik. Diese beschränkte sich tatsächlich überwiegend auf die Frage der ars sacra, der kirchlichen Kunst im Umfeld der Gottesdienstfeier, wie Kirchenbau, liturgische Gerätschaften, wie Kelche oder Gewänder, Kirchenmusik und Bildende Kunst im Dienst der Verkündigung und Verehrung. Neu an der Herangehensweise von Hans Urs von Balthasar und einem anderen katholischen Wissenschaftler, Alex Stock, der eine umfangreiche *Poetische Dogmatik* herausgibt, ist der, die menschliche Kunst als einen genuinen theologischen Ort zu betrachten, der uns hilft, sich Gott und unseren Begriffen von ihm anzunähern. Musik, bildende und darstellende Kunst und Literatur als Quellen einer »ersten Theologie«. Umgekehrt bedeutet dies natürlich auch, dass theologische Texte als Literatur, Poesie, beschriebene Bilder aufgefasst werden können, angefangen bei der Bibel bis hin zur Betrachtung von Werken bedeutender Gottesgelehrter als theologischer Prosa. Dies meint Klaus Müller, wenn er von Theopoetik spricht. Lesen der Bibel als poetische Texte mit den vielfältigen literarischen Formen bis hin zum dramatischen Dialog zwischen Gott und Adam oder Hiob, den dann Goethe in seinem Vorspiel zu Faust abwandelte und auf die Weltbühne brachte. Gerade dieses berühmte Drama, Goethes Faust, vermag uns zu vermitteln, wie sehr es der Literatur, der Poesie, der Dichtkunst gelingt, grundlegend menschliche Erfahrungen in Texten zu »verdichten«. Jedes noch so kleine Gedicht stellt solch eine Verdichtung des Lebens dar. Heilige Texte wollen ja nichts anderes sein: Verdichtung menschlichen Lebens unter dem Aspekt religiöser Erfahrung. Dabei ist es uns oft völlig egal, ob die *story*, der *plot* eines literarischen Textes in der Realität tatsächlich so passiert ist oder hätte passieren können. Trotzdem gelingt es dem Literaten oder Dichter, tiefe Wahrheit auszudrücken. Damit rückt echte Literatur in die Nähe des Mythos. Und tatsächlich, eines der ältesten Werke der Welt, die beiden Epen Homers, die Ilias und die Odyssee, verbinden Mythisches mit Dichterischem. Ich glaube deshalb, dass es der Bibel gut tut, wenn wir sie eben auch als Poesie, als Literatur von Weltrang, die sie zweifellos ist, lesen. Dann enthüllt sie ganz neue Wahrheiten, die wir an der Oberfläche einer geschichtlichen oder wissenschaftlichen Betrachtungsweise gar nicht entdecken können. Und eine derartige Herangehensweise entlastet auch davon, immer alles als historisch gesichert verteidigen zu müssen. Ein Wunder ist dann eben eine Verdichtung des Vertrauens in das Prinzip des Lebens, das die Tradition mit dem schweren Wort

Gott belegt hat. Literatur ist wirkmächtig und bewegt die Menschen, vermag den *spirit* einer Zeit auszudrücken und zu verändern, so, wie es die Texte der Bibel, des Koran oder der Upanischaden seit Jahrtausenden getan haben.

6. Von einem Problem befreit uns auch eine poetische Sichtweise der Bibel und der christlichen Offenbarung. Bei vielen meiner biblischen Vorträge wurde ich immer wieder gefragt, ob es denn nicht notwendig wäre, die Bibel umzuschreiben. Das heißt, uns Heutigen unverständlich oder sperrig gewordene Texte zu verändern oder wegzulassen. Eine derartige Forderung wird nicht nur von einfachen Christen erhoben, sondern durchaus auch von ernst zu nehmenden Theologen. Dieses Postulat kommt sicher auch daher, weil wir gewohnt sind, alle Teile der Bibel gleichermaßen als wörtlich geoffenbarte Mitteilung Gottes anzuschauen. Dann muss es eben eine Institution geben, die Kirche, die zumindest in der katholischen Ausprägung Unfehlbarkeit wegen der Verheißung des Beistands des Heiligen Geistes für sich beansprucht, die über den Textbestand der Bibel verfügt. Eigenartigerweise maßt sich diese Autorität die Kirche seit den Anfangszeiten, als der Kanon, der verbindliche Katalog der biblischen Bücher, entstand, nicht mehr an. Allerdings legt sie fest, welche Teile der Bibel im offiziellen Gottesdienst vorgetragen und welche Stellen weggelassen werden. Wer die für die Lesung im Gottesdienst vorgesehenen Lektionare durchblättert, wird immer wieder feststellen, dass große Textpassagen ausgelassen werden. Die Psalmen im offiziellen Gebetbuch der Kirche, dem früher so genannten Brevier, sind seit dem Zweiten Vatikanischen Konzil ganz gehörig gestutzt worden um die so genannten Fluchstellen. Dort werden die Feinde Israels, aber auch die Feinde des frommen Beters verflucht, d.h. dem Gericht und der Strafe Gottes überantwortet. Die offizielle Begründung für diese Streichung lautet: »Diese Textauslassungen erfolgen wegen gewisser psychologischer Schwierigkeiten.« Es gibt also so etwas wie einen »Kanon im Kanon« das heißt, ein Auswahlkri-

terium für wichtige oder weniger wichtige Stellen der Bibel. Wichtig erscheint das, was dem christlichen Grundbekenntnis und der Ethik Jesu am nächsten steht. Man darf also, um im Bild dieses Kapitels zu bleiben, eine Brille aufsetzen, die Manches ausblendet, manch Anderes hervorhebt. Auch Martin Luther verwendete ja einen derartigen Kanon im Kanon. Für ihn war es seine Wiederentdeckung der Rechtfertigung des Menschen allein durch den Glauben. Man braucht keine Verdienste zu sammeln durch Werke, etwa indem man einen Ablass erwirbt, um Gottes Gnade teilhaftig zu werden. Es genügt allein, sich für den Glauben an Christus zu entscheiden. Deshalb schätzte er alle Schriften der Bibel, in denen der Wert von guten Werken anerkannt wird, nicht sehr hoch ein, traute sich aber nicht, sie zu eliminieren. So nennt er den Jakobusbrief eine »stroherne Epistel« und »mit dem Jeckel werde er einmal den Ofen anheizen«.

Der schon mehrfach erwähnte Theologe Eugen Biser benennt nun einen Kanon im Kanon, der in meinen Augen hervorragend helfen könnte, unseren Zugang zu Gott, der auch oft von der Bibel verdunkelt wird, zu erleichtern. Er beschreibt das Christentum im Gegensatz zum Islam oder dem Mormonentum als »sekundäre Schriftreligion«. Damit meint er, das Christentum sei erst nachträglich zur Schriftreligion geworden. Jesus selbst hat ja bekanntlich weder geschrieben noch irgendjemandem den Auftrag gegeben, seine Lehren und Weisungen aufzuschreiben. Dennoch hat das Christentum eine Heilige Schrift hervorgebracht. Zunächst gab es das Alte Testament, die Heilige Schrift des Judentums, die auch von den Christen benützt wurde. Dann war das Christentum in den Kulturkreis der griechisch-römischen Literatur eingebettet, der hervorragende Schriftwerke hervorgebracht hatte; »es war sozusagen eine orale Insel in einer schriftlichen Welt. Das drängte von Haus aus darauf, dass ein Ausgleich herbeigeführt wurde.« (Biser, Theologie der Zukunft, 33) Die Apostelbriefe, der älteste Bestandteil des Neuen Testaments, sind dafür ein beredtes Beispiel. Nach dem Tod der ersten Generation wurde es notwendig, die Worte und das Leben Jesu aufzuschreiben, aber das Evangelium ist von Haus aus mündliche Tradition und nicht schriftliche Dokumentation. Im Gegensatz dazu erscheint nach der islamischen Legende der Erzengel Gabriel dem Mohammed mit einem seidenen Tuch in der Hand, über und über beschrieben mit heiligen Zeichen – es ist der himmlische Koran. Er presst ihm das Tuch auf das Gesicht und befiehlt ihm zu lesen. Mohammed gesteht: Ich kann nicht lesen; Gabriel drückt noch stärker, und das dritte Mal befiehlt er ihm im Namen des barmherzigen und allmächtigen Gottes zu lesen; und auf einmal kann er lesen. Es gibt auch eine andere Tradition, nach der Gabriel dem Propheten Mohammed den Text diktiert, der ihn daraufhin niederschreiben lässt. So entsteht der Islam als primäre Schriftreligion. Ebenso in neuerer Zeit das Mormonentum. Sein Begründer, Joseph Smith, bekommt durch den Engel Mormon die goldenen Platten mit der Aufzeichnung des Heiligen Buches. Daran sieht man den Unterschied zur sekundär-nachträglichen Schriftreligion des Christentums.

Damit ist, nach Meinung Bisers, jeder Versuch, einen Schriftfundamentalismus zu begründen, von vornherein als unmöglich erwiesen. Fundamentalismus ist eine moderne Erscheinung, die darin besteht, die Bibel Wort für Wort als von Gott geoffenbarte Wahrheit anzunehmen, und keinen Abstrich daran duldet. Dagegen gilt: Zwar liegt in den heiligen Schriften des Christentums und nur in ihnen die Authentizität der Botschaft Jesu vor, das heißt aber nicht, dass sich darin nicht auch menschliche Implikationen finden. Die Botschaft konnte ja nur so aufgeschrieben werden, wie sie verstanden worden ist. Schon Jesus beklagt sich oft über das unzulängliche Verständnis seiner Jünger. »Wenn das aber am grünen Holz geschah, wie sollte es dann am anderen Holz der nachfolgenden Generation besser werden?«

Deshalb gibt es auch für den einfachen Christen einen einfachen Schlüssel zum Verständnis der Bibel: Jesus selbst muss als das schlechthinnige Korrektiv an jeden Satz des Neuen Testaments herangetragen werden. Darum gilt es, den Zugang zu Jesus freizuschaufeln von all dem vielen Gerümpel, das zweitausend Jahre Nachdenken über ihn angesammelt haben.

3. Jesus, der Christus

Sie erinnern sich? Als ich ein Junge war, stellte sich mir eine zweifache Frage: Gibt es Gott? Ist Jesus Christus sein Sohn? Ich hatte mir die Konsequenzen vor Augen geführt: Gibt es ihn nicht, kann Jesus auch nicht sein Sohn sein. Dann ist auch das Leben überhaupt sinnlos. Wenn ich beide Fragen mit Ja beantworten könnte, ergäbe es sich von selbst, dass ich mein Leben in seinen Dienst stellen, also Priester bzw. später Mönch werden müsste. Ich habe sie für mich mit Ja beantwortet, bin nach dem Abitur ins Priesterseminar eingetreten und habe dann zwei Jahre später das Noviziat bei den Benediktinern von St. Bonifaz begonnen. Während meiner Klosterzeit wurde ich ein paar Mal interviewt. Journalisten interessieren sich natürlich immer für einen Aspekt des Mönchslebens, den Verzicht auf Sexualität – nach dem bekannten Spruch der Marketingleute, *sex sells.* Deshalb habe ich wohl auch in der Rückschau ziemlich zahme Bilder aus diesem Bereich verwendet. Ich sagte, mit dem Entschluss, in ein Kloster einzutreten, sei es ähnlich, wie wenn man sich in ein Mädchen verliebt. Ich konnte das nur sehr theoretisch wissen, denn bis dahin hatte ich mich noch nie in ein Mädchen verliebt. Aber das Bild schien mir damals stimmig. In einem anderen Interview verwendete ich für meine Christus-Beziehung das Bild, Christus sei für mich wie ein »bester Freund«, den ich als dauernd gegenwärtig erfahre und mit dem ich alle Dinge meines Lebens besprechen könne.

Das stimmte damals tatsächlich und stimmt auch irgendwie heute noch. Ich denke, eine derartig oder ähnlich beschriebene Beziehung zu Jesus Christus muss jeder oder jede haben, der oder die das Leben als Ordensmann oder -frau führen will. Wenn Christus nicht das Wichtigste darstellt, ist ein solches Leben schlechterdings nicht zu führen. Die selbstverständliche Basis einer Christusbeziehung besteht darin, die Aussagen des christlichen Glaubensbekenntnisses in der herkömmlichen Weise zu bejahen und zu glauben. »Ich glaube … an Jesus Christus, seinen eingeborenen Sohn, unsern Herrn, empfangen durch den Heiligen Geist, geboren von der Jungfrau Maria, gelitten unter Pontius Pilatus, gekreuzigt, gestorben und begraben, hinabgestiegen in das Reich des Todes, am dritten Tage auferstanden von den Toten, aufgefahren in den Himmel; er sitzt dort zur Rechten Gottes, des allmächtigen Vaters; von dort wird er kommen, zu richten die Lebenden und die Toten.« Sonntag für Sonntag und an kirchlichen Festen wird das Apostolische Glaubensbekenntnis, dessen Mittelteil die Sätze über Jesus Christus darstellen, oder das so genannte Große Glaubensbekenntnis, das seit der Zeit der Konzilien im 4. Jahrhundert nach Christus feststeht, im Gottesdienst der Kirche gesprochen.

Dieses Bekenntnis sprechen nicht nur die Ordensleute, sondern alle gläubigen Christen. In der Taufe haben sie die Frage, ob sie diesen Sätzen zustimmen, entweder selbst bejaht oder ihre Paten bzw. Eltern haben es getan. Auch ein normales Christenleben basiert also auf der gläubigen Annahme des Credo – darin unterscheiden sie sich nicht von Mönchen, Nonnen und Priestern. Mit dem Unterschied, dass diese ihr ganzes Leben für Christus in der Kirche geweiht haben. Modern ökonomisch gesehen würde man wohl sagen: Sie stehen deshalb auf der pay roll der Kirche, für die und in der sie leben und arbeiten.

Nun erging es mir so, dass dieser Boden, auf dem mein Glaube und mein Leben in der Kirche gründeten, zunehmend ins Schwanken geriet. In der theologischen Beschäftigung und Auseinandersetzung mit den Aussagen der kirchlichen Lehre, ihrem Werden und Sich-Entwickeln in der Geschichte, der eigenen Lebenserfahrung als Seelsorger und denkender und fühlender Mensch, verloren sich verschiedene Katechismussätze mehr und mehr im Unwirklichen und Unwahrscheinlichen. Dies hat mit der Zeit auch die Selbstverständlichkeit, mit der ich als Mönch gelebt habe, erschüttert und ins Wanken gebracht. Die Leidenschaft, sich mit diesen Fragen zu beschäftigen, wurde aber eher angefacht. Die ursprüngliche Frage: Ist Jesus Gottes Sohn?, hat sich heute bei mir gewandelt in die Frage: Was bedeutet für mich Jesus von Nazareth? Was kann er dem Menschen von heute – ob gläubig oder nicht – bedeuten? Wie sind die Aussagen vergangener Tage über Jesus heute zu verstehen? Wie kann über die Kluft der Jahrhunderte ein Zugang zur Person und Lehre Jesu gelingen?

1. Die Auferstehung

Dreh- und Angelpunkt der herkömmlichen christlichen Sicht auf Jesus ist die Aussage: »Jesus Christus ist am dritten Tage von den Toten auferstanden.« Der Apostel Paulus erhebt diese Glaubenstatsache zu dem entscheidenden Kriterium seiner Missionstätigkeit: »Ist aber Christus nicht auferweckt worden, dann ist unsere Verkündigung leer und euer Glaube sinnlos.« Die feine Unterscheidung zwischen »auferweckt werden« und »auferstehen« füllt ganze Bände in theologischen Fachbüchern, ist aber für das, was der normale Christ darunter versteht, unerheblich. In einem der ältesten deutschsprachigen Osterlieder heißt es dementsprechend: »Wär er nicht erstanden, so wär die Welt vergangen.« Herkömmliche bildliche Darstellungen – und die tragen wir alle in unserem Kopf – wie etwa das berühmte Auferstehungsbild des Isenheimer Altars von Matthias Grünewald, das in der ehemaligen Antoniterkirche in Colmar hängt, stellen diese Begebenheit dar. Ein strahlender, siegreicher Jesus im Lichtkranz schwebt über dem offenen Grab, neben dem die schlafenden bzw. niedergeschmetterten römischen Wächter liegen. Carl Orff hat die Nacht davor, die Gespräche der Soldaten, das Auftreten der christusfeindlichen Mächte, von Hexen und Satan in seinem herrlichen bayerischen Stück »*Comoedia de Christi Resurrectione*« (Spiel von der Auferstehung Christi) als Spiegelung der gedachten Ereignisse beschrieben. Damit ist Orff der Darstellungsweise im Neuen Testament näher als die bildende Kunst. Eigenartigerweise wird nirgendwo, weder in den Evangelien noch in den anderen Schriften der Bibel, der Vorgang der Auferstehung selbst beschrieben. Nur ihre Folgen werden detailliert aufgezählt: das leere Grab, in dem die Leichentücher sogar fein säuberlich zusammengelegt sind, und die Erscheinungen des Auferstandenen vor den Frauen, den Aposteln und Jüngern, zuletzt vor Paulus. Das griechische Verbum, das die Erscheinung Jesu bezeichnet, *ophthae*, heißt wörtlich übersetzt: er ließ sich sehen ... und wird schon in der jüdischen Apokalyptik [Voraussagen über das Ende der Zeiten] für eine nur von Gott ermöglichte visionäre Enthüllung von irdisch unzugänglicher Wahrheit verwendet. Schon im Neuen Testament selbst wird referiert, wie die Sadduzäer, eine jüdische religiöse Partei, die Botschaft vom leeren Grab deuten ließen: Die Wächter wurden mit viel Geld bestochen und sollten den Leuten erzählen: »Seine Jünger sind bei Nacht gekommen und haben ihn gestohlen, während wir schliefen.« Diese im Judentum und später im Islam tradierte Kritik am christlichen Auferstehungsglauben wurde im christlichen Bereich erst im Zeitalter des Rationalismus, also in der Aufklärungszeit, wieder aufgenommen.

Mit David Friedrich Strauß (1808–1874) verlagerte sich das historische Interesse auf die Erscheinungen Jesu: Sie, nicht die »Legende« vom leeren Grab, hätten den Osterglauben der Jünger hervorgerufen. Deren Berichte von Begegnungen mit dem auferstandenen Jesus seien Ausdruck tatsächlicher innerer Erlebnisse.

Diese »Visionen« seien eine psychologische Reaktion auf den Widerspruch zwischen dem Messiasglauben der Jünger und Jesu Kreuzestod gewesen: Sie hätten dieses Scheitern bewältigt, indem sie den Tod als schriftgemäßes, von Gott gewolltes Heilsereignis nach Jesaja 53 (»Der leidende Gottesknecht«) und Psalm 22 (»Mein Gott, mein Gott, warum hast du mich verlassen?«) deuteten und Jesus mit einem kreativen »frommen Enthusiasmus« zu Gott erhöht hätten. Später hätten sie ihre Visionen mythologisch und apologetisch ausgestaltet:

Motive, wonach Jesus als göttliches Wesen durch verschlossene Türen kam und ging und die Jünger mit ihm aßen und tranken, hätten nachträglich die Realität des Erlebten betonen sollen.

Eine solche Sicht des Osterglaubens als innerpsychischer Vorgang ohne äußeren Anstoß bestimmte die liberale Theologie im 19. Jahrhundert weithin. Sie wurde auch für das Bekehrungserlebnis des Paulus (Apg 9,1–22) angeführt. Vorausgesetzt wurde dabei ein tatsächlicher Messiasanspruch Jesu, sodass sein Kreuzestod zur Glaubenskrise der Jünger wurde.

Der Ansatz von Strauß erscheint mir persönlich als einer der fruchtbarsten, den man vor allem aus der Sicht des modernen Menschen, der die früher selbstverständlich geglaubte Sicht der Auferstehung Jesu als größtes Wunder Gottes nicht mehr teilen kann, durchaus hilfreich weiterdenken sollte. Heutige theologische Ansätze betrachten die körperlich-leibliche Auferstehung, weil sie allen bisherigen Erfahrungen der Menschen widerspreche, eher als sprachliches und soziales Symbol. Damit verliert diese aber nicht ihren singulären Charakter. Auferstehung wird mit moderner rationaler Skepsis als theopoetische Erzählung in mythischer Sprache erfahren.

Ich möchte dazu eine Begebenheit aus meiner religiösen Biographie erzählen, die es mir erleichtert, die Erzählung der Schrift über die Visionen der Jünger und die Audition des Paulus (denn er hat Jesus nie gesehen, aber seine »Stimme« vernommen) als Dokument christlichen Glaubens und der Hoffnung, die mit diesem Bild gegeben wird, zu erklären.

Nach dem zweiten Semester Theologie habe ich in den Ferien zusammen mit einem Mitstudenten – heute wohlbestallter Münchner Stadtpfarrer und Prälat – eine Reise durch die österreichischen Benediktinerklöster gemacht. Ich spielte damals schon sehr intensiv mit dem Gedanken, in die Münchner Abtei St. Bonifaz einzutreten. Am Ende unserer Reise waren wir in Wien angekommen und wohnten dort im Priesterseminar. Am Nachmittag des 15. September 1974 (das Datum habe ich mir später in mein Exemplar der Benediktsregel geschrieben, das ich bei meiner Einkleidung erhielt) schlenderte ich allein durch die Stadt und ging in den Stephansdom. Da entdeckte ich, dass dort in einer Kapelle im hinteren Teil des Doms das Allerheiligste zur Anbetung ausgesetzt war. (Für alle, die im katholischen Ritual nicht so zu Hause sind: das Brot, die Hostie, die in einer vorausgehenden Eucharistiefeier konsekriert, d.h. zum Zeichen der Gegenwart Christi geweiht wurde, ist in einem Zeigegefäß ausgestellt, damit sie von den Gläubigen angebetet werden kann.) Als frommer Seminarist kniete ich mich in eine Bank und betete. Ich hatte es mir damals zur Regel gemacht, möglichst jeden Tag eine Zeit der eucharistischen Anbetung zu halten. Nach einer halben Stunde überkam mich plötzlich ein Gefühl der inneren Gewissheit: Du musst in St. Bonifaz eintreten! Dieses Gefühl war mit einer augenblicklichen Beruhigung verbunden. In mir verbreitete sich eine Gelassenheit, die mir zu verstehen gab: Jetzt hast du dich durchgerungen zu einem für einen jungen Menschen gar nicht so leichten Entschluss. Ich erzählte nie jemandem von diesem Erlebnis im Stephansdom. Sofort nach der Rückkehr nach München meldete ich mich beim Abt des Klosters an und tat ihm meinen Entschluss, in sein Kloster einzutreten, kund. Am liebsten wäre ich sofort eingetreten. Klug, wie er war, riet er mir, erst noch das Vordiplom nach dem vierten Semester im Priesterseminar abzuschließen, dann noch eine größere Reise zu machen und erst dann meinen Entschluss zu realisieren, was ich dann auch tat. Ich persönlich habe diese plötzliche Gewissheit nie mit dem Hören einer Stimme verbunden. Aber ich bin mir sicher, wenn ich nicht selbst ein so rational denkender Mensch wäre, hätte ich es mir durchaus vorstellen könne, dies als eine Stimme aus der Monstranz, also von Jesus Christus bzw. Gott kommend, zu hören. Frühere Generationen, denen alles Unerklärliche bzw. Psychische als unmittelbar von der Gottheit gewirkt erscheinen musste, hätten es auch gar nicht anders auszudrücken vermocht, als dass dies ein Befehl aus dem Jenseits war: Du musst ins Kloster gehen!

Auch sonst werden ja Visionen und Auditionen, die nur gewisse Personen erleben, ohne dass sie von anderen wahrgenommen werden, von der Kirche als wahr anerkannt, obwohl sie objektiv nicht erfahrbar sind, sondern nur im subjektiven Erleben der Betroffenen. Diese Erlebnisse wurden und werden von der Theologie im Bereich der Mystik angesiedelt, dem ganz persönlichen Zugang einzelner mystisch begabter Menschen zur Transzendenz, oder wie wir mit Paul Tillich oder Eugen Biser sagen können, zur Tiefe, zum inneren Meister, und noch weiter gefasst zum Prinzip des Daseins.

Wie oben schon angedeutet, bot die Auferstehung Jesu, die ja als Auferstehung der Gerechten schon bei den alttestamentlichen Propheten vorausgedacht war, ein hervorragendes Interpretament für seinen Tod am Kreuz. Diese Hinrichtungsart galt bei Juden wie Römern als Schandtod eines Verbrechers. Wie sollte man die Lehre eines von der Staatsmacht nach einem ordentlichen Prozess hingerichteten Rabbi verkündigen, wenn nicht Gott durch seine Auferweckung ihn als seinen »Auserwählten« bestätigt hätte? Eine schöne theopoetische Erzählung für diesen interpretatorischen Sprung bietet die so genannte Emmausgeschichte, die bei Lukas, dem »Maler« unter den Evangelisten, zu finden ist. Zwei Jünger gehen nach der Kreuzigung traurig von Jerusalem in ein »mythisches« Dorf namens Emmaus. Sie sind enttäuscht vom Ende ihres Rabbi. Auf dem Weg haben sie eine Vision Jesu, der ihnen ausgehend von Mose und allen Propheten erklärt, was er, der jetzt als Messias bezeichnet wird, erleiden musste, um in seine Herrlichkeit einzugehen (Lk 24,13–35). Von da an wurde das ganze Leben Jesu rückwirkend durch eine doppelte Brille betrachtet: zurück durch die Brille des Alten Testaments. Mit ihrer Hilfe konnten viele Ereignisse im Leben Jesu als vorausverkündet gelesen werden. In der mündlichen Überlieferung der ersten Jahrzehnte wurden dann wohl auch viele Einzelheiten des Lebens und Leidens Jesu unbewusst nach den Vorgaben der Heiligen Schriften der Juden geformt.

Die zweite Brille war die der Auferstehung. Sie war ein einmaliges Ereignis, das bisher keinem der Gerechten des Alten Testaments zuteil geworden war. Jesus wurde zum »Ersten der Entschlafenen«, der auferweckt wurde. Damit war erwiesen, dass er ein ganz besonderer Mensch gewesen ist. Dies drückte man durch die so genannten »Hoheitstitel« aus, mit denen Jesus ausgezeichnet wurde. Sie sind ebenfalls aus der jüdischen Tradition genommen: **Messias**, der Gesalbte, in griechischer Übersetzung *Christus*. Oder der wirkmächtigste Titel **Herr**, der im Griechischen *kyrios* heißt, ein Titel, der im Alten Testament nur Gott selbst gebührt und im heidnischen römischen Reich dem Kaiser vorbehalten war. Jesus hat sich selbst vielleicht als **Sohn** bezeichnet, was aber sicher keine Exklusivität beanspruchte, sondern das besonders vertraute Verhältnis eines frommen Juden zu Gott darstellte. Diese und andere Titel waren dann Ausgangspunkte für eine Mythologisierung Jesu. Dies ist kein bewusster Vorgang gewesen, im Sinn eines Betrugs, wie es vielfach schon in der Zeit vor der Aufklärung immer wieder behauptet wurde. Für die Menschen der Zeitenwende gab es keine andere Möglichkeit, die Einmaligkeit dieses Jesus von Nazareth auszudrücken, als durch die mythischen Elemente, die ihnen durch ihre eigene Kultur in ihrer jeweiligen Entwicklungsstufe zur Verfügung gestellt wurden. Wir müssen, um auch in unserer Zeit diese Besonderheit Jesu zu erfahren, den Prozess der Entmythologisierung gehen, um zur »zweiten Naivität« zu gelangen, die die Lebensdienlichkeit der Verkündigung Jesu für heute entdecket.

2. Der verkündigte Christus

Es hat sehr früh, so sagen es die Theologen, ein Paradigmenwechsel stattgefunden vom »verkündigenden« Jesus zum »verkündigten« Christus. Gemeint ist, dass die neue Sichtweise Jesu auf das Alte Testament, oder wie es in den Evangelien steht, auf das Gesetz und die Propheten, in den Hintergrund trat, die Person Jesu und seine mythische Überhöhung dagegen in den Vordergrund. Er wollte seine Entdeckung, einen angstfreien, von kleinlichen Vorschriften erschwerten Zugang zu Gott, der vielleicht mit dem Vaterbegriff am besten zusammengefasst wird, den Menschen verkündigen. Er wurde aber dann von seinen Jüngern, ganz besonders von seinem kongenialen Apostel Paulus zum begnadeten jüdischen Heros stilisiert. Noch einmal: Um Jesu Botschaft in ihrer weltrevolutionierenden Wirkung überhaupt in der damaligen griechisch-römischen Kultur zu Gehör zu bringen, blieb den Zeitgenossen gar keine andere Ausdrucksmöglichkeit. Und nur diesem Umstand ist es zu verdanken, dass wir heute noch das Evangelium vom angebrochenen Gottesreich kennen und unser Leben danach gestalten können. Nach dem Ausweis des ältesten der vier Evangelien nach Markus lautet der Kernsatz der Verkündigung Jesu: Die Zeit ist erfüllt, das Reich Gottes ist nahe. Kehrt um, und glaubt an das Evangelium (Mk 1,15). In diesen beiden kurzen Sätzen ist eine ungeheure Bedeutungsfülle verdichtet. Mit dem wichtigen Ausdruck Reich Gottes verbinde ich die Bedeutung »Herrschaftsbereich« Gottes und interpretiere folgendermaßen: Wer sich in völliger Gelassenheit dem Grund des Lebens und dem Bewusstsein, bedingungslos geliebt zu sein, anvertraut, der ist frei von allen anderen Zwängen, die uns unterjochen wollen. Mit dieser Botschaft »erfüllt« Jesus die Verheißung aller bisherigen Propheten Israels. Das griechische Wort, das wir mit »kehrt um« übersetzen, heißt in der wörtlichen Bedeutung: »denkt um«. Peter Sloterdijk hat mit seinem jüngsten Bestseller »Du musst dein Leben ändern« darauf hingewiesen, dass diese ständige Bereitschaft, sich immer wieder neu auf das Lebensziel auszurichten, zu den wesentlichen kulturellen Errungenschaften des sich selbst bewussten Menschen gehört. Wer sich darauf einlassen kann, sich als bedingungslos angenommen zu erfahren, der hat die frohmachende und befreiende Botschaft für ein gelingendes, in sich ruhendes Leben in Balance vernommen. Alle weiteren Worte, die von Jesus in den Evangelien gesprochen werden, alle Taten, die von ihm berichtet werden, sind nichts anderes als Illustrationen dieser einen Grundbotschaft. Jedes seiner wunderbaren Gleichnisse, aus denen trotz redaktioneller Überformungen durch die mündliche Tradition und die ersten schriftlichen Aufzeichner der frische Ton des originellen orientalischen Erzählers spricht, liefert ein »lebendes Bild« für die nachgehende Liebe des Gottes, den Jesus vertrauensvoll als Vater ansprechen kann. Jede Heilung, jeder Wunderbericht, angefangen vom Wandeln auf dem See bis hin zur Erweckung seines Freundes Lazarus haben keine andere Funktion, als die Sprengkraft dieser neuen Art der Gotteserfahrung zu verdeutlichen: Gottes Gebot ist nicht einengend, strafend, rächend, Gott ist nicht zornig, eifersüchtig, nachtragend – er ist wie ein gütiger Vater. Am schönsten und prägnantesten wird solche fürsorgende, dem »Leben in Fülle« verpflichtete Zugangsweise zum Grund des Lebens und der Liebe in der ganz praktischen kurzen Aussage über den wöchentlichen Feiertag ausgedrückt: Der Sabbat ist für den Menschen da, nicht der Mensch für den Sabbat. Kürzer konnte es auch Immanuel Kant nicht fassen, wenn er davon sprach, dass der Mensch immer Zweck sein müsse und niemals Mittel zum Zweck sein dürfe. Oder die Neuinterpretation des Unterschieds zwischen Rein und Unrein. Das Judentum ist bis heute von der Frage der rituellen Reinheit geprägt. Jesus verlegt den Ursprung der Unreinheit ins Herz des Menschen, weg von äußeren Vorschriften. Damit ist die Verantwortung für ein ethisches Verhalten ganz im Sinn der Prophetenpredigt grundgelegt: Nichts, was von außen in den Menschen hineinkommt, sondern was aus dem Menschen herauskommt, das macht ihn unrein.

Wie für den Tod Jesu und sein Weiterleben bei Gott, den er als seinen Vater erfahren und verkündet hat, gab es dann aufgrund der rückwirkenden Sichtweise des erhöhten Christus eine Interpretation seines Lebensanfangs. Seine Geburt wurde so wunderbar geschildert, wie es schon bei ägyptischen und römisch-griechischen Heroen und Göttern überliefert wurde. Andere Ausdrucksmöglichkeiten der Einzigartigkeit standen eben nicht zur Verfügung. Der Verfasser des jüngsten Evangeliums, das dem Apostel Johannes zugeschrieben wurde, nimmt Anleihen bei der klassischen Philosophie mit ihrem Schlüsselbegriff Logos. Er hat eine weite Bedeutungsfülle, am einfachsten ist die Übersetzung »Wort«. Darüber hinaus bezeichnet er das Vernunftprinzip, nachdem der Kosmos geordnet ist. Schon die jüdischen Philosophen in Alexandria, der größten jüdischen Gemeinde im römischen Imperium, verwandten diesen heidnischen Begriff für die Schöpfungsordnung Gottes. Nach dem biblischen Schöpfungsbericht war es ja das Wort Jahwes, das Ordnung in das Chaos der Materie gebracht hat. Dieses Wort Gottes konnte auch mit einer gewissen Selbstständigkeit betrachtet werden als eine der Wirkweisen Gottes, ebenso wie die Weisheit Gottes, die aus der ägyptischen Weltsicht kommend den Kosmos regiert. Heute noch zeugt die Hagia Sophia (griechisch: Heilige Weisheit) in Istanbul, die ehemalige Kathedrale der byzantinischen Reichshauptstadt Konstantinopel, von der großen Verehrung, die die personifizierte göttliche Weisheit auch im Christentum, dort identifiziert mit dem Heiligen Geist, genossen hat. Das Wort Gottes hingegen, das Prinzip der Schöpfungsordnung, wurde nun mit der Person Jesu identifiziert, der damit von Ewigkeit schon bei Gott vorausexistiert hat, und durch die jungfräuliche Zeugung aus Maria menschliche Gestalt annahm. Daraus ergab sich mit der Zeit des Nachdenkens über Jesus ein Problem: Was für eine Stellung hat er im strikten Monotheismus im Verhältnis zu Gott inne? Er selbst war ja eindeutig Jude und damit glühender Bekenner des Eingottglaubens. War er ein bloßer, wenn auch herausragender Mensch? Damit hätten seine Worte in einer Reihe mit anderen jüdischen Propheten gestanden und Jesus wäre nichts anderes als einer der vielen Rabbiner gewesen, die auf ihre Weise eine je eigene Interpretation der Bibel vorgelegt hätten, wie es ja heute noch im Judentum gängige Praxis darstellt. Oder ist er göttlichen Wesens und beansprucht damit göttliche Würden? Etliche Stellen aus den Evangelien zeichnen Jesus als mit göttlicher Vollmacht ausgestattet, etwa wenn er Sünden vergibt, was Gott allein zusteht, auch wenn er selbst diesen Anspruch nie erhoben haben dürfte. Ist er dann ein zweiter Gott? Verlassen seine Anhänger damit nicht die im Judentum mühsam errungene und noch mühsamer durchgehaltene Überzeugung, dass Jahwe allein der Gott des Universums ist? Erst dreihundert Jahre nach Christus wird dieses Problem gelöst, indem das erste Konzil der christlichen Gemeindeleiter im römischen Imperium, vom Kaiser zusammengerufen und von ihm geleitet, die geniale Lösung des Dogmas der göttlichen Dreifaltigkeit (»Trinität«) als für die gesamte Christenheit verpflichtenden Glaubenssatz verkündet. Gott Vater und sein Sohn Jesus Christus sind »gleichen Wesens«. Ebenso der Heilige Geist als personifizierte Präsenz der Erinnerung an Jesu Taten und Worte. Es ist ein Gott, der sich in drei Personen ausfaltet. Man könnte auch sagen, es sind drei Wirkungsweisen des einen Gottes, die personal erfahren werden. In diesem Zusammenhang taucht auch zum ersten Mal der Begriff der Person auf. Man nimmt ein Wort der lateinischen Theatersprache zu Hilfe. Dort bezeichnet man das Sprechen der ausschließlich männlichen Schauspieler durch die Maske, die sie sich vor das Gesicht halten und die die Rolle zuweist, als »*personare*«. durchtönen. In jeder der drei göttlichen Personen kommt ein Wesenszug Gottes in besonderer Weise zum Klingen. Für Eugen Biser gehört es zum Großartigsten der Geistesgeschichte, dass ein Begriff, der zunächst für Gott und die innertrinitarischen Verhältnisse erdacht und entworfen worden ist, nämlich das Personsein, sich schließlich als Schlüssel zum Selbstsein des Menschen herausstellte.

Der Mensch ist damit moralisches Subjekt und darf niemals fremdbestimmt werden. Unser in der Moderne hochgehaltener Wert der individuellen Freiheit wurde ganz wesentlich durch die Anwendung des theologischen Begriffs der Personenwürde geprägt. Als Person hat jeder Mensch die Freiheit, sein Selbst in seinem Leben zum Klingen zu bringen. Man sollte es deshalb nicht zu gering veranschlagen, wenn heute solche von der Erfahrung des modernen Menschen erscheinende Glaubenssätze wie der von der göttlichen Dreifaltigkeit trotz ihrer gering erscheinenden lebensdienlichen Relevanz in ihren Konsequenzen unser Reden und Denken vom Menschen beeinflusst haben. Es mag vielen als theologische Gedankenspielerei erscheinen, und vielleicht können wir es heute auch gar nicht anders interpretieren, aber es hat uns geholfen, trotz Widerständen gerade von Seiten der Kirchen und Religionen die fünf Arten der Freiheit, die uns modernen Menschen wichtig sind, zu formulieren: die religiöse, die politische, die wirtschaftliche, die gesellschaftliche Freiheit und die Freiheit vom Naturzwang, die durch Forschung und Technologie ermöglich wird.

3. Der historische Jesus

Ein zweiter Aspekt ist mit dieser Dogmatisierung der Dreifaltigkeit und der daraus resultierenden Lehre über die zwei Naturen in Christus, die menschliche und die göttliche, verbunden: Jesus von Nazareth wurde allzu sehr in den göttlichen Bereich entrückt. Das Bild der Himmelfahrt drückt dies aus. Jesus ging, um wieder an Paul Tillich zu erinnern, nach oben hinweg. Er entschwand in himmlischen Sphären und wurde so den Menschen zunehmend entfremdet. Das, was die Aussage von der Menschwerdung Gottes, seiner Erniedrigung, seiner Solidarität mit den Menschen vermitteln wollte, ging so in der Geschichte der Kirche und ihrer Theologie weitgehend verloren. Erst mit dem Aufkommen der Naturwissenschaften und der Aufklärung, als die Metaphysik, die Lehre von den Dingen »jenseits der Physik« entthront wurde, entdeckte man den Menschen Jesus wieder hinter der Glorie des Gottessohnes Christus. Die Theologen suchten nun den wahren Jesus, wie er wirklich war hinter all den für unsere Zeit so fragwürdig gewordenen mythischen Überzeichnungen. Man suchte den historischen Jesus. Ein ganzer Forschungszweig entstand, von Albert Schweitzer als die Leben-Jesu-Forschung bezeichnet. Das Leben Jesu sollte in einer Art gereinigter Biographie dargestellt werden können. Nach nunmehr zwei Jahrhunderten dieser Versuche ist nicht viel herausgekommen. Der amerikanische Historiker Ed Sanders fasst zusammen, was als historisch gesichert gelten kann, es ist ein dürres Faktenbäumchen:

— Jesus wurde durch Johannes den Täufer getauft
— Jesus war ein Galiläer, der predigte und heilte
— Jesus berief Jünger und sprach über zwölf von ihnen
— Jesus beschränkte seine Aktivitäten auf Israel
— Jesus war in eine Kontroverse bezüglich des Tempels verwickelt
— Jesus wurde außerhalb von Jerusalem durch die römische Besatzungsmacht gekreuzigt
— Nach seinem Tod waren seine Jünger weiterhin eine identifizierbare Bewegung
— Mindestens Teile des Judentums verfolgten mindestens Teile der neuen Bewegung, und diese Verfolgung dauerte bis zum Ende der Wirksamkeit von Paulus an (60er Jahre).

Auch viele der Weisungen Jesu fielen dem Verdikt der kritischen Forschung zum Opfer. Ganz radikale Theologen wollten nur 18 Prozent der Jesusworte und fünf seiner Gleichnisse als authentisch gelten lassen.
Heute ist Konsens, dass man hinter dem Bild, das das Neue Testament von Jesus zeichnet, man spricht vom verkündigten Christus, nur sehr schwer auffinden kann, was wir als histo-

risch gesichert bezeichnen würden. Das Menschsein Jesu wird aber auch vom verkündigten Christus in den Evangelien überliefert. Er zeigt Emotionen wie Zorn, Trauer, Mitleid, er hat Angst vor dem drohenden Tod, er isst und trinkt mit seinen Freunden und hält Tischgemeinschaft sogar mit Menschen, die »man« zur damaligen Zeit in guter jüdischer Gesellschaft wohl eher gemieden hat. Damit sind wir schon bei einem Zug seines Wesens, der immer wieder Stachel in der Lebensweise seiner späteren Anhänger sein sollte. Er ergreift Partei für die, die als Sünder und von Gott verworfen abgestempelt worden sind. Jesu widerspricht dem gängigen Tun-Ergehen-Schema: Jedes Unglück, das einem Menschen widerfährt, hat seine Ursache in einer sündhaften Handlung dieses Menschen oder gar seiner Vorfahren. Er macht deutlich, dass es um den Menschen und nicht um das Prinzip, die Einhaltung eines Gebotes oder das Abfeiern eines Rituals, geht, am deutlichsten abzulesen an seiner Bewertung des Sabbats. Immer wieder stellt er Schriftgelehrte und Pharisäer, die bestimmte Vorstellungen von einem frommen Leben haben und von daher ihre Mitmenschen beurteilen, als Heuchler hin. Er droht ihnen ausdrücklich das Gericht Gottes an. Damit bezieht er sich wie sie auf das Jenseits. Ausgedrückt wird das durch seine Rede vom Reich Gottes, das er zwar als nahegekommen ansieht, das aber erst in einer jenseitigen Zukunft vollendet werden wird.

4. Der Tod am Kreuz

Ein großes Problem für Jesu Jünger war von Anfang an sein Tod am Kreuz. Den Evangelien lässt sich auch kein zufriedenstellender juristischer Grund für das Todesurteil entnehmen. Die ausführlichen Passionserzählungen sind ihrerseits schon Deutungen nach rückwärts, von der Sicht des Glaubens an die Auferstehung und des Entstehung einer eigenen Religionsgemeinschaft, die sich vom Judentum absetzen und bei der römischen Reichsbevölkerung in besseres Licht setzen wollte.

Die Hinrichtungsart der Kreuzigung galt als schimpflich bei Juden wie Heiden. Kann ein Mensch, der an diesem Schandpfahl gestorben ist, wirklich ein Sohn Gottes, der menschgewordene Logos sein? Diese Tatsache musste so interpretiert und gedeutet werden, dass sie im Gegenteil die exklusive Gottessohnschaft Jesu betonte und herausstellte. Einer solchen Umdeutung zum Durchbruch verholfen zu haben, das ist dem »religionsproduktiven Genie« Paulus zu verdanken. Der Kreuzestod Jesu wurde schon bei den frühen Christen als Sühneopfer für die menschliche Schuld interpretiert. Der Opfergedanke war in der jüdischen und hellenistischen Kultur verwurzelt. Die Gottheit musste durch Tieropfer, in besonders schweren Fällen durch ein Menschenopfer beruhigt, versöhnt und gnädig gestimmt werden. Der Mensch ist immer der vor Gott Schuldige und Gott ist ein Gott, der auf Sühne nicht verzichten kann. Das Opfer Christi als Lamm Gottes galt nun als ein für allemal dargebracht und verdrängte so im Lauf der Jahrhunderte die Tieropferpraxis der antiken Völker. Mit diesem theologischen Argument ist dann auch ein Begriff verbunden, der Jesus und seine Bedeutung für die Menschen charakterisieren soll: Er ist der Retter, der Erlöser. Seine Tat, das Sühnopfer am Kreuz, ist die Erlösung des Menschen von der Todverfallenheit, die diesem den Zugang zum Jenseits Gottes ermöglichen soll. Auch die Begriffe Heiland oder Salvator gehören in diesen Sinnzusammenhang. Eine besondere Nuance erhielt die Sühnopfertheologie im Mittelalter, als im fränkisch-germanischen Rechtsdenken die Satisfaktionstheorie entwickelt wurde. Satisfaktion ist die Genugtuung, die einem Beleidigten für seinen Ehrverlust geleistet werden muss. Die Schuld einer solchen Tat bemisst sich nicht nach der sozialen Stellung des Täters, sondern nach dem Rang des Geschädigten. Wer sündigt, so die theologische Folgerung, beleidigt Gott und zerstört damit die Rechtsordnung. »Wiedergutmachung, Genugtuung ist unbedingt erforderlich, aber zugleich unmöglich, weil der unendliche Gott unendliche Sühne verlangen muss. Von einem Menschen kann das aber nie geleistet werden. Aus diesem Grunde musste Gott Mensch werden, um durch Jesus, der Gott und Mensch zugleich ist, mit dem Menschen versöhnt zu werden.« (Biser, Theologie der Zukunft, 74) Diese Theorie, die aus dem Ethos der mittelalterlichen Feudalherrschaft gewonnen wurde, verdanken wir meinem Namenspatron, dem heiligen Anselm von Canterbury (1033–1109), der in seiner Schrift »*Cur Deus Homo*« der Frage nachgehen wollte, warum Gott denn überhaupt Mensch geworden ist. Mit der Notwendigkeit der unendlichen Genugtuung für eine unausdenkliche Beleidigung glaubte er sie beantwortet zu haben. Für viele Theologen gilt diese alte Vorstellung als schwer verdaulich, dass Gott unschuldiges Blut braucht, um vergeben zu können. Für die meisten Menschen unserer mitteleuropäischen Bevölkerung hat somit die traditionelle »Kreuzesheilslehre« und »Gottesversöhnungslehre« keine Bedeutung mehr. Der Tod Jesu war einfach die Konsequenz seines Lebens und seiner Lehre. Auch in der kirchlichen Verkündigung wird die Sühnopfertheologie an der Basis kaum noch akzentuiert gepredigt. Heute spricht man von der Freiheit, zu der Christus befreit hat, und von der Liebe Gottes, die Jesus angesagt und praktiziert hat. Nur in den liturgischen Texten, den Lesungen aus der Heiligen Schrift, den Liedern der Gesangbücher leben die alten theologischen Begriffe, der Sühnegedanke und die Bluttheologie fort. Auch in der Matthäuspassion von J. S. Bach heißt es: »Wie wunderbarlich ist doch diese Strafe! Der gute Hirte leidet für die Schafe. Die Schuld bezahlt der Herre, der Gerechte, für seine Knechte!« In der katholischen Messfeier und dem evangelischen Abendmahl werden die Einsetzungsworte aus Paulus und den synoptischen Evangelien über die Gaben von Brot und Wein gesprochen, die diese bezeichnen als Leib und Blut Jesu, die er »für euch« hingegeben bzw. vergossen habe. Sie stehen damit im Zentrum der dichtesten Feierform des Christentums. Und dennoch tun sich selbst die Pfarrer, die diese Feiern leiten und diese Worte sprechen, zunehmend schwer, die Opfertheologie nachzuvollziehen. Heute wird eher der Gemeinschaftscharakter des Mahles herausgestellt oder noch allgemeiner der Bezug zu Gottes oder Christi Liebe betont. »Die Kritiker des Sühneglaubens argumentieren mit der Vorstellung von Gottes bedingungsloser Liebe oder verweisen auf den historischen Jesus, der seinen Tod nicht als ein Sühnegeschchen begriffen, sondern den direkten Zugang zu Gottes Verzeihen und Barmherzigkeit eröffnet hat. Die ›Folie für die Abkehr vom Sühnopferglauben liefert das nicht mehr primär jenseitsorientierte Existenzverständnis‹«. (Preuß, Evolution des Glaubens) Damit verliert das Christentum allmählich den herkömmlichen Charakter als Erlösungsreligion. Erlösung bedeutet dann nicht mehr: Entschuldung des Menschen durch das Selbstopfer Christi, sondern neue Sicht auf Gott, die der Rabbi Jesus seinem Volk und darüber hinaus der ganzen Menschheit ermöglicht hat. Mich hat sehr beeindruckt, als bei einem ihrer mitreißend lebendigen Vorträge die jüdische Theologin Ruth Lapide sinngemäß einem nachfragenden Zuhörer geantwortet hat: Die Bedeutung Jesu besteht darin, dass er den Heiden den Zugang zum Gott der Juden eröffnet hat. »Seien Sie froh und dankbar dafür, denn sonst würden Sie heute noch Wotan und Freia anbeten.«

Ein dritter Aspekt für einen Neuzugang zur Person Jesu ist sicher auch in den von der Tradition der christlichen Kirchen abgelehnten abweichenden theologischen Meinungen zu suchen. Die Kirche hat sich von Anfang an mit verschiedenen Lehren, d.h. Deutungen der Person Jesu und seiner Bedeutung für den christlichen Glauben, auseinandersetzen müssen. Schon im Neuen Testament, in den Briefen, aber auch den anderen Schriften, gilt es sich abzusetzen von verschiedenen Deutungen der Person Jesu. Zu Beginn war es vor allem die Gnosis, die dem jungen Christentum zu schaffen machte. Es handelte sich um eine geistige Strömung, die davon ausging, dass der Mensch durch eigene geistige Anstrengung, eben die

»gnosis«, die Erkenntnis zur Erlösung erlangen könne. Mithilfe dieser eigenen Anstrengung könne man den göttlichen Funken in der als grundsätzlich böse angenommenen Schöpfung erkennen und ihm so zum Durchbruch verhelfen. Damit war natürlich die Rolle Jesu als Erlöser in Frage gestellt: Nicht die Gnade Gottes ist es, die durch ihn angeboten wurde, sondern die eigene Leistung verhalf zur Gemeinschaft mit Gott. Wenn man verschiedene Schriften des Neuen Testaments liest, wird man feststellen, dass einige Texte sich nicht deutlich von dieser gnostischen Sichtweise der Welt abheben, andere Stellen wiederum polemisieren heftig dagegen. So kam es, dass es auch in der Geschichte des Christentums von Zeit zu Zeit Auseinandersetzungen mit diesem Gedankengut aufkamen. Die Katharer oder Albigenser im Mittelalter etwa, die strikt verfolgt wurden, hielten am Dualismus fest, der das Gute im Schlechten des Menschen eingeschlossen sah. Das ist ein die Geschichte des religiösen Denkens stetig durchziehendes Problem. Wie kommt das Böse in die Welt, wenn Gott als ein liebender gedacht und erfahren wird? Wie kann der Mensch aus den Niederungen seiner immer wieder zum Bösen hinneigenden Natur zu Gott gelangen? Braucht er dazu Hilfe oder vermag er's aus eigener Kraft? Im Grunde steckt hinter diesen Fragen auch die Auseinandersetzung der Reformation mit dem Katholizismus. Verschaffen gute Taten einen Vorteil im Bemühen des Menschen oder ist es allein Gottes ausgestreckte Hand, die den Menschen zur Vollendung führt? Offenbar ist die Bibel da nicht eindeutig in ihren Aussagen, sonst könnten sich nicht verschiedene Konfessionen auf sie berufen. Dies weist darauf hin, dass eine Lehrentscheidung der Kirche immer auch den Ausschluss anderer Meinungen beinhaltet, die auch eine gewisse Daseinsberechtigung haben. Zumindest waren sie bis zur Verurteilung diskussionswürdig. Und nur in der Auseinandersetzung konnte sich allmählich der Mainstream, der Konsens einer theologischen Anschauung, durchsetzen. Dogmen werden »definiert«, ursprünglich durch Konzilien oder Synoden, im Katholizismus später auch durch die oberste Autorität der Kirche, den Papst. Das lateinische Wort »Definition«, das wir im Sinn einer Begriffsbestimmung verwenden, bedeutet ursprünglich Abgrenzung und Beschränkung. Es werden also andere Meinungen, die vorher durchaus eine gewisse Breite und Weite der Anschauungen garantiert haben, ausgegrenzt. Definition bedeutet dann auch gleichzeitig Eingrenzung, Engführung. Im Laufe der Geschichte christlicher Theologie ging damit ungeheuer viel an Deutungsmöglichkeit und Bildbeschreibung verloren. So auch die Deutung und Bedeutung der Person Jesu von Nazareth. Durch Jahrhunderte hindurch wurde er als zweite göttliche Person, zugleich Gott und Mensch, immer mehr dem Menschsein entfremdet und entfernt. Er, der nahe sein wollte, wurde zum Symbol des fernen Gottes. Der Name Jesus bedeutet eigentlich: In Jahwe ist Heil. Und Jahwe, der im Judentum unaussprechliche Name Gottes, wiederum wird übersetzt mit der Aussage: Ich bin da. Jesus besagt also im Tiefsten: In der reinen Gegenwart, die göttlich ist, begegnet uns das Heil.

Die Bedeutung Jesu für heute

Damit sind wir eigentlich bei der Frage angelangt, die mancher stellen wird, wenn er das bisher in diesem Kapitel Dargelegte gelesen hat: Was bedeutet die Person Jesu dann für einen Menschen unserer Tage, der nicht mehr an das durch den herkömmlichen Wunderbegriff beschriebene Eingreifen Gottes in unseren normalen Weltablauf zu glauben vermag? Oder ganz konkret, wie mich einmal ein Teilnehmer einer meiner Bibelkurse gefragt hat: »Was empfange ich dann bei der Messfeier in der Kommunion, wenn Jesus nicht mehr der in meinem Kinderglauben vermittelte Sohn Gottes ist?«

– Zuallererst: Wir leben in einem christlich geprägten Europa, auch wenn sich die laizistischen Staaten schwer tun, diese

Tatsache in die gemeinsame Verfassung der Europäischen Union zu schreiben. Das Christentum hat unsere Kultur geprägt, gerade auch in der Auseinandersetzung mit diesem Bekenntnis, ob das dem Einzelnen nun gefällt oder nicht. Gläubige, religiöse Menschen werden im Regelfall in unseren Breiten Christen sein. Das Christentum hat seinen Namen von Jesus aus Nazareth, der von seinen Anhängern nach seinem Tod und seiner Erfahrung als Lebendiger als der erwartete Messias des Judentums, auf Griechisch »christos« (der Gesalbte), auf lateinisch »Christus«, angesehen wurde. Seit Christus ist also auch Nichtjuden der Zugang zu dem einen Gott des Judentums und seinen Verheißungen möglich, ohne dessen kultischen Reinheitsvorschriften zu befolgen. Die Bezeichnung Christen für die Anhänger Jesu und Christentum für deren Gemeinschaft bedeutet einen Hinweis auf die Gründergestalt dieses religiösen Weges, so wie der Islam, den man früher auch Mohammedanismus, nach seinem Gründer Mohammed, oder der Buddhismus nach dessen Begründer Gautama Buddha bezeichnet wird. Ein Christ ist demnach jemand, der sein Leben nach Jesus Christus ausrichtet. Diesen Jesus Christus lernt man zuallererst in den Schriften des Neuen Testaments kennen. Die Briefe des Apostels Paulus oder seiner Tradition bringen nichts Biographisches, sie überliefern auch nicht Aussprüche Jesu, sondern die Sicht der enthusiastischen Anhänger auf die Bedeutung, die dieser Jesus für sie – und alle Menschen – hat bzw. haben könnte. Aus diesem Enthusiasmus heraus wurden dann die Evangelien verfasst, die im Stil der Zeit viel Wunderbares und Wunderliches mit Biographischem mischen und eine Fülle von seit Jahrzehnten mündlich weitergegebenen Aussprüchen, Reden und Gleichnissen Jesu bieten. Jesus war offenbar davon überzeugt, dass das Weltenende nahe bevorstünde, wie viele prophetische Gestalten seiner Zeit, und wollte deshalb einen möglichst vereinfachten, für alle gläubigen Juden leicht gangbaren Weg zum Bestehen des Gottesgerichts verkünden. Deshalb »reinigte« er die Tradition seines Volkes von vielen Vorschriften, die ihm den unmittelbaren Zugang zu Gott zu verstellen schienen. Er versuchte das Wesentliche der Gottesbeziehung herauszustellen. Ihm ging es vorrangig um die innere Einstellung, nicht um die peinliche Befolgung der äußeren Form. Dies berührte die Fragen des Tempelkultes, der Reinheitsvorschriften, des Sabbathaltens, auch und besonders der Ethik, also des Umgangs miteinander. Diese konzentrierte er auf die beiden Formulierungen des später so genannten Hauptgebots der Liebe und der Goldenen Regel. Die Lehre über Gott erfuhr bei ihm ihre Ausrichtung am Bild des barmherzigen, fürsorgenden Vaters.

— Die Theologen weisen immer wieder darauf hin, dass die Verkündigung Jesu die Ernsthaftigkeit einer Entscheidung eines Lebens nach den Weisungen der Heiligen Schrift betont. Dies geschieht in den Evangelien vor allem durch die Schilderung des letzten Gerichts, dem Gott selbst bzw. der »Herr«, also Jesus, vorsitzt. Es geht also nicht nur um eine Wohlfühl-, Wellness- oder Kuschelreligion. Es geht um eine Selbstverpflichtung. Wer den Weg Jesu geht, und das gehört zum Christentum, der muss seine Botschaft, dass Gott die Liebe ist, in seinem Leben realisieren und widerspiegeln. Die große Gerichtsszene im 25. Kapitel des Matthäusevangeliums macht das eindringlich deutlich. Dort werden diejenigen der ewigen Strafe, d.h. der Gottferne, anheimgegeben, die nichts für die Geringsten der Menschen getan haben, die also die Liebe, die nach Jesu Botschaft das Wesen Gottes ausmacht, nicht weitergegeben haben. Die Geringsten sind jene, die es nicht wiedergutmachen können, die auf »Gnade« angewiesen sind, die keine Leistung zu erbringen imstande sind. Ich persönlich empfinde diese Gerichtsansage als eine der stärksten und eindrücklichsten Aussagen über das, was christliche Ethik ausmacht. Auch das Wort Gericht stört mich nicht. Seit Martin Luther heißt Gericht nicht mehr Verurteilung, sondern Rechtfertigung. Der in sich verkrümmte Mensch, der nur noch sich selber und seinen Vorteil, sein Ego sieht, wird durch die Botschaft von der bedingungslosen Liebe, die die das Prinzip der Welt ist, aufgerichtet und ausgerichtet auf das eigentliche Ziel: diese Liebe zu leben. Das ist meiner Meinung nach das Wesen des Christentums. Ritualien, Kasualien, Gottesdienste, Sakramentenfeiern haben diese Aufgabe: nicht Gott zu verehren, sondern ihn und sein Wesen, das uns konzentriert in der Verkündigung des Jesus von Nazareth begegnet, in Erinnerung zu behalten und im eigenen Leben umzusetzen. Gott lieben heißt ihn zu leben!

– Als Antwort auf die Frage des verunsicherten Frommen, was empfange ich dann bei der Kommunion? Ich empfange geteiltes Brot, das eine symbolische, mythische, existentielle Bedeutung für den hat, der sein Leben nach der Weisung Jesu ausrichten will. Im Brechen und Essen des eucharistischen Brotes, im Trinken aus dem einen Kelch erfahre ich die Teilhabe an einer Gemeinschaft, die bereit ist, die Hingabe Jesu an seine Gottes- und Menschenliebe nachzuvollziehen. Dies bedeutet für mich auch die Aussage der vom Vorsteher der Feier zitierten Worte Jesu von seinem letzten Mahl, das er mit seinen Freunden begangen hat: Das ist mein Leib, das ist der Kelch meines Blutes. Oder beim Empfang der Kommunion: Leib Christi, Blut Christi. Wenn der Empfänger sein »Amen« spricht, bestätigt er seinen festen Willen, zur Gemeinschaft derer zu gehören, die in ihrem Leben die Lehren Jesu umsetzen wollen und sich von ihm, seinem Geist, seiner bleibenden Gegenwart in seinem Wort, in ihrem alltäglichen Leben inspirieren lassen wollen. Ich persönlich bin überzeugt, dass all die theologischen Streitereien um die Realpräsenz Christi, die Transsubstantiation (schon das Wort ist unaussprechlich) heute keinen Sitz im Leben mehr haben. Sie bedeuten nur den kirchlichen Insidern noch etwas und stehen eigentlich einem lebendigen Christentum eher im Weg.

– Damit sind wir bei einem grundsätzlichen Problem. Die Theologie des Christentums hat in ihrer zweitausendjährigen

Geschichte mit der feinziselierten Ausfaltung möglicher Gedankenspiele den Zugang zu Jesus eher erschwert, wenn nicht gar verstellt. So wie die frommen Juden um das Gesetz (die 10 Gebote) einen Schutzzaun von sechshundert weiteren Geboten gezogen haben, damit man gar nicht dazu kam, das eigentliche Gesetz Gottes zu verletzen, so haben die christlichen Theologen einen fast undurchdringlichen Wall von Aussagen und Dogmen um die Gestalt Jesu gelegt, sodass man zu seiner Person nur mehr sehr schwer hindurchgelangen kann. Dies begann schon bei Paulus und den Verfassern der Evangelien. Sie verwendeten Bilder und Begriffe der zeitgenössischen religiösen und philosophischen Sprache, um ihre Botschaft damit für die Menschen ihrer Epoche leichter verständlich und annehmbar zu machen. Die Theologie unserer Tage schleppt nun diese für die meisten Menschen von heute eher schwierig zu begreifenden oder ganz unverständlichen Begriffe und Bilder wie einen großen Rucksack mit sich, der sich im Lauf der Jahrhunderte zu einem ziemlichen Ballast entwickelt hat. Eigentlich wären Person und Botschaft Jesu ganz einfach zu fassen, der Zugang zu ihm ist aber oft verstellt. Ich glaube, das ist auch die große Sehnsucht der Menschen unserer Breiten: einen leichten Zugang zum Christentum und seiner Kernbotschaft zu finden. Ich höre schon den Einwand der Theologen: Es soll hier die Lehre des Christentums »light« an den Mann/an die Frau gebracht werden. Aber darum geht es gar nicht. Die Forderung der bedingungslosen Liebe ist schwer genug zu erfüllen! Die gibt es niemals »light«, davon wissen alle ein Lied zu singen, die das Zusammenleben mit anderen Menschen optimal gestalten wollen. Aber man muss erst einmal diese Forderung in ihrer Unkompliziertheit und Direktheit erfassen können, ohne über jahrhundertelang angehäufte Hindernisse steigen zu müssen.

– Heute muss sich die Person Jesu auch mit anderen Religionsgründern vergleichen lassen. Dies war in der Antike und im Mittelalter anders. Die klassischen Religionen in Mesopotamien, Ägypten, Griechenland und Rom kannten keine Gründergestalten. Und sie kannten eigentlich auch keine Konkurrenzsituation. Die Götter konnten in einer anderen Kultur einen anderen Namen oder eine andere Zuständigkeit annehmen. So heißt Zeus eben bei den Römern Jupiter. Das Judentum hat sich davon radikal unterschieden. Sein Gott Jahwe war eben nicht eine jüdische Interpretation des hellenistischen Zeus. Deshalb haben sich die Juden auch gewehrt, als einer der Seleukidenkönige eine Zeusstatue im Jerusalemer Tempel aufstellen ließ. Jesus als Angehöriger des jüdischen Volkes konnte zumindest aus dieser Tradition heraus von den ersten Christen mit den großen Gestalten der hebräischen Geschichte in eine Reihe gestellt werden, als ein neuer Mose, als Sohn Davids, oder wenn der Evangelist ihn sagen lässt: Ehe Abraham ward, bin ich. Bis in die Neuzeit herauf, als die vielen heidnischen Völker der Neuen Welt entdeckt wurden, gab es Nichtchristen nur am Rand oder jenseits der eigenen Grenzen. Man hat im Mittelalter zwar relativ gut Bescheid gewusst über Mohammed, er konnte aber als »christlicher« Irrlehrer hingestellt und abgehandelt werden. Nun erhob sich die Frage, ob es wirklich sein kann, dass eine ungeheure Anzahl von Menschen der ewigen Verdammnis anheimgegeben waren, bloß weil sie nie Gelegenheit hatte, die Botschaft von Jesus Christus kennenzulernen? Man stellte fest, dass »Heiden« nicht unbedingt weniger ethisch verantwortlich lebten als Christen, ja, dass sie – wie etwa in China – stolz waren auf ihre ältere Kultur. Buddha hatte zur Zeit der alttestamentlichen Propheten und der Vorsokratiker gelebt und seinen religiösen Weg als Reaktion auf eine noch viel ältere Tradition des Hinduismus entwickelt. Wie steht Jesus zu all diesen Religionsgründern? Unsere säkularisierte und globalisierte Gegenwart stellt diese Frage in neuer Dringlichkeit. Die anderen Religionen sind eben auch von ihrer Wahrheit und Gültigkeit überzeugt. Die Argumente dafür kann jede Religion für sich vorbringen. Welche übergeordneten Kriterien kann es geben? Oder kann es sie eben nicht geben – und man muss die Gleichwertigkeit der Religionen anerkennen? Gibt es dann aber überhaupt noch Argumente für den alten Satz: »Kein Heil außerhalb der Kirche.« Oder gilt dieser nur für die, welche den Weg Jesu Christi als den ihren akzeptiert haben?

Wie kann man einem modernen Menschen, der an die Wahlfreiheit für seinen Lebensentwurf gewohnt ist, aufgrund der religiösen Angebotspalette einen für ihn stimmigen Zugang zu Jesus Christus ermöglichen? Oder anders gefragt in Zeiten der Globalisierung: Wie können sich die Religionsstifter aus unserer heutigen Sicht auf Augenhöhe begegnen? Was bedeutet Jesus für uns europäisch geprägte Menschen, in dieser postchristlichen Zeit? Was Buddha für die nach seiner Lehre sich ausrichtenden Menschen Asiens und Ozeaniens? Was Mohammed für die gläubigen Muslime? Gibt es vielleicht eine gemeinsame Ebene, einen religiösen Begriff, der zumindest den monotheistischen Religionen in Bezug auf den jeweiligen Stifter gemeinsam sein könnte?

Mohammed, der ja keinerlei göttlichen Anspruch erhebt und dem dies auch nicht im Nachhinein zugeschrieben wird, trägt einen Titel, der uns auf die Spur bringen könnte. Er gilt als das »Siegel der Propheten«. Er ist nach Überzeugung der Muslime auch nur ein Prophet wie Abraham, Mose, Johannes der Täufer, Jesus, aber eben der letzte, durch den Gott gesprochen hat. Seine Botschaft bringt die ultimative Offenbarung. Er besiegelt und versiegelt die Kommunikation Gottes mit den Menschen ein für allemal.

Das Christentum nimmt Ähnliches von Jesus an. Mit ihm ist die Offenbarung Gottes abgeschlossen. Nach ihm gibt es keine weitere neue Mitteilung über das Wesen Gottes und über die Gebote, die er den Menschen für ihr Leben gegeben hat. Als Unterscheidung zum Judentum und Islam wird immer die Mitteilung des Heiligen Geistes an die Jünger angegeben, die es ermögliche, die definitiv ergangene Offenbarung weiterzuentwickeln. Solche

Geistbegabung wird in der Taufe zwar allen Gläubigen zuteil, in der Praxis der Kirchen nehmen sie aber vor allem deren Leitungen, in der katholischen Kirche in der Form der Unfehlbarkeit sogar der Papst in Anspruch. Und doch bleibt der prophetische Anspruch Jesu. Die Kirchen haben sich vor allem im Blick auf seine Person und seine Botschaft immer – oft unter Schmerzen – reformiert. Er ist in gewisser Weise ebenfalls das Siegel der Propheten, derer des Alten Testamentes bis herauf zu Johannes dem Täufer, in dessen Fußstapfen Jesus bekanntermaßen tritt.

Das Wort Prophet ist griechisch und eine Übersetzung des hebräischen *nabi*. In der Bibel der Hebräer, dem Alten Testament der Christen, spielen Propheten eine wichtige Rolle. Sogar Mose, die Gründergestalt des hebräischen Volkes durch seine Rolle als Führer des Volkes aus Ägypten in die Heimat Kanaan, wird als Prophet bezeichnet. Propheten sind Künder des Willens Gottes und in nur beschränktem Sinn Vorhersager der Zukunft, wenn sie etwa die Konsequenzen falscher Handlungen aufzeigen oder – oft im Nachhinein aufgeschrieben – Heilszusagen Gottes kundtun. Da die frühen Christen die alttestamentlichen Propheten vor allem im Hinblick auf mögliche Hinweise auf die Person Jesu gelesen haben, hat diese Bedeutung des Vorhersagens Überhand genommen.

Der Islam, jüngste der drei monotheistischen Religionen, nimmt eindeutig Bezug auf das Judentum und das Christentum. Deren Prophetengestalten spielen auch dort eine große Rolle. Sogar die Jungfrauengeburt Jesu wird überliefert. Jesus selbst ist der letzte und größte Prophet vor Mohammed.

Ein Theologe hat einmal ein schönes Wort für Jesus und Paulus gebraucht: Er nannte sie »religionsproduktive Genies«. Vielleicht ist das eine angemessene Interpretation für den Ehrentitel »Siegel der Propheten«? Wäre das nicht ein Weg, zu einem interreligiösen Dialog auf Augenhöhe zu gelangen? Die gemeinsame Basis könnte dann das auch von den anderen Religionen anerkannte Prophetenamt der jeweiligen Gründerfigur sein. Der Islam hätte es dabei am leichtesten. Nur die Juden und wir Christen müssten bereit sein, auch Mohammed anzuerkennen als Prophet des Monotheismus, der ihn zu seiner Zeit für seine arabische Kultur fassbar und verstehbar verkündet hat. Das Judentum wiederum hat gar keine solch großen Schwierigkeiten, auch Jesus als einen Rabbi der eigenen Tradition zu sehen. Jüdische Theologen wie Shalom ben Chorin oder Pinchas Lapide haben dafür den Weg bereitet.

Jesu Botschaft ist und bleibt neu und anders, er hat die schon im Judentum angelegte Ahnung von einem bedingungslos liebenden Gott »vom Kopf auf die Füße gestellt«, damit Gott für uns auf die Erde geholt. Er ist selbst die »fleischgewordene« Liebe dieses Gottes, weil er bereit war, für seine Erkenntnis und Erfahrung in dieser verworrenen Zeit auch den Tod auf sich zu nehmen. Damit ist er Zeuge für die Ohnmacht Gottes geworden und zum Anfangspunkt einer bis heute erfolgreichen Religion.

4. Wissenschaft und Glaube

Als Hauptfelder der Auseinandersetzung zwischen Religion und Wissenschaft kann man heute im Wesentlichen zwei Bereiche ausmachen: die Evolutionsbiologie und die Hirnforschung. Wobei im Allgemeinen das Stichwort Evolution mehr im Bewusstsein zu stehen scheint als die Erforschung unseres Denkorgans, wenn es um die Diskussion zwischen Naturwissenschaft und Theologie geht.

Im Zusammenhang mit der Evolutionstheorie geht es darum, ob sie im Biologieunterricht an staatlichen Schulen gelehrt werden darf oder ob die traditionelle Schöpfungserzählung der Bibel als Tatsachenbericht zu gelten hat. Man könnte nun einwenden, das sei das Problem zwischen fundamentalistischen christlichen Gruppen im »bible belt« der USA und den Schulbehörden der jeweiligen amerikanischen Bundesstaaten. Im Jahr 2006 allerdings geisterte eine Meldung durch die deutsche Medienlandschaft, die viele aufhorchen ließ. Die damalige hessische Kultusministerin Karin Wolff hatte geäußert, sie könne sich durchaus vorstellen, dass der biblische Schöpfungsbericht auch Thema im Biologieunterricht sein könne. Daraufhin wurde sie – nicht nur von der Opposition – heftig kritisiert. Sogar die katholische Kirche hatte sich beschwert und angemahnt: Der Stoff der Religionslehre gehöre nicht in den Biologieunterricht.

Wie dem auch sei, ein Thema, das man eigentlich schon abgehakt glaubte, feiert fröhliche Urstände. Worum geht es bei dieser Auseinandersetzung überhaupt? Und warum ist sie von Relevanz?

1. Was sagt die Evolutionstheorie?

Das Wort Evolution kommt aus dem Lateinischen. *Evolvere* bedeutet *auseinanderrollen, entwickeln.* Unter Evolution versteht man die allmähliche Auseinander-Entwicklung der verschiedenen Arten und Individuen von Lebewesen auf unserer Erde im Lauf von Jahrmillionen. (Vgl. dazu das Fremdwort *Revolution*, das eine plötzliche Umwälzung bezeichnet.)

Schon im 6. Jahrhundert vor Christus entwarf der Philosoph Anaximander im kleinasiatischen Milet den zaghaften Beginn einer Evolutionstheorie, indem er etwa den Menschen sich aus dem glatten Hai entwickeln ließ. Vor ihm gab es in der griechischen Welt schon eine Fülle von mythologischen Erzählungen über die Entstehung der Götter, der Welt und des Menschen. Zum ersten Mal versucht Anaximander eine Theorie der Entstehung der Welt und des Lebens ohne ein Eingreifen der Götter zu entwickeln. Damit wird er zum Vorläufer aller Wissenschaft, die allein aus der Vernunft des Menschen heraus die Dinge und Erscheinungen dieser Welt zu erklären versucht.

Mit dem Sieg des Christentums im 4. Jahrhundert setzte sich der biblische Mythos der Entstehung der Welt durch, wie er im ersten Buch Mose, der Genesis, erzählt wird. Die biblische Schöpfungsgeschichte wurde zur Maß gebenden Erzählung für alle späteren Deutungen. Im Lauf der Theologiegeschichte kam es zu einer immer mehr sich verfestigenden Auffassung, dass die naturbeschreibenden Aussagen der Bibel wörtlich zu nehmen seien. Andere Meinungen wurden ignoriert, wie die Erkenntnisse der antiken Denker, oder bekämpft, wie etwa die Entdeckung Galileis, dass die Erde sich um die Sonne drehe. Dabei spielte eine Rolle, dass man davon ausging, die Bibel sei unmittelbar von Gott geoffenbart oder inspiriert und deshalb seien ihre Aussagen unfehlbar.

Erst im 17. und 18. Jahrhundert, also über zweitausend Jahre nach Anaximander, werden im Zuge der Philosophie der Aufklärung die Denkversuche der ersten Naturforscher des Altertums fortgeführt. Hatte die Aufklärung sich doch auf die Fahne geschrieben, die Menschen zu ermuntern, sich ihres eigenen Verstandes zu bedienen. Nicht mehr die Autoritäten, also überlieferte Deutungen der Vergangenheit, sollten das Sagen haben, sondern selbst gefundene, vor dem Gericht der menschlichen Vernunft Bestand haltende Erklärungen fanden Gnade vor den Augen der strengen Aufklärer. Damals begannen die Anfänge der heute weitgehend noch so erhaltenen Bereiche der Naturwissenschaft. Der Franzose Jean-Baptiste Lamarck entwickelte zu Beginn des 19. Jahrhunderts eine vollausgebildete Evolutionstheorie, also die Meinung, dass sich die Arten der Lebewesen aus sich heraus entwickelt hatten. Der große Unterschied zu späteren Theorien lag in seiner Auffassung, dass es ein Prinzip der Höherentwicklung gebe und durch Erfahrung und Lernen erworbene Merkmale weitervererbt würden. Ein großes Thema war damals die Konstanz der Arten. Die verschiedenen Arten von Lebewesen hätten sich seit ihrem Entstehen unverändert erhalten. Diese Theorie war mit dem biblischen Bericht vereinbar, wurde aber durch die Fossilienfunde erschüttert. Damit konnte bewiesen werden, dass Arten über Jahrmillionen hin entstanden und wieder ausgestorben waren.

Erst dem englischen Naturforscher Charles Darwin (1809–1882) gelang es, eine schlüssige Theorie für die Entstehung und Entwicklung der Arten, einschließlich des Menschen, allein aufgrund rationaler Schlüsse, die er aus seinen Entdeckungen zog, zu entwickeln.

Die wichtigsten Prinzipien, die er fand, waren die der Mutation und der Selektion. Auch wenn sich seit dem Jahr 1859, in dem er seine Theorie in Buchform vorlegte, die Evolutionstheorie immer mehr verfeinert hat, bleiben diese Grundprinzipien doch bis heute gültig.

Die Mutation besagt: Im Erbgut eines Lebewesens treten in der nächsten Generation kleine Veränderungen auf, die die Merkmale oft minimal verändern. Diese Merkmale verändern auch das Verhalten des Lebewesens in seiner Umwelt. Sie verbessern oder verschlechtern seine Anpassung an die Umweltbedingungen.

Selektion heißt nun, dass im Kampf ums Überleben diejenigen Individuen eines Lebewesens die besseren Chancen haben, die auch besser an die Umwelt angepasst sind. Deshalb werden diese Merkmale weitervererbt. Das Stichwort heißt: *survival of the fittest* (Überleben der Best-Angepassten). Dies gilt sowohl für die Individuen wie für die Arten.

Die Evolution ist also eine stetige, ungeheuer langsam ablaufende Abfolge von Mutation und Selektion. Es entstehen dabei im Laufe von Millionen von Jahren die verschiedenen Arten, die sich der sich verändernden Umwelt optimal angepasst haben. Arten können aussterben, weil es Konkurrenten gibt, die besser angepasst sind und sie verdrängen, oder aufgrund von Naturkatastrophen, wie z.B. die Dinosaurier. Dieser Prozess ist offen. Es gibt kein Programm, das abgespult wird, und auch kein Ziel, auf das hin die Entwicklung gerichtet ist. Es ist nur ein Weg vorgezeichnet, nämlich die Optimierung der Lebens- und Überlebensmöglichkeiten.

Solange man dies nur auf die unbelebte Natur, das Pflanzenreich und die Tierwelt anwendet, bleibt es eine faszinierende Theorie. Wenn aber der Mensch auch als Ergebnis der Evolution dargestellt wird und gar eine Entwicklung der Primaten aus einer gemeinsamen Vorgängerart angenommen wird, beginnt diese Theorie am Selbstverständnis von uns Menschen zu rütteln. Dies lässt keinen kalt, der christlich erzogen wurde. Wer sich ernsthaft mit diesem heute allgemein anerkannten Modell der Entstehung von Leben, das auch von den anderen Wissenschaften wie der Astronomie, Geologie, Physik und Chemie gestützt wird, auseinandersetzt, verspürt spontan die fundamentalen Anfragen, die damit an den Gottesglauben gestellt werden.

Die Schöpfungsgeschichte der Bibel ist schon lange durch die historisch-kritische Exegese entzaubert worden. Es handelt sich bei ihr um einen Schöpfungsmythos, der aus dem vorderasiatischen Raum stammt und von den Verfassern und Redakteuren der Bibel meisterhaft adaptiert wurde. Es war sogar für ihre Zeit eine Erzählung, die in gewisser Weise »naturwissenschaftliche« Anschauungen mit einbaute, wenn sie etwa die Himmelskörper statt als Gottheiten als bloße Lampen am Himmelszelt interpretierte. Aber es blieb bei den Theologen immer noch Gott als der Schöpfer der Welt und Verursacher der Entwicklung des Lebens. Aber wenn es nur den Zufall der Mutation und Selektion braucht, um die »Krone der Schöpfung«, den Menschen, als zweifellosen Nutznießer der Evolution, hervorzubringen – wo bleibt dann Gott?

Und genau hier verläuft zur Zeit eine heftigst umkämpfte Frontlinie zwischen Naturwissenschaft und konservativer christlicher Theologie. Verfolgt man die Evolution zurück, wie es z.B. der englische Biologe Richard Dawkins in seinem Buch »Geschichten vom Ursprung des Lebens« tut, kommt man über die biologische und geologische Evolution zur Frage der Entstehung des Weltalls und damit zur berühmten Urknall-Hypothese. Es scheint so zu sein, dass zu Beginn unseres Kosmos alle Materie verdichtet in einem Punkt zusammengepackt war, die mit einem großen Knall auseinanderexplodierte. Dieses Auseinander- und Voneinander-Wegbewegen kann man beobachten und messen. Deshalb kann auch der Beginn errechnet werden. Er soll sich vor ca. 13,7 Milliarden Jahren ereignet haben. Und hier endet die Möglichkeit naturwissenschaftlicher Erklärung, da die Naturwissenschaft nur mit Gesetzen arbeitet, die in Raum und Zeit gültig sind. Diese entstanden aber erst durch den *»big bang«* (ironische englische Bezeichnung für den »großen Knall«). Damit glauben sich die Theologen wieder am Zug mit den Fragen: Was war vor dem Urknall? Wer hat ihn verursacht? Die Physik kann darüber nichts aussagen. Es gibt natürlich einige wissenschaftliche Spekulationen: So könnte unser Universum aus der Blase eines Multiversums entstanden sein. Unter Multiversum versteht man einfach eine Vielzahl von Universen, die parallel existieren. Es wird auch die Meinung vertreten, das Weltall dehne sich bis zu einem bestimmten Punkt aus, um sich dann wieder zusammenzuziehen, in einem Punkt zu kollabieren. Dieser Prozess könnte dann von neuem beginnen. Aber wie bereits angedeutet: Hier beginnt die Spekulation. Es gibt aber noch andere Problempunkte zwischen Evolutionstheorie und Theologie: die große Frage nach dem Beginn des Lebens. Wie gelingt der Sprung von der unbelebten zur belebten Natur? Zur Zeit geht die Biologie davon aus, dass sich vor ca. 4 Milliarden Jahren im damals noch heißen Ozean in der Umgebung von vulkanartigen Schloten die für das Leben nötigen Kohlenwasserstoffe zu den ersten lebensfähigen Molekülen zusammengeschlossen haben. Damit wäre auch hier ein Eingreifen Gottes in den Kosmos nicht mehr notwendig. Aber ein wesentlich größeres Problem besteht in der Frage nach der Entwicklung des Menschen. Das klassische philosophische und religiöse Menschenbild der westlichen Welt geht von einer Beseelung des Menschen aus, wie es sich z.B. aus der biblischen Schöpfungsgeschichte mit der Beatmung des von Gott geformten Lehmklumpens ableiten lässt. Die Seele war nach dem alttestamentlichen Menschenbild keine eigene Größe, sondern sie war als Atem das Lebensprinzip des Menschen. Erst durch den Einfluss der griechischen Philosophie und hier vor allem von Platon wurde die Seele als der den Menschen eigentlich regierende geistige Anteil seines Wesens aufgefasst. Er war demnach auch der höher stehende, bessere Teil, der unabhängig vom Körper, vielleicht sogar vor der Geburt, auf alle Fälle aber nach dem Tod allein existieren konnte. Die populäre katholische Volks-Theologie nimmt nach wie vor an, die Seele des Menschen würde im Augenblick der Zeugung geschaffen, nach dem Tod weiterleben, nach dem Gericht Gottes im Normalfall das Fegefeuer durchleiden und endgültig dann in den Himmel oder die Hölle kommen. Das Bekenntnis des Credo, wo es heißt, man glaube an die Auferstehung der Toten, die auch eine leibliche Auferstehung miteinschließt, wird damit weitgehend ausgeklammert. Die Tradition der Zweiteilung des Menschen in den Körper und die Seele, also des Dualismus, ist ein bedrängendes Problem vor der Folie der Entwicklung des Menschen aus dem gemeinsamen Ahnen von Primat und Mensch.

Sigmund Freud, der Gründer der Psychoanalyse, hat die Entdeckung Darwins als eine der großen Kränkungen des neuzeitlichen Menschen bezeichnet. Seither sei er von seinem Thron als Krone der Schöpfung gestoßen worden. Daneben gebe es noch zwei weitere Kränkungen. Die durch Kopernikus verursachte: die Erde als Heimatplanet des Menschen, sei nicht mehr der Mittelpunkt des Universums, sondern nur ein kleiner Planet am Rande der Milchstraße. Und die von Freud selbst bereitete, die den Menschen nicht einmal mehr Herr in seinem eigenen Haus, in seiner Seele sein lasse, da dort das Unbewusste herrsche.

Diese Darwinsche Kränkung ist sicher einer der Gründe, warum sich die nichtwissenschaftliche Welt des 19. und 20. Jahrhunderts derart schwer mit der Akzeptanz seiner Theorie getan hat. Die verkürzte und stark karikierende Darstellung der Entstehung der menschlichen Spezies als Nachkommen von Affen war wohl für das viktorianische England, in dem sich die Briten als die Herren der Welt verstanden, eine der schlimmsten Herausforderungen. Zu den ersten entschiedenen Gegnern Darwins gehörten einige Bischöfe der anglikanischen Kirche. Sie registrierten mit feiner Antenne die großen Fragezeichen, die seine Entdeckung an das herkömmliche christliche Dogma von Gott, dem Schöpfer des Alls, anfügen würden.

Eine erste Kritik kommt in einem naturwissenschaftlichen Gewand daher: Ein Naturgesetz, das in den klassischen Disziplinen der Physik und Chemie entdeckt werde, müsse stets im Experiment wiederholt und nachgeprüft werden können. Da dies bei den von Darwin entdeckten Gesetzen der Evolution nicht möglich sei, könne man nur von einer Theorie, einer Hypothese sprechen, die eine unter vielen sei. Allerdings gibt es auch seit dem Mittelalter das so genannte Ockham'sche Rasiermesser. Jede Theorie, so der Franziskanergelehrte William Ockham, die Sachverhalte einfacher erklären könne als eine andere, sei zu übernehmen und anzuwenden, bis eine andere, noch einfachere gefunden werde. Bis heute wurde keine bessere Theorie der Entstehung der Arten gefunden, die alle Probleme dieses Sachverhalts erklärt. Und solange bleibt die Evolutionstheorie, modifiziert durch neuere Erkenntnisse aus anderen Wissenschaftsbereichen, die gültige. Die einzige wissenschaftliche Disziplin, die sich bisher weigert, die Evolutionstheorie in ihr eigenes System einzubauen, ist meines Wissens nach die christliche Theologie. Werden durch sie doch fundamentale Aussagen, nicht nur der Bibel, sondern der christlichen Tradition, zumindest in ihrer bisherigen Form in Frage gestellt.

Als Lösung wird oft genannt, dass es dabei um zwei ganz verschiedene Bereiche gehe, jener der Wissenschaft und der des Glaubens, die man voneinander unterscheiden und fein säuberlich trennen müsse. Meines Erachtens geht das aber nicht, wenn man nicht irgendwann intellektuell unredlich werden möchte. Ich persönlich konnte es ab einem bestimmten Punkt einfach nicht mehr ertragen, meinen wissenschaftlich interessierten Intellekt vor der Kirchentür sozusagen wie einen Regenschirm abzustellen, eine Stunde zu einem völlig vorwissenschaftlich gedachten Gott zu beten und den Regenschirm dann anschließend wieder aufzuspannen. Auch die Naturwissenschaft, so rational sie sich gerne gibt, sucht ja nach der Weltformel, der »Grand Unified Theory«, der großen vereinfachten Theorie, mit der sie alles, das gesamte Universum von seinem Anfang bis zu seinem (unbegrenzten?) Ende, erklären möchte. Damit begibt sie sich sehr weit in das traditionelle Feld von Religion und Philosophie. Umgekehrt gehört die Schöpfungstheologie mit all ihren Implikationen vom Menschenbild bis zum Verhältnis des Menschen zu seiner Umwelt und dem göttlichen Auftrag, sich die Welt – nicht zuletzt durch Forschung und technische Entwicklung – untertan zu machen, zu einem Grundthema des Redens von Gott in seiner christlich-jüdisch-hellenistischen Tradition.

Gegen die Evolutionslehre erhebt sich zur Zeit eine Front, die sich vor allem in den USA kämpferisch gibt. Die Vereinigten Staaten haben zwar eine wohlwollende, aber strikte Trennung von Staat und Kirche. Obwohl der Präsident seinen Amtseid auf die Bibel ablegt und die Geistlichen aller Konfessionen bei Hochzeiten zugleich als Standesbeamte fungieren, gibt es keinen schulischen Religionsunterricht. Deshalb wird an der Schule nur im Physik- und Biologieunterricht über die Frage der Entstehung des Universums, unserer Erde und des Lebens auf ihr gesprochen. Und dort hat eben die wissenschaftlich fundierte Evolutionstheorie ihren Platz. Dies stört gewisse christlich konservative Kreise. Deshalb wirken diese darauf hin, dass wenigstens neben Darwin, wenn nicht ausschließlich die biblische Schöpfungserzählung als authentischer Bericht über die Entstehung der Welt gelehrt wird. Man nennt diese Gruppe, die am wörtlichen Verständnis der Bibel festhalten, Kreationisten (von lat. *creatio*, Schöpfung). In einigen konservativ regierten Bundesstaaten ist es ihnen gelungen, den Kreationismus als Schulstoff durchzusetzen.

Eine gemäßigte Form dieses Kreationismus, die versucht, das Wirken Gottes im Vorgang der Evolution zu sehen und zu beweisen, spricht vom *intelligent design*. Eine Intelligenz, eben Gott, sei ganz im Sinn des Aristoteles und Thomas von Aquin der Verursacher und Lenker der Evolution, der wie ein Designer nach einem vorgefassten Plan die Höherentwicklung der unbelebten und belebten Natur bis zum Menschen vorangetrieben habe. Man spricht in einem sehr speziellen Sinn von einem anthropischen Prinzip der Evolution (griech. *anthropos*, Mensch). Die Evolution gehe zielgerichtet auf den Menschen zu. Als weiteres Argument dient auch oft der Hinweis, es sei unmöglich, dass so komplizierte Organe wie etwa das tierische und menschliche Auge als ein reines Zufallsprodukt der Evolution aus einer schier unendlichen Folge von Mutation und Selektion entstanden sein sollten. Hier wird deutlich, worin das Unbehagen von Theisten, also Menschen, die an einen in seine Schöpfung hineinwirkenden Gott glauben, besteht. Die Wissenschaft lässt im Grunde kein anderes Prinzip als das des Zufalls bestehen. Und dies stellt das herkömmliche christliche Gottesbild massiv in Frage, auf den Punkt gebracht in dem Albert Einstein zugeschriebenen Ausspruch: »Gott würfelt nicht.« Es wird deutlich, wenn wir am vor der Vernunft verantworteten Glauben an Gott festhalten wollen, brauchen wir ein anderes, ein neues Gottesbild, in das sich einerseits der Zufall und andererseits die Optimierung der Lebens- und Überlebensmöglichkeit als Richtung der Evolution als Schöpfungsprinzip einbauen lässt.

Redlicherweise muss ich als Theologe anerkennen, dass die Naturwissenschaft einen Weg gefunden hat, mit immer neuen Entdeckungen und Entwicklungen umzugehen. Jede Theorie ist nach Ockham und Karl Popper, einem Philosophen unserer Tage, nur solange gültig, bis sie durch eine andere widerlegt wird, die alle bisherigen Phänomene und die neuaufgetretene Problematik besser erklären kann. Warum tut sich die Theologie – oder sind es die verfassten Kirchen, sprich die Hierarchien? – so schwer, sich damit nicht nur ablehnend, sondern produktiv und zukunftsweisend auseinanderzusetzen? Warum kann auch sie nicht den Schritt tun, zu sagen, wenn unsere Theorie von Gott, und nichts anderes ist ja jede Theologie, nicht mehr zu den unumstößlichen Entdeckungen der Naturwissenschaft passt, an einer neuen Theorie von Gott zu arbeiten, die eben auch die heutigen Erkenntnisse der Wissenschaft mit einbeziehen kann?

Ausgerechnet Richard Dawkins, der jüngst in seinem 2008 erschienenen Buch »Gotteswahn« gegen den Glauben an Gott einen etwas arg eifernden und polternden Angriff gestartet hat, entwickelte selbst eine Theorie, die einen kulturevolutiven Ansatz für die Akzeptanz von Religion bietet, auch wenn er selbst das Gegenteil behauptet. (Ich kann mich des Eindrucks nicht erwehren, dass Dawkins im »Gotteswahn« eigentlich nicht gegen Gott argumentiert, sondern gegen einen seiner Meinung nach dümmlichen Kreationismus. Die Frage der Existenz Gottes ist dabei nur ein Instrument, das er verwendet, um die Gegenposition als »nicht« wissenschaftlich zu kennzeichnen. Er lässt leider die Empathie vermissen, das Einfühlungsvermögen für den stark emotionalen Charakter jeder religiösen Einstellung. Damit bestärkt er außerdem das Vorurteil gegen die Hybris der Wissenschaftler! Vor allem finde ich es schade, dass er gerade in diesem Buch seinen sonst so charmanten englischen Humor völlig vermissen lässt.)

Sein erstes Buch, mit dem Dawkins 1976 als neuer Stern am Gelehrtenhimmel aufging, trägt den Titel »Das egoistische Gen«. Darin vertritt er die damals neu aufkommende Theorie, dass es der Evolution nicht, wie bis dahin angenommen, um die Arterhaltung gehe, sondern allein um die Weitergabe der Gene. Also nicht mehr das Individuum, der Organismus sorgen sich um ihre eigene Kopie, sondern nur die kleinsten Informationseinheiten der Vererbung, eben die Gene. Das Individuum habe nur die Funktion eines Wirtes, der die Gene weitergibt. Egoistisch seien die Gene, weil sie nur für sich selbst arbeiten, ihr einziges Interesse ist ihre eigene Weitergabe durch Vererbung. Eine solche Weitergabe durch Kopie bezeichnet er als Replikation. Alles, wovon Kopien gemacht werden, sind Replikatoren. Nun erweitert Dawkins seinen Evolutionsbegriff von der Biologie auf alle Erscheinungen von Leben, er nennt es den universellen Darwinismus: »Alles Leben, wo immer es im Universum auftritt, entwickelt sich durch den unterschiedlichen Überlebenserfolg sich replizierender Einheiten.« In einem weiteren Schritt wendet er diesen Grundsatz auch auf das menschliche Denken an und erklärt so die Entstehung und Weitergabe von kulturellen Informationseinheiten. Dafür entwickelt er sogar einen eigenen Begriff: Diese Einheit der kulturellen Vererbung bzw. Nachahmung, Imitation, Kopie, also diesen kulturellen Replikator nennt er **Mem** (als Entsprechung zum Gen). Als Beispiel führt er »Melodien, Gedanken, Schlagwörter, Kleidermoden, die Art, Töpfe zu machen oder Bögen zu bauen« an. Er verweist auf wissenschaftliche Ideen, die sich durchsetzen und sich rund um die Welt verbreiten, indem sie von Gehirn zu Gehirn springen. Er bezeichnet Religionen als Memgruppen mit hohem Überlebenswert, die ganze Gesellschaften mit einem Glauben an Gott oder ein Leben nach dem Tod »infizieren«. Er spricht über Moden bei Kleidung oder Ernährung und über Zeremonien, Gebräuche und Technologien – die allesamt dadurch verbreitet werden, dass eine Person sie von einer anderen kopiert. Meme werden im menschlichen Gehirn (oder in Büchern oder Erfindungen) gespeichert und via Imitation weitergegeben. Man könnte das Mem mit einem Virus vergleichen, das ein Lebewesen als Wirt benutzt, um sich weiterzuverbreiten. Das Mem ist ebenso egoistisch wie das Gen, d.h. es kümmert sich um nichts anderes als nur um seine Replikation. Damit hat er ein Argument gegen den Vorteilsgedanken der Kulturevolution bezüglich der Gen-Weitergabe. Es gibt ja eine große Anzahl von Evolutionsforschern, die der Auffassung sind, die Entwicklung der menschlichen Kultur, also auch der Religion, habe deshalb eingesetzt, weil sie einen Vorteil für die biologische Evolution des Menschen erbracht habe. Oder kurz gesagt: Religion hilft zum Überleben. Hier setzt nun wieder der eifernde Atheismus von Dawkins ein. Weil man Gott nicht mehr braucht, um die Entstehung der Welt zu erklären, ist er auch sonst nutzlos bzw. sogar schädlich. Religion ist seiner Meinung nach ein entwicklungshemmendes Mem. Dieser Meinung bin ich nun ganz und gar nicht. Dass Religion oft genug in der Geschichte tatsächlich negative Auswirkungen hatte, ist unbestritten. Dass es Religionskriege gab und gibt, braucht man nicht eigens zu beweisen, das lernt man aus jedem Geschichtsbuch. Dass Religion auch Angst machen kann und oft genug gemacht hat, kann mancher mit seiner Lebenserfahrung bestätigen. Dass aus religiösen Gründen wissenschaftliche Erkenntnisse unterdrückt wurden, ist genauso bekannt. Aber rechtfertigt das schon,

Religion überhaupt über Bord zu werfen? Gibt es nicht genauso viel Gutes? Tröstet Religion denn nicht? Hilft sie nicht bei starken Emotionen, wie etwa bei Trauer und Liebe, diese einzuordnen in ein Ganzes? Verdanken wir denn nicht gerade den Religionen, und ich nenne hier das Christentum, weil ich es am besten kenne, das Mandat der Liebe als Prinzip gelingenden Zusammenlebens? So sehr ich die Philosophie, gerade in der Form der antiken Lebensgemeinschaften, schätze: Sie können nicht die in der Tiefe des Herzens und der Seele (beides Bilder für das Wesentliche) verorteten Kräfte der Lebensgestaltung aktivieren, wie es gerade Religion vermag. Das Argument von Dawkins, Religion sei ein starker Komplex von Memen, der sich in der Evolution des Geistes durchgesetzt habe, gilt doch gerade deshalb, weil er vielen Menschen auch geholfen hat, ihr Leben in den Griff zu bekommen. Das bloße Wissen um die Großartigkeit der Evolution, deren Mechanismus mich auch immer wieder staunen lässt (und dies ist ja auch ein Mem!), vermag nicht die tröstende Kraft des Vertrauens auf den Grund des Lebens zu ersetzen, für den ich nun einmal den alten, verbrauchten Namen Gott verwende, weil alles andere nur furchtbar gekünstelt klingt. Gott existiert als eines der wirkmächtigsten Meme in den Gehirnen der meisten Menschen. Und dieses Mem könnte sich nicht verbreiten, wenn dafür nicht eine Disposition vorhanden wäre. »Die menschliche Erfahrung der Transzendenz war immer eine Lebenswirklichkeit.« So drückt es die englische Religionswissenschaftlerin Karen Armstrong aus. Und sie führt weiter aus: »Wäre der Gottesbegriff nicht so flexibel gewesen, hätte er sich nicht durchsetzen und zu einer der großen Ideen der Menschheit werden können.« Es liegt also an uns selber, die Erstarrung des Gottesbegriffs, der vielen Bilder von Gott, die sich verfestigt haben, zu lösen und den immer größeren Gott auch groß sein zu lassen. Es mag paradox klingen: Wir müssen Gott erlösen und befreien aus dem engen Korsett unseres pseudowissenschaftlichen Redens und Denkens von ihm. Wir müssen ihn herunterholen von der stukkierten Wolke über den barocken Hochaltären und ihm dort Platz gewähren, wo er in all seiner selbstgewollten Ohnmacht und seiner verströmenden Liebe thronen und wohnen will: in uns selbst. Um seine leise, nur im Säuseln des Windes hörbare Stimme zu vernehmen, brauchen wir selber Stille, Schweigen, Freiheit, Zeit. Erneut Karen Armstrong: »Sehr viele Bedenken und Befürchtungen wären mir erspart geblieben, hätte ich erfahren – und zwar von bedeutenden Monotheisten aller drei Glaubensbekenntnisse – dass ich mir bewusst selbst ein Bild von Gott schaffen sollte, anstatt darauf zu warten, dass er von seinen höchsten Sphären zu mir herabstieg. Rabbis, Priester und Sufis hätten mir eindringlich klargemacht, dass Gott keine Realität – in jeder Hinsicht – ›dort draußen‹ war. Sie hätten mich gewarnt, dass ich nicht erwarten durfte, ihn als objektive Tatsache zu erfahren, die auf die übliche Weise durch die Vernunft erfasst werden konnte. Sie hätten mir gesagt, wie wichtig es ist, Gott in gewisser Hinsicht als Produkt der schöpferischen Phantasie zu betrachten wie die Dichtung und Musik, die ich als so inspirierend empfand. Einige hochangesehene Monotheisten hätten mir ruhig und unbeirrt erklärt, dass Gott nicht wirklich existiert – und dennoch die bedeutendste Realität auf der Welt ist.«

Gott existiert (wenn man das überhaupt von ihm aussagen kann) also in uns. Damit deckt sich ja die Erfahrung der großen Mystiker, also jener Menschen, die Gott weniger logisch entdecken, erschließen, sich annähern wollen, sondern ihn vor allem durch »Innerung«, also ein Hinabtauchen in die Tiefen des eigenen Erlebens erfahren.

Dieses Innenleben des Menschen wurde klassisch mit dem Begriff der Seele umschrieben – eigentlich ein philosophischer Begriff, der später von den Autoren der Bibel und den Theologen übernommen wurde, um diese innere Instanz des Menschen zu beschreiben. In der Bibel war es ursprünglich der Atem, der den Lebewesen eigen war, deshalb galten auch die Tiere als beseelt. Aber der Mensch wurde zusätzlich von Gott aus Lehm nach seinem Abbild geformt. Die Erfahrung des Menschen, dass sein Denken und Fühlen die willentlichen Handlungen des Körpers beeinflussen und kann, ließ die Auffassung entstehen, dass die Seele das Höherwertige, der Körper aber das Niedrigere sei. Das ging so weit, dass einige Philosophen den Körper gar als Gefängnis der Seele beschrieben. Das Christentum hat zwar diese Meinung nie vertreten, dennoch schlich sich in die christliche Auffassung vom Menschen ein gewisser Dualismus ein, der schon in der volkstümlichen Auffassung sich ausdrückt, dass nach dem Tod der Körper verwest, die Seele aber weiterlebt. Damit war eine Zweiteilung des Menschen manifestiert und eine Minderbewertung alles Leiblichen. Der Leib-Seele-Dualismus, wie man diese Lehrmeinung nennt, erfährt nun in der neuesten Zeit vehemente Kritik, und zwar durch die Neurowissenschaften. Das sind die Wissenschaften vom Menschen, die sich mit dem Gehirn und seinen Funktionen beschäftigen.

2. Die Hirnforschung

Die Neurowissenschaftler sind Teil eines großen Menschheitsprojekts der Entwicklung einer umfassenden Theorie des Geistes. Was ist der Geist, die Seele des Menschen? Die traditionelle Vorstellung einer unsterblichen Seele, die unabhängig vom Körper existiert, wird dahingehend interpretiert, dass der Geist oder die Seele aus reiner Information besteht, die im Gehirn fließt.

Als Sitz der Seele wurde schon in der Antike neben dem Herzen, den Nieren und der Leber auch das Gehirn diskutiert. So wie zu Ende des 19. Jahrhunderts der wissenschaftsgläubige Pathologe Rudolf Virchow triumphierend verkündigt haben soll, er habe im Inneren eines sezierten Menschen noch keine Seele gefunden, so könnten es heute die Hirnforscher sein, die das, was man bisher als Geist oder Seele des Menschen bezeichnete, als im Gehirn nicht vorhanden zurückweisen. Dabei ist die Seele ja nur ein Modell für das, was man früher nicht erklären konnte, aber zur alltäglichen menschlichen Erfahrung gehörte. Der ganze innere Denkvorgang, das sinnliche Wahrnehmen und Verarbeiten, der Wille, der vor der Tat im Denken geformt wird, die Tatsache eines Selbstbewusstseins, die Stimme des Gewissens, all das zusammen und einiges mehr machte das Seelenleben des Menschen aus. Die Seele kann wie der Körper krank werden, von der Melancholie der Alten bis zu den modernen Formen der Depression, der Neurose und Psychose. Die Seele war und bleibt ein schönes Bild für unser Inneres, so wie es das Herz auch ist, trotz allen rationalen Wissens darüber, dass es sich bloß um einen Pumpmuskel für den Blutkreislauf handelt. Beide gelten als Sitz für das Denken und Fühlen des Menschen.

Mit der Hirnforschung ist ein altes Problem der Philosophie und der Theologie wieder aufgetaucht, dessen Dringlichkeit schon lange ad acta gelegt scheint. Es handelt sich um die Frage des freien Willens, der im Geist des Menschen verankert wird. Schon die antike Mythologie kannte Gottheiten, die das Schicksal der Menschen bestimmen und denen sogar die Götter unterworfen waren, bei den Griechen hießen sie Moiren, in der germanischen Sagenwelt waren es die Nornen. In Richard Wagners »Götterdämmerung« knüpfen sie ein Seil, welches das Schicksal der Welt symbolisiert. Dieses reißt und weist damit auf das bevorstehende Ende der alten Welt hin. Solche Erzählungen verdeutlichen die Meinung, alles Geschehen in der belebten und unbelebten Welt, also auch die kleinsten Entscheidungen des Menschen seien seit Ewigkeit von Gott bzw. den Naturgesetzen vorherbestimmt, oder wie der Fachbegriff dafür lautet, determiniert. Der freie Wille, den der Mensch empfindet, sei nur eine Illusion. Der freie Wille des Menschen lässt sich aber auch nur schwer mit dem klassischen Gottesbild des Christentums vereinbaren. Das Konzept vom allmächtigen Gott, der auch allwissend ist, lässt wenig

Raum für freie Entscheidungen. Deshalb gab es auch immer wieder theologische Differenzen über dieses Problem, weil dann natürlich auch die Frage nach der Verantwortlichkeit für das Tun des Menschen erhoben werden muss. Wenn ich mich nicht frei entscheiden kann, Gutes oder Böses zu tun, dann bin ich im Letzten auch nicht dafür haftbar zu machen. Ein gerechter Gott könnte einem schuldig gewordenen Menschen die Schuld nicht anlasten. Das traditionelle Argument für die Notwendigkeit der Erlösung, die Vergebung der Schuld, würde damit hinfällig. Zwischen Martin Luther und dem großen Humanisten Erasmus von Rotterdam kam es über diese Frage zu einem heftigen Schlagabtausch, der Erasmus von seinen Sympathien für die Reformation abrücken ließ. Die Reformatoren sahen nun wiederum die Absolutheit Gottes gefährdet, wenn sie dem Menschen zu viel freien Willen ließen. Dies geht bis zur so genannten Prädestinationslehre bei Calvin. Prädestination heißt Vorherbestimmung. Sie besagt in ihrer radikalsten Ausformulierung, der Mensch sei entweder zur ewigen Seligkeit (ohne Verdienste) oder zur ewigen Verdammnis (ohne Schuld) vorherbestimmt. Die Katholische Kirche vertritt eine Position, die dem Menschen eine Entscheidungsfreiheit gegenüber dem Gnadenangebot Gottes zubilligt. Heute haben sich auch in dieser früher höchst strittigen Frage die christlichen Konfessionen angenähert.

Die Philosophie sowohl des Altertums als auch der Neuzeit kann zur Lösung des Problems nicht viel beitragen, außer es genau zu analysieren und die möglichen Alternativen aufzuzeigen. Neue Nahrung erfährt die Diskussion durch die Neurowissenschaften.

Durch die modernen bildgebenden Verfahren der Medizintechnik ist es möglich geworden, die Hirnströme zu messen, die in Gang gesetzt werden, wenn ein Mensch eine Entscheidung zu fällen hat, also seinen Willen zu einer Handlung bildet. Man hat durch verschiedene Messungen herausgefunden, dass die Antriebe für unser Verhalten in dem Gehirnbereich entstehen, der das Bewertungs- und Gedächtnissystem regelt. Dann erst werden andere Gehirnbereiche aktiviert, die die Empfindung hervorrufen, etwas zu wollen. Experimente haben ergeben, dass eine Handlung des Menschen ungefähr eine halbe Sekunde vor dem Entschluss dazu Gehirnaktivität hervorruft. Man konnte durch Stimulation des Gehirns auch Handlungen nachweisbar beeinflussen, obwohl die Probanden nachher berichteten, dass sie der Überzeugung waren, die Wahl frei getroffen zu haben. Damit scheint die These des Philosophen Arthur Schopenhauer bestätigt, der sagte: Der Mensch kann tun, was er will, er kann aber nicht wollen, was er will. Oder noch pointierter der Hirnforscher Wolfgang Prinz: Wir tun nicht, was wir wollen, sondern wir wollen, was wir tun.

Wie auch immer, was bedeutet das für unsere Frage nach Gott, für unser Gottesbild? Der herkömmlich personale Gott, der allmächtig und gerecht zugleich gedacht wird, lässt sich weder mit dem Postulat des freien Willens noch mit der Meinung der Vorherbestimmtheit vereinbaren. Gott, so meine These, ist die bedingungslose Liebe als Prinzip der Welt. Er lässt ihr den Lauf, ja er ist ihr Lauf. Gott und die Welt gehören zusammen, ohne dass sie identisch sind. Mit einem alten Theologenbild könnte man sagen: »unvermischt und ungeteilt«. Dann erhebt sich die Frage nach dem freien Willen nicht. Dieser mag für Philosophen und Wissenschaftler eine Illusion sein. Im Zueinander von Atomen, Molekülen, Neuronen und Zellen manifestiert sich die göttliche Zuwendung und durchströmt die Evolution des Kosmos. Hier verbinden sich auch die Positionen eines übergeordneten Liebesbegriffs des Christentums mit der Frage der ethischen Verantwortlichkeit. Ein bedingungslos liebender Gott wird nicht nach Strafe, Vergeltung, Sühne rufen. Ein Humanwissenschaftler, der den freien Willen negiert, kann dies auch nicht tun. Deshalb müsste aber der Grundsatz des Strafrechts »Keine Strafe ohne Schuld« nicht geändert werden, auch nicht das Rechtssystem. Die Wörter »Strafe« und »Schuld« bekämen nur einen anderen Sinn: Die Strafe wäre dann die Reaktion der Gesellschaft, die sich vor drohendem Unheil schützt, potentielle Straftäter vor den Konsequenzen warnt und diese zur Verhaltensänderung veranlasst. Schuld wäre dann nicht mehr eine jenseitige Kategorie, die vor einer moralischen Instanz zu verantworten wäre, sondern durch die Strafe getilgt.

Doch nun zum Seelenleben. Der Philosoph und Bewusstseinsforscher Thomas Metzinger beschreibt das, was wir bisher unter Seele verstanden haben, als ein Selbstmodell des Menschen, das in seinem Gehirn konstruiert wird, um überhaupt mit sich und der Außenwelt in Kontakt treten zu können. Dieses Modell sei notwendig, um ein Selbstbewusstsein zu entwickeln und mit einem Gegenüber zu kommunizieren. Ernst Pöppel, der bekannte Münchner Neurowissenschaftler, spricht vom eigenen Doppelgänger bzw. einer eigenen Landkarte möglicher Bewusstseinszustände, die jeder Einzelne in sich trägt und die auf keinen anderen übertragbar ist. Von allen Lebewesen haben im Laufe der Evolution nur wir Menschen eine Außenperspektive entwickelt. Wir bemerken, dass wir etwas bemerken können, dass uns etwas bewusst werden kann und dass wir das wissen. Anders ausgedrückt: Wir können reflektieren. Erst dadurch entdeckt der Mensch, dass er einen Blick hat, also etwas sehen kann, dann, dass damit auch andere sehen oder hören können, sich etwas wünschen oder an etwas erinnern können. Diese neue Erfindung des Lebendigen bewirkt, dass man sich sozusagen neben sich selbst stellen, dass man sich beobachten kann. Erst wenn man eine Außenperspektive zu sich selber einnehmen kann, ist es möglich, gemeinsam über etwas zu sprechen, gemeinsam etwas zu betrachten, weil beide einen Standpunkt außerhalb ihrer selbst einnehmen können. Man kann die eigene Perspektive mit jener anderer vergleichen; man kann das Gleiche und das Verschiedene an anderen erkennen. Wem dies zu theoretisch erscheint, der braucht nur die Tiere zu betrachten. So intelligent sie sein mögen, sie können keine Außenperspektive zu sich selber einnehmen. Ihnen wird nicht bewusst, dass ihnen etwas bewusst ist. Man könnte sagen, sie leben einfach so vor sich hin – nach ihrem genetischen Programm, das sie möglichst optimal in der sich dauernd verändernden Umwelt leben und überleben lässt. Unser Selbstbewusstsein ist ein Mehr unserer evolutiven Entwicklung, aber gleichzeitig auch ein Fluch. Uns ist immer etwas bewusst. Etwas Wahrgenommenes, Erinnertes, Gefühltes, Gewolltes oder auch Bedachtes. Wir sind, um in dieser komplizierten Welt überleben zu können, versklavt an die ständige Informationsverarbeitung. Diese Versklavung ist Teil des dem Menschen mitgegebenen und aufgegebenen Lebensprogramms. Das menschliche Gehirn ist der Situation ausgeliefert, fortwährend Informationen aufnehmen zu müssen und diese abzuwägen im Hinblick auf das, was gut für ihn ist und was nicht so gut für ihn ist. Befreiung von dieser Versklavung ist möglich. Pöppel benennt hier die Meditation als Bewusstseinszustand. Einmal als fokussierte Konzentration auf einen Inhalt, der bei erfolgreicher Meditation zu entschweben scheint, sodass sich sogar das Gefühl der Zeitlosigkeit einstellen kann. Dann als kontrollierte und konzentrierte Außenperspektive, bei der die gedanklichen Inhalte in ihrem Vorübergehen beobachtet und beachtet werden. Die Neurowissenschaft wäre keine, wenn sie nicht versucht hätte, das Phänomen der Meditation auch detailliert zu untersuchen. Antoine Lutz vom »Institut für funktionale Bildgebung und Verhaltensforschung« an der Universität von Wisconsin hat tibetanische Mönche untersucht, die eine Meditationserfahrung von mindestens 10 000 Stunden besaßen. Bei ihnen wurde eine der stärksten Gamma-Aktivitäten festgestellt, die jemals untersucht worden waren. Diese Gamma-Wellen, die beim Elektroenzephalogramm sichtbar gemacht werden können, treten bei starker Konzentration und bei Lernprozessen auf. Die Nervenzellen kommunizieren miteinander dann auf dieser Frequenz. Der Wellenbereich wird in Anspruch genommen bei der Synchronisation von verschiedenen Hirnarealen zur Integration verschiedener Qualitäten eines Reizes. Oder einfacher gesagt, er erzeugt, gerade bei erfahrenen Meditierenden, die Erfahrung von Einheit und Ganzheit, ohne auf einen bestimmten Gegenstand gerichtet zu sein. Normalerweise nehmen unsere Sinne verschiedene Merkmale eines Objektes wahr, z.B. die Kanten oder Farben eines Gegenstandes, den Geruch eines Apfels, die Oberflächenstruktur seiner Schale. Die Gehirn-Aktivitäten im Gammawellenbereich zeigen die Bemühung an, diese Einzelmerkmale zu dem Objekt Apfel zusammenzufügen. Bei der Meditation kommt es offensichtlich zu einem synchronen Feuern der beteiligten Nervenzellen. Metzinger bringt ein sprechendes Beispiel: Wenn tausend Soldaten zusammen über eine Brücke gehen, passiert nichts; marschieren sie jedoch im Gleichschritt, kann es durchaus geschehen, dass die Brücke einstürzt. Damit wird genau die Erfahrung beschrieben, die viele Mystiker machten: das Gefühl einer großen Einheit. Der Unterschied zwischen dem Ich und der Welt, zwischen der Seele und Gott (wie man es oft geschildert findet) wird kurzzeitig aufgehoben. Die Menschen, die diese Erfahrung machen, versuchen sie auch zu schildern. Sie lässt sich nur schwer mit den uns zur Verfügung stehenden Worten wiedergeben, weil unsere Sprache gerade von der Differenzierung unseres normalen Denkens geprägt ist. In der Lebensgeschichte Benedikts von Nursia, die Papst Gregor der Große (590–604) zur Erbauung seiner Leser geschrieben hat, versucht der Autor es trotzdem. Dort heißt es im 35. Kapitel des II. Buches seiner Dialoge: Benedikt und sein Gast, der Abt eines Klosters in der Nähe, »sprachen über das Glück des ewigen Lebens und erbauten sich gegenseitig. Wenn sie auch in diesem Leben die köstliche Speise der himmlischen Heimat noch nicht in vollendeter Freude genießen konnten, so wollten sie doch wenigstens in ihrer Sehnsucht davon kosten. Es wurde Zeit, zur Ruhe zu gehen. Der heilige Benedikt legte sich im oberen Teil des Turmes nieder, der Gast im unteren.

In diesem Turm führte eine gerade Stiege von unten nach oben. Vor dem Turm befand sich ein großes Gebäude, wo ihre Schüler ruhten.

Während die Brüder noch schliefen, stand der Mann Gottes, Benedikt, schon vor der Zeit des nächtlichen Gebetes auf und hielt Nachtwache. Er stand am Fenster und flehte zum allmächtigen Gott. Während er mitten in dunkler Nacht hinausschaute, sah er plötzlich ein Licht, das sich von oben her ergoss und alle Finsternis der Nacht vertrieb. Es wurde so hell, dass dieses Licht, das in der Finsternis aufstrahlte, die Helligkeit des Tages übertraf.

Etwas ganz Wunderbares ereignete sich in dieser Schau, wie er später selbst erzählte: Die ganze Welt wurde ihm vor Augen geführt, wie in einem einzigen Sonnenstrahl gesammelt.« Gregor erklärt seinem Gesprächspartner im Anschluss an diese Schilderung die Erfahrung Benedikts aus der antiken philosophischen Tradition. Schon bei Plato spielt die *theoria* eine große Rolle. Unser Wort Theorie bedeutet aber inzwischen genau das Gegenteil von dem, was Plato darunter verstand. Für uns ist es eine vernünftige Erklärung, für den griechischen Philosophen vor allem eine intuitive Schau der Zusammenhänge.

Hören wir Gregor: »Wenn die Seele ihren Schöpfer schaut, wird ihr die ganze Schöpfung zu eng. Hat sie auch nur ein wenig vom Licht des Schöpfers erblickt, wird ihr alles Geschaffene verschwindend klein. Denn im Licht innerer Schau öffnet sich der Grund des Herzens, weitet sich in Gott und wird über sich selbst erhoben. Die Seele des Schauenden wird über sich selbst hinausgehoben. Wenn das Licht Gottes sie über sich selbst hinausreißt, wird sie in ihrem Inneren ganz weit; wenn sie von oben hinabschaut, kann sie ermessen, wie klein das ist, was ihr unten unermesslich schien.

Der Mann Gottes, der die Feuerkugel sah und die Engel, die zum Himmel zurückkehrten, konnte dies ganz gewiss nur im Licht Gottes erkennen. Ist es erstaunlich, dass er die ganze

Welt vor sich sah, da er durch die Erleuchtung des Herzens über die Welt hinausgehoben war?

Wenn er aber, wie gesagt, die ganze Welt als eine Einheit vor sich sah, so wurden nicht Himmel und Erde eng, sondern die Seele des Schauenden weit; in Gott entrückt, konnte er ohne Schwierigkeit alles schauen, was geringer ist als Gott.

In dem Licht, das seinen Augen aufleuchtete, erstrahlte in seinem Herzen ein inneres Licht. Weil dieses seinen Geist in den Himmel entrückte, zeigte es ihm, wie eng alles Irdische ist.«

Gregor, ein Mann der Kirche, berichtet über ein zutiefst religiöses Erlebnis Benedikts, den er in seiner Vita immer wieder als Mann Gottes vorstellt. Die moderne Neurowissenschaft erklärt uns, dass es sich um ein erklärbares Phänomen der Interaktion von Nervenzellen handelt. Bei aller Faszination durch die Wissenschaften ist mir die erste Interpretation die emotional sympathischere und menschlich nähere. Allein die Tatsache, dass es zur Feldforschung zu diesem Phänomen der Erzeugung des Einheitsgefühls tibetische Mönche braucht, beweist mir, dass es sich vorrangig um ein religiöses Phänomen handelt. Thomas Metzinger fordert in seinem bemerkenswerten Buch »Der Ego-Tunnel«, in dem er versucht, neurowissenschaftliche Erkenntnisse philosophisch zu deuten, einen flächendeckenden Meditationsunterricht in den Schulen einzuführen. Bezeichnend für die Überheblichkeit der *scientific community* (»Wissenschaftlergemeinde«) ist sein Vorschlag, dass solche Meditationskurse »natürlich« in einem weltanschaulich vollkommen neutralen Raum stattfinden – keine Kerzen, keine Räucherstäbchen, keine Glöckchen. Deshalb stellt er sich auch eher den Sportlehrer als natürlichen Ansprechpartner vor und keinesfalls den Religionslehrer. Meditation könnte seiner Meinung nach ein Teil des Sportunterrichtes sein: Immerhin ist das Gehirn ein Teil des eigenen Körpers – ein Teil, der trainiert und sorgfältig gepflegt werden muss. Den Vorschlag halte ich grundsätzlich für gut und zukunftsweisend. Nur glaube ich, dass das Einüben von Meditation eine der ursprünglichsten Aufgaben von Religion ist. Und diese Kompetenz sollte sie sich nicht entwinden lassen. Im Gegenteil: Wir in den westlichen, vom rational durchdachten Gottesbild geprägten Menschen müssen die Wichtigkeit von Meditation, Kontemplation, Exerzitien, Rüstzeiten, gerade als unser »*Prae*« (unseren Kompetenzvorsprung), lernen anzupreisen. Zur Zeit geschieht das viel zu zaghaft. Es stimmt zwar, dass Meditationskurse in Klöstern und geistlichen Zentren ausgebucht sind, aber als Angebot der Religionen in der Fläche für jeden »Normalreligiösen« kommt es kaum vor. Im schulischen Religionsunterricht ist es nicht vorgesehen, in der wöchentlichen oder täglichen Praxis einer christlichen Gemeinde wird von kleinen Gruppen verschämt in Nebenzimmer des Pfarrzentrums meditiert. Nehmen wir den Spruch Karl Rahners ernst. Er kann gar nicht oft genug zitiert werden: »Der Fromme von morgen wird ein ›Mystiker‹ sein, einer, der etwas ›erfahren‹ hat, oder er wird nicht mehr sein.« Dieses »morgen« kündigt sich schon an. Nicht mehr ein Glaubenswissen, das ohnehin im Schwinden begriffen ist, weil es nicht mehr als hilfreich empfunden wird, prägt die allgemeine religiöse Überzeugung, sondern die Sehnsucht nach dem Sinn des Lebens, der aber nur in der Tiefe, im Inneren, in der Stimme des Herzens gefunden werden kann. Haben wir keine Scheu, uns auf den Weg der Mystik, der Meditation, der Suche nach der großen Einheit zu machen. Das wird Aufgabe von Kirchen und Religionsgemeinschaften sein, und wenn sie das nicht erkennen, werden sie dem Vergessen anheimfallen.

5. Schuld und Erlösung

Eigentlich verehre ich den hl. Augustinus sehr. Er ist von seiner Biographie her gesehen ein sympathischer Heiliger. Kaum bei einem anderen aus dem großen Heiligenhimmel der Christenheit sind wir über Leben und Lehren so gut unterrichtet wie bei ihm. In den barocken Kirchen Süddeutschlands dürfte er neben dem hl. Benedikt zu einer der am häufigsten dargestellten Heiligenfiguren zählen. Man erkennt ihn sofort an seinem Attribut, dem brennenden Herzen, das ihm beigegeben ist. Augustinus gilt bis heute als einer der einflussreichsten Theologen der Christentumsgeschichte. Das ganze Mittelalter hindurch hat er das Nachdenken über Gott und die Welt nachhaltig beeinflusst. Auch die Reformatoren des 16. Jahrhunderts beriefen sich immer wieder auf ihn und seine Schriften. Der Augustinermönch Martin Luther war sogar Mitglied eines Ordens, der sich auf ihn berief. Erst heute wagt man, ernsthafte Kritik an manchen Zügen und Details seiner Theologie zu üben, die viel Unheil in die Seelen der Menschen getragen hat.

Augustinus von Hippo, wie er offiziell genannt wird, lebte von 354 bis 430. Er wurde in Nordafrika geboren und starb dort als Bischof von Hippo (im heutigen Algerien). Seine Mutter Monica war Christin, er selbst blieb zunächst ungetauft. In seiner eindrucksvollen Autobiographie (*Confessiones – Bekenntnisse*) berichtet er von jugendlichen Ausschweifungen in seiner Studentenzeit. Aus einer unehelichen Verbindung hatte er einen Sohn. Er wurde Lehrer für Rhetorik, zunächst in seiner nordafrikanischen Heimat, dann in Rom und Mailand. Inzwischen hatte er sich dem Manichäismus zugewandt, einer gnostischen Sekte, die sich selbst als radikale Form des Christentums verstand. Die Manichäer lehrten einen Dualismus von Licht und Finsternis bzw. Gut und Böse, beides waren ursprüngliche Prinzipien, die miteinander kämpften. Der innere Kreis der Manichäer, zu denen Augustinus nicht gehörte, verzichtete auf Sexualität sowie auf

Fortpflanzung. In Mailand bekehrte er sich zum Christentum, das er als radikale Abkehr vom bisherigen »weltlichen« Leben praktizierte. Augustinus wurde Priester und schließlich Bischof. Bis zu seinem Tod verfasste er mehr als einhundert Bücher, die bis heute das westliche Christentum, also die katholische und die reformatorischen Kirchen maßgeblich prägen. Er schrieb auch eine Regel für entschiedene Christen, die wie er selbst in Gemeinschaft zusammenleben wollten. Sie gilt als die älteste und vornehmste Klosterregel des christlichen Westens.

Heute wird darüber diskutiert, in welchem Umfang der Manichäismus das Denken Augustins formte und damit Eingang in das christliche Lehr- und Denkgebäude fand. In seinen Schriften finden sich Lehren, die stark vom Dualismus geprägt sind, etwa die Auffassung von zwei Staaten des Bösen und des Guten in seinem umfangreichen Werk »Der Gottesstaat«. Seine eigene radikale Bekehrung und die Abkehr von seinem vorherigen Leben mit langjährigen Beziehungen zu Frauen könnte ein Indiz für seine ausgeprägte Körper- und Sexualfeindlichkeit sein. So lehnt er das Lustempfinden beim Zeugungsakt ab, weil es Gott vergessen ließe. Am wirkungsvollsten wurden seine Konzeptionen von der Höllenstrafe für die große Masse der Verdammten, seine Meinung über das Fegefeuer und schließlich seine Erbsündelehre.

Vor allem Letzteres soll uns hier interessieren. Es geht dabei in gewisser Weise auch um die grundsätzliche Frage nach Erlösung, nach Sünde und Schuld bzw. nach Bestrafung durch Gott bzw. seine Vergebung.

Ich halte das deshalb in unserem Zusammenhang für wichtig, weil sich in der modernen westlichen Gesellschaft das Schuldbewusstsein ziemlich stark verändert hat. Mir ist das bewusst geworden, wenn mich Gäste im Kloster darauf angesprochen hatten, warum wir bei unseren Gebeten sooft unsere Schuld bekannten. Dies geschieht heute in der Regel zweimal im klösterlichen Alltag: zu Beginn der Messfeier, die am Morgen stattfindet, beim so genannten Bußakt und abends zu Beginn der Komplet, der letzten gemeinsamen Gebetszeit vor der Nachtruhe. Ein Jugendlicher fragte mich einmal direkt: Warum macht das gerade ihr, die ihr euch ja bemüht, ein Leben nach euren Gelübden zu führen? Natürlich ist schnell eine Antwort parat: weil gerade wir Mönche ein besonderes Gespür für die eigene Fehlerhaftigkeit entwickeln und die vielen Fallstricke zu sündigen besser wahrnehmen. Gegenfrage: Aber ist euch Gott denn besonders böse, weil ihr ihn so oft um Verzeihung bitten müsst? Für einen im Kloster Lebenden ist das häufige Schuldbekenntnis derart in Fleisch und Blut übergegangen, dass man über Sinn und Unsinn meist nicht mehr nachdenkt. Zusätzlich wurde noch zu meiner Noviziatszeit von jedem Mönch erwartet, möglichst alle zwei Wochen zum Beichten zu gehen. Mehrmals im Jahr gibt es bei den Benediktinern noch eine eigene so genannte Monastische Bußfeier, früher hieß das Generalabsolution, bei der dann noch eigens die besonderen Verstöße gegen das klösterliche Gemeinschaftsleben abgehandelt wurden.

Das häufige Beichtenmüssen katholischer Priester und Ordensleute hat sich heute eher gewandelt zu einem Gespräch mit dem jeweiligen Geistlichen Begleiter. Und insofern ähnelt es darin schon der Supervision oder dem Coaching, das Menschen in Unternehmen angeboten wird. Aber eigentlich besteht nach wie vor für jeden Katholiken die Beichtpflicht mindestens einmal im Jahr bzw. im Fall einer begangenen »schweren« Sünde vor jedem Kommunionempfang. Allerdings sieht heute die Praxis in den meisten Pfarreien völlig anders aus. Als ich 1980 zum Priester geweiht wurde, gab es, zumindest auf dem Land, noch eine fast ungebrochene Beichtpraxis. Andechs ist vor allem deshalb als Benediktinerkloster gegründet worden, weil es an diesem Ort schon lange vor der Klostergründung eine große blühende Wallfahrt gab und heute noch gibt. Die Hauptwallfahrtszeit liegt in der Bittwoche, das ist die Woche um das Fest Christi Himmelfahrt, das vierzig Tage nach Ostern gefeiert wird. Auf dem Heiligen Berg, ein herzoglich verliehener Name für den Andechser Klosterberg, wird die Wallfahrtszeit auch Kreuzwoche genannt wegen der vielen Vortragskreuze, die die Wallfahrtsführer der jeweiligen Gemeinden rund um die Kirche abstellen. Zu einer Wallfahrt gehörte von jeher neben der Gottesdienstfeier und der anschließenden zünftigen Brotzeit im klösterlichen Bräustüberl immer auch die Beichte. Als junger Priester in der Wallfahrtssaison 1981 war ich einer von vier oder fünf »Beichtvätern«, die an diesen Tagen von sechs Uhr früh bis acht Uhr abends im Beichtstuhl saßen. Als ich 2003 zum letzen Mal zur Kreuzwoche im Kloster war, war ich dort allein als Beichtvater und habe dann noch die meiste Zeit lesend im oder vor dem Beichtstuhl verbracht. In zwei Jahrzehnten hat sich das Beichtverhalten der Gläubigen vollkommen gewandelt. Welche Ursachen hat dieser »Einbruch«? Ist das der Gläubigenmangel? Ist es der Generationenwandel? Oder liegt die Ursache tiefer, vielleicht nicht einmal an innerkirchlichen Gegebenheiten, sondern an gesamtgesellschaftlichen Veränderungen?

Scham und Schuld

Es scheint so zu sein, dass das Schuldgefühl, das Bewusstsein dafür, vor einer transzendenten oder inneren Instanz für seine Sünden und Vergehen schuldig geworden zu sein, verschwindet. Solch eine Veränderung des Schuldbewusstseins hat in der Geschichte der menschlichen Kultur schon einmal stattgefunden. In der so genannten Achsenzeit, also der Zeit vom 8. bis zum 3. vorchristlichen Jahrhundert, kam es zu einer Verschiebung von einer Schamkultur zur Schuldkultur. Vorher schämten sich die Menschen dafür, etwas Ehrenrühriges getan zu haben. Es ging vor allem um Ehre und Ruhm. Die Würde des Menschen bestand vor allem darin, Ruhm zu erlangen und seine Ehre nicht verletzen zu lassen. Dies waren äußerlich feststellbare Taten, die nur durch äußerlich wahrnehmbare Handlungen wieder gut gemacht werden konnten. Eines der besten Beispiele dafür ist die Ilias des Homer. Diese handelt eigentlich gar nicht vom Trojanischen Krieg, sondern nur von einem kurzen Ausschnitt daraus, fünf Tage des vorletzten von zehn Kriegsjahren und hier vor allem vom Zorn des Achilles. Der sagenhafte Held ist in seiner Ehre gekränkt, weil Agamemnon, der Anführer der Griechen, diesem seine kriegsgefangene Beute, die Priestertochter Briseis, geraubt hat. Nur dadurch, dass Agamemnon Briseis zurückgibt und so die Ehre des Achill wiederherstellt, kann Aussöhnung geschehen. Danach erst ergreift er wieder Partei für seine Landsleute und verhilft ihnen schließlich zu erneutem Schlachtenglück.

In Griechenland gilt als der beste Zeuge für die Veränderung der große Philosophenvater Sokrates. Vorher deutete es sich schon an bei den Tragikern, den Dichtern der antiken Dramen über die unentrinnbare Schuld ihrer Heroen. Bei Sokrates wandelt sich die äußere Scham zur inneren Schuld. Er drückt dies aus durch das »*daimonion*«, seinen inneren Begleiter, der ihm eingibt, was gut und richtig ist, und der auch die innere Gerichts-Instanz über seine Handlungen abgibt. Er verlegt damit die ethische und moralische Verantwortung nach innen, gegenüber der Stimme seines persönlichen Gottes, dem daimonion. Das daimonion wurde für ihn eine verpflichtende Instanz, auf die er zu hören und deren Ratschläge er zu befolgen hatte. Solche Kompetenz hatten die olympischen Götter des offiziellen Staatskultes nicht. Dies war möglicherweise einer der Gründe dafür, dass er der Asebie, der Gottlosigkeit, angeklagt wurde. Er stellte eine private Gottheit über die Götter, welche das Heil der Stadt Athen garantierten.

Wenn wir die Bibel aufschlagen, finden wir ebenfalls Textstellen, die der Achsenzeit zuzuschreiben sind, die eine ähnliche Verlagerung der »Gerechtigkeit« von außen nach innen feststellen lassen. Die Propheten erheben ihre Stimme gegen eine Veräußerlichung des Tempelkultes. Nach jüdischem Brauch war ja nur durch das Opfer Gott zu versöhnen. Er hatte nach traditioneller Vorstellung allen Anlass, zornig zu sein. Hing doch das Volk immer noch an den Götzen der umliegenden heidnischen Nachbarvölker. Die Propheten verkündeten: Nicht der äußerliche Vollzug der Opferhandlungen führt zu einem gottgefälligen Leben, sondern ein ethisch verantwortetes. Der Prophet Jesaja konfrontiert um das Jahr 735 v. Chr. die Juden mit einem seinem Gott in den Mund gelegten Mahnspruch: »Was soll ich mit euren vielen Schlachtopfern?«, spricht der Herr, »Die Widder, die ihr als Opfer verbrennt und das Fett eurer Rinder habe ich satt; das Blut der Stiere, der Lämmer und Böcke ist mir zuwider. Wenn ihr kommt, um mein Angesicht zu schauen – wer hat von euch verlangt, dass ihr meine Vorhöfe zertrampelt? Bringt mir nicht länger sinnlose Gaben, Rauchopfer, die mir ein Gräuel sind. Neumond und Sabbat und Festversammlung – Frevel und Feste – ertrage ich nicht. Eure Neumondfeste und Feiertage sind mir in der Seele verhasst, sie sind mir zur Last geworden, ich bin es müde, sie zu ertragen. Wenn ihr eure Hände ausbreitet, verhülle ich mein Angesicht vor euch. Wenn ihr auch noch so viel betet, ich höre es nicht. Eure Hände sind voller Blut. Wascht euch, reinigt euch! Lasst ab von eurem üblen Treiben! Hört auf, vor meinen Augen Böses zu tun! Lernt Gutes zu tun! Sorgt für das Recht! Helft den Unterdrückten! Verschafft den Waisen Recht, tretet ein für die Witwen!« (Jes 1,11–17)

Ähnlich der Prophet Micha eine Generation später. Durch dessen Mund geht Gott mit seinem Volk ins Gericht und nennt als Schuld sittliche Vergehen. Micha geißelt die raffgierigen Reichen, die unbarmherzigen Gläubiger, die betrügerischen Kaufleute, die gespaltenen Familien, die begehrlichen Priester und Propheten, die tyrannischen Fürsten, die bestechlichen Richter. Sie tun das Gegenteil von dem, was Gott fordert: »Es ist dir gesagt worden, Mensch, was gut ist und was der Herr von dir erwartet: Nichts anderes als dies: Recht tun, Güte und Treue lieben, in Ehrfurcht den Weg gehen mit deinem Gott.« (Mi 6,6–8) Dies ist eine der schönsten Formulierungen und die knappe Zusammenfassung der prophetischen Botschaft: Gerechtigkeit will ich, nicht Opfer! Nicht äußeres Tun, sondern innere Einstellung ist gefordert. Jesus verschärft nun seinerseits sogar diese Kritik an Äußerlichkeiten, etwa wenn es in der Bergpredigt heißt: »Nicht jeder, der zu mir sagt: Herr! Herr! wird in das Himmelreich kommen, sondern nur, wer den Willen meines Vaters im Himmel erfüllt.« (Mt 7,11)

Die Vertreibung der Händler aus dem Tempel, die so genannte Tempelreinigung, die so eindrucksvoll am Beginn der Passion steht, ist die Konsequenz aus solcher Verinnerlichung der Gottesverehrung und der Versöhnung. Deshalb wird sie auch als Anlass für die Verurteilung Jesu gedeutet.

Der Umschwung von der Scham- zur Schuldkultur hat sich in der Folge durch das Judentum und Christentum immer tiefer in das Bewusstsein der Menschen eingeprägt. Eugen Biser stellt fest, dass wir heute eine Revision dieses Vorgangs erleben. »Jetzt wird die Schuldkultur mehr und mehr von einer neuen Schamkultur abgelöst. Die Menschen machen sich nicht mehr viel daraus, das Sittengesetz verletzt zu haben, wohl aber daraus, bloßgestellt zu werden, wenn man sie auf frischer Tat ertappt.« Er folgert daraus: »Wenn das zutrifft, muss der Erlösungsbegriff neu bedacht werden.« Bisher bedeutete Erlösung vor allem: Erlösung von der Schuld des Menschen. Oder wie es im Katechismus heißt: »Der Sohn Gottes ist Mensch geworden, um uns von unseren Sünden zu erlösen und wieder zu Kindern Gottes zu machen.« Wenn das Wort Sünde nicht mehr den Inhalt hat wie zu der Zeit, als dieser Katechismussatz formuliert wurde, dann ist es tatsächlich an der Zeit, darüber nachzudenken, wovon wir denn erlöst wurden. Sünde war tatsächlich in der Vergangenheit jede Tat, die von Gott abgesondert hat. Wer in der Sünde verharrte, der blieb auf Dauer von Gott getrennt. Heute haben die Worte Sünde oder Sündigen eine eigenartige Bedeutung angenommen. Es wird in der Alltagssprache eigentlich nur noch auf zwei Gebiete angewandt: zuerst auf den Bereich der Sexualität, und da hat es den Beigeschmack von »verrucht« und ist deshalb im Geheimen erstrebenswert. Ein Beispiel dafür ist das berühmte Chanson von Zarah Leander: »Kann denn Liebe Sünde sein? – mit der selbstgegebenen Antwort: »Und wenn sie das wär, will ich lieber sündigen mal.« Die andere Bedeutung steht in Beziehung zu den vielen Diäten und Schlankheitskuren: Wenn man einmal dagegen verstößt und sich etwas gönnt, dann hat man gesündigt. Das Wort hat die Ernsthaftigkeit und Schwere verloren, mit der es einmal behaftet war. Die Sprache der kirchlichen Liturgie verwendet es immer noch in diesem Sinn, etwa im Hauptgottesdienst des Kirchenjahres, der Osternacht beim Lob der Osterkerze: »O wahrhaft heilbringende Sünde des Adam, du wurdest uns zum Segen, da Christi Tod dich vernichtet hat. O glückliche Schuld, welch großen Erlöser hast du gefunden!« Ich selbst habe diese Zeilen als Diakon und später als Pfarrer immer mit großer innerer Bewegung gesungen. Der lateinische Ausdruck für die glückliche Schuld, die »felix culpa«, ist zu einer stehenden Redewendung für den Grund der Erlösung geworden. Es ist ein wunderschöner mystischer und mythischer Text, der aber keine Entsprechung mehr im Lebensgefühl der Menschen hat. Wer fühlt sich heute noch von einer menschlichen »Grundschuld« und von seiner »Geneigtheit zur Sünde« derart bedrückt, dass er die Erlösung davon als eine zutiefst ersehnte und dankbar entgegengenommene Handlung Gottes an sich erfährt?

Für die ersten Christen war das noch anders: Sie fühlten sich vor ihrer Taufe und Aufnahme in die Kirche, die »Schar der Erlösten«, als weit von Gott entfernt. Die heidnische Welt zur Zeit der ersten christlichen Mission war zutiefst verunsichert. Die Geborgenheit der kleinen Stadtstaaten war verloren zugunsten der Sicherheit eines großen Imperiums, das aber kein Heimatgefühl vermitteln konnte. Die offizielle Religion diente der Wohlfahrt der politischen Ordnung, bot aber keine Sinnfindung für den Einzelnen. Die vielen Erzählungen und Geschichten über die Göttinnen und Gottheiten waren zwar unterhaltsam und amüsant, ein Teil der Kultur, aber Halt zu geben, um das eigene Leben zu meistern, das vermochten sie nicht. Im Gegenteil: Die Intellektuellen waren mit den Philosophen der Meinung, dass es eigentlich nur eine Gottheit gab, die am Anfang der Weltordnung stand und im Weltenlauf sich vermittelte, nämlich die alles durchwaltende Vernunft. Aber selbst sie waren, wie die Masse der Menschen, oft abergläubisch und fürchteten sich vor den vielen Geistern und Dämonen, die die Natur und den Bereich des Menschen bevölkerten. Da konnte Erlösung tatsächlich bedeuten: Befreiung von Orientierungslosigkeit und Sinngebung, Erlösung von der Angst vor den unsichtbaren Kräften, die in jeder Quelle, jedem Baum überall in der umgebenden Welt sich manifestierten. Ein Widerhall davon ist noch im Kolosserbrief des Neuen Testaments zu spüren. »Denn in ihm (Christus) wurde alles erschaffen im Himmel und auf Erden, das Sichtbare und das Unsichtbare, Throne und Herrschaften, Mächte und Gewalten; alles ist durch ihn und auf ihn hin geschaffen« (Kol 1,16) Die dauernd zu versöhnenden Gottheiten des Olymps oder Kapitols, die Angsteinflößenden unsichtbaren Mächte wurden durch den von Jesus verkündeten Gott der Juden entthront. Man konnte in dieser Welt leben und sich vom Vatergott aller Menschen als geliebt und an Kindes Statt angenommen empfinden. Der Sinn im Leben wurde gefunden, weil es ein Ziel gab, für das man leben konnte: die ewige Vereinigung mit diesem Gott nach dem leiblichen Tod und der erhofften Auferstehung. Die Weisung für den Weg dahin bestand in der Ethik Jesu und in einem liebevollen Miteinander, das auch die in der antiken Welt verachteten Gruppen miteinschloss.

In der Zeit nach der Anerkennung des Christentums und seinem Aufstieg zur Staatsreligion, als immer mehr Menschen in die Kirche drängten, war Erlösung wieder neu zu definieren. Da kommt der hl. Augustinus mit seiner Lehre von der Erbsünde ins Spiel. Wurden zu Beginn erwachsene Menschen durch die Taufe in die Kirche aufgenommen, so waren es schon bald Kinder kurz nach ihrer Geburt. Bei erwachsenen Menschen gingen Hören der Verkündigung und Entscheidung für die Annahme des Glaubens der Taufe voraus. Die Taufe bedeutete bewusste Abkehr vom vorherigen heidnischen Leben und Hinwendung zu einem Leben nach der Lehre Christi. Der Taufritus mit dem Untertauchen im Wasser symbolisierte das Abwaschen der Sündenbefleckung, gleichzeitig aber auch Teilhabe an Tod und Auferstehung Christi. Was wurde nun aber bei Kleinkindern »abgewaschen«, die ja noch nicht gesündigt hatten? Hier entstand, angeregt durch Gedanken aus den Briefen des Apostels Paulus das theologische Konstrukt einer seit Adam dem Menschen vererbten Ursünde, die in der Taufe vom Menschen abgewaschen wird. Die Folge dieser Sünde, der Tod und die Mühsal des Lebens, wird allerdings dem gläubig gewordenen Menschen belassen. Die Ursünde wird durch den Zeugungsakt weitergegeben. Dadurch bekam dieser seit Augustinus einen negativen Beigeschmack. Durch die Erbsündelehre kam es auch dazu, dass die Kinder möglichst bald nach der Geburt getauft werden sollten. Starben sie vorher, konnten sie wegen der fehlenden Taufe nicht der Erlösung teilhaft werden.

Wovon werden wir erlöst?

Heute wird die Erbschuld meist ohne die vordarwinistische Auffassung von der Vererbung seit Adam interpretiert als eine kollektive menschliche Verstrickung in das Böse. Es bietet aber meines Erachtens keine Lösung für die Frage: »Wovon werden wir erlöst?«

Später im Mittelalter bekam der Begriff Erlösung samt seinem theologischen Umfeld zusätzlich einen angsterfüllten Beiklang. Augustins Aussage von der »*massa damnata*«, der Masse der Verdammten, die größer sei als die Menge der Erlösten, führte zu großen Anstrengungen, nicht dazu zu gehören. Der Glaube hatte sich verdinglicht, die Erlösung wurde zu einem konvertiblen Wert, der dann tatsächlich in der spätmittelalterlichen Praxis in der Form des Ablasses käuflich erworben werden konnte. Nicht nur für sich selbst, sondern sogar für die schon verstorbenen Angehörigen konnte man Erlösung von den so genannten zeitlichen Sündenstrafen, wie der Reinigung im Fegefeuer, kaufen. »Wenn das Geld im Kasten klingt, die Seele in den Himmel springt«, soll der Werbespruch der Ablassprediger gewesen sein.

Damit wurde eine bestimmte Art, sich der Erlösung zu versichern, zum Anlass für die Reformation. Martin Luther wollte dieser Veräußerlichung ein Ende bereiten, indem er für die individuelle Erlösung einen Begriff aus dem Neuen Testament für sich neu entdeckte. Das war die Antwort auf seine ihn bedrängende Frage: Wie kriege ich einen gnädigen Gott? Durch Rechtfertigung! Der Mensch wird nicht durch die Dinge, die er leistet, weder finanziell noch durch erbrachte Werke, vor Gott als ein Gerechter angesehen, sondern nur dadurch, dass er sich gläubig ihm überlässt. Die Erlösung wird geschenkt, weil der Mensch sich ihr öffnet. Sie ist aber immer noch aufs Jenseitige gerichtet. Hier müssen wir als Gerechtfertigte leben, um in Gottes ewiges Leben einzugehen.

Dieses ewige Leben im Jenseits, das ist etwas, das dem modernen Menschen ebenfalls Schwierigkeiten bereitet. Die klassische Theologie spricht von den so genannten letzten Dingen. Eschatologie heißt dementsprechend dieser Teilbereich des Theologischen: Reden von dem Letzten. Was sind diese letzten Dinge? Sie sind schnell aufgezählt: Tod, Gericht, Himmel, Hölle, Fegefeuer. Es geht um die Vorstellungen, die die christliche Religion im Lauf ihrer Geschichte über das Weiterleben nach dem Tod entwickelt hat. Es geht um eine Welt jenseits unserer erfahrbaren und vermessbaren Wirklichkeit. Seit der Menschwerdung des Menschen, dem Übersprung in der Evolution vom gemeinsamen Vorfahren der Primaten und des Menschen gibt es auch Vorstellungen darüber, dass es nach dem Tod noch irgendwie weitergehen könnte. Dieses »Mehr«, das der Mensch dem Tier voraus hat, das Bewusstsein seiner selbst, die Erfahrung, eine Außensperspektive zum eigenen »Ich« einnehmen zu können, das, was dann später Geist oder Seele genannt wird, das scheint zu wertvoll, als dass es sich im Tod mit dem sichtbaren Körper auflösen sollte. Heute reden wir eher vom Personenkern des Menschen, der zumindest nach Sicht der strikten Naturwissenschaftler ein Produkt der Neuronenverschaltungen im Gehirn darstellt und mit diesem Trägerorgan auch abstirbt und zugrunde geht. Es gibt also zwei Meinungen, die sich diametral widersprechen: das Fortleben der Seele nach dem Tod und die völlige Auslöschung des Selbst beim Sterben. Eine materialistische Sicht vom Leben, die es nur als eine Summe biologischer Funktionen betrachtet, und, nennen wir sie einmal so, eine idealistische, die von der Idee einer nicht sichtbaren Welt ausgeht, in der es eine andere Art des Lebens gibt, die nicht an körperliche Erfahrungen gebunden ist. Diese Weltsicht ist eine erschlossene, keine sichtbare, greifbare, beweisbare und damit sichere. Die Annahme, dass es sie gibt, haben wir aus der Überlieferung, der Tradition, der Religion, dem Glauben. Strenggenommen wissen wir darüber nichts, wir vermuten, wir glauben, weil andere uns davon berichten, obwohl auch sie keine selbstgemachten Erfahrungen weitergeben können. Und hier entsteht die Unsicherheit. Es könnte wahr sein oder auch nicht. Oder wie es einem schlauen Bauern zugeschrieben wird, ganz im Sinn der Pascal'schen Wette: »Es könnte ja etwas dran sein. Dann schadet es nicht.« Und dennoch: Unsicherheit erzeugt, wenn es um Leben und Tod geht, Angst. Und so hat der Mensch von Natur aus Angst vor dem Tod. Er ist eine Tür, durch die man hindurchgeht und nicht mehr zurück kommt. Man kann auch nicht hineinsehen. Man geht in das Dunkel. Auch alle Nahtoderfahrungen, über die berichtet wird, können nicht vom eigentlichen Tod und dem, was dahinterliegt, reden. Denn diejenigen, die sie gemacht haben, waren eben nicht tot, sondern nur kurz davor. Das Licht, von dem da geredet wird, sind Vorgänge in unserem Gehirn. All unser Reden über die jenseitige Welt ist geprägt von Worten, Bildern, die wir aus unserer diesseitigen Welt nehmen und verwenden müssen. Andere haben wir nicht. Wir müssen eine Wirklichkeit, die wir nicht kennen, mit Bildern aus unserer Erfahrungswelt beschreiben. Natürlich könnte man einwenden, dass gerade diese letzten Dinge geoffenbarte Wirklichkeiten sind. Besonders das Neue Testament redet vom Gericht, vom Heulen und Zähneklappern in der Hölle und vom Vater, der im Himmel ist. Und auch Jesus verwendet nur Bilder, die aus der Erfahrung des Diesseits genommen sind und eine lange Tradition in der jüdischen Religion haben, die diese wiederum mit den Religionen benachbarter Völker teilt.

Die letzten Dinge

Welche Bedeutung könnten aber nun diese letzten Dinge für jemanden haben, der Gott als die bedingungslose Liebe anzunehmen bereit ist?

1. **Der Tod gehört zum Leben.** Dieses Bewusstsein der eigenen Sterblichkeit haben offensichtlich nur wir Menschen unter den Lebewesen. Von keinem anderen Lebewesen ist bekannt, dass es seine Artgenossen beisetzt. Grabfunde gehören mit zu den ersten archäologischen Zeugnissen der Menschheitsgeschichte. Die Gräber weisen darauf hin, dass der Mensch sich über das »Danach« Gedanken gemacht hat und dass er immer schon vor dem Tod Angst hat. Solche Todesfurcht gehört grundlegend zum menschlichen Leben. Für den Philosophen Epikur gehörte diese Angst vor dem Tod zu den Grundängsten des Menschen, die der Freude am Leben abträglich seien. Deshalb belehrt er seinen Freund und Schüler Menoikeus: »Gewöhne dich daran zu glauben, dass der Tod keine Bedeutung für uns hat. Denn alles, was gut, und alles, was schlecht ist, ist Sache der Wahrnehmung. Der Verlust der Wahrnehmung aber ist der Tod. Daher macht die richtige Erkenntnis, dass der Tod keine Bedeutung für uns hat, die Vergänglichkeit des Lebens zu einer Quelle der Freude, indem sie uns keine unbegrenzte Zeit in Aussicht stellt, sondern das Verlangen nach Unsterblichkeit aufhebt. Denn nichts ist im Leben schrecklich für denjenigen, der wirklich begriffen hat, dass nichts Schreckliches darin liegt, nicht zu leben. Daher ist derjenige ein Tor, der sagt, er fürchte den Tod nicht, weil er ihm Schmerzen bereiten werde, wenn er da sei, sondern weil er Schmerzen bereite, wenn er noch zu erwarten sei. Denn was uns nicht bedrückt, wenn es da ist, schmerzt uns ohne Grund, wenn es erwartet wird. Das schauerlichste aller Übel, der Tod, hat also keine Bedeutung für uns; denn solange wir da sind, ist der Tod nicht da, wenn aber der Tod da ist, dann

sind wir nicht da. Er hat also weder für die Lebenden noch für die Toten eine Bedeutung; denn für die einen ist er nicht da, die anderen sind für ihn nicht mehr da. Aber viele Menschen fliehen manchmal vor dem Tod, weil sie ihn für das größte Übel halten; manchmal verlangen sie auch nach ihm, weil er alle Übel des Lebens beendet. Der Weise aber weist weder das Leben zurück noch fürchtet er sich davor, nicht zu leben. Denn ihm ist weder das Leben eine Last noch glaubt er, es sei ein Übel, nicht zu leben. Wie er auch beim Essen nicht die größte, sondern die am besten schmeckende Portion wählt, so will er auch nicht die längste, sondern die angenehmste Lebenszeit genießen. Wer aber dazu auffordert, dass der junge Mensch anständig leben, der alte Mensch anständig sterben solle, ist einfältig, nicht nur weil das Leben als solches liebenswert ist, sondern auch weil man ebenso für das anständige Sterben sorgen muss.«

Bis auf den Hinweis, dass sie das Verlangen nach Unsterblichkeit aufhebt, könnte dieses kleine Stückchen »ars moriendi« (Kunst des Sterbens) durchaus auch von einem Christen stammen. Obwohl bei Epikur Unsterblichkeit nicht auf das Weiterleben nach dem Tod hinweist, sondern das Verlangen eines ewigen Lebens im Diesseits meint. Dadurch durchaus vergleichbar mit unserem modernen Bestreben, das Leben zu verlängern und den Tod soweit als möglich hinauszuschieben. Auch das ist ja ein Zeichen der Angst. Man klammert sich an das Leben diesseits des Todes, weil ein Weiterleben danach nicht sicher ist. Auch für einen religiösen Menschen ist der Umgang mit dem Tod eine Sache des Glaubens und der Hoffnung. Auch für ihn ist der Tod nicht wichtig, weil er ja nur einen Durchgang zu einem anderen, evtl. sogar dem eigentlichen Leben darstellt. Dabei ist die Vorstellung von einem qualifizierten Leben nach dem Tod erst sehr spät in der religiösen Welt des Judentums aufgetaucht. Ursprünglich teilte sie die Annahme einer »scheol«, eines Schattenreiches, in dem die Seelen der Verstorbenen fern von Gott und den

Menschen ein Dasein fristen, mit den Vorstellungen der übrigen Religionen. In Homers Odyssee und in der Aeneis Vergils kann man nachlesen, wie sich die Menschen diesen Hades, die Unterwelt dachten. Es waren keine Lebenden, es waren Schatten ihrer selbst, denen die Helden des Altertums dort begegneten. Gegenüber einer solchen grauen Daseinsweise war die Lehre Epikurs, dass mit dem Tod auch die Seele stirbt, eine Erlösung. Im Judentum kam der Glaube an ein gotterfülltes Weiterleben nach dem Tode erst auf, als es um die Frage einer gerechten Beurteilung des vorherigen Lebens ging. Vorher lebte man vor allem in den eigenen Nachkommen weiter. Erst im 2. Jahrhundert vor Christus erhob sich die Frage: Wie können Menschen, die ihr Leben für den Glauben an Jahwe aufs Spiel gesetzt haben, genauso wie ihre Feinde das gleiche Schicksal erleiden und als Schatten weiter existieren? Sie haben doch Anspruch auf eine gerechte Entlohnung im Jenseits! Schon früh kam der Westen auch mit den Jenseits-Bildern Asiens in Berührung. Der bei uns vor allem als Mathematiker bekannte Pythagoras (6. Jh. v. Chr.) hatte die Auffassung propagiert, dass die Seele des Menschen nach dem Tode weiterwandert in einen anderen Körper. Der Hinduismus hat die am stärksten ausgeprägte Reinkarnationslehre. Die Seelen der Menschen wandern weiter und werden entsprechend ihrer guten oder bösen Taten einer niederen oder höheren Wiedergeburt teilhaftig. So können sie als Tier oder auch als Gottheit wiedergeboren werden, bis die Seele am Ende des Kreislaufs von Tod und Wiedergeburt in der Weltseele aufgeht. Der Buddhismus hat diese Lehre übernommen, aber modifiziert. Für Buddha gibt es ja keine Seele und kein Ich. Wiedergeburt wird hier verstanden als »Bedingtes Entstehen«, indem die Taten eines Menschen und das sich aus ihnen ergebende Karma eine neue Geburt bedingen, ohne dass etwas von der einen Person in die andere übergeht. Das Karma, die dem Menschen innewohnende Fähigkeit zu absichtsvollem Handeln, wird beeinflusst durch die drei Geistesgifte Gier, Hass und Verblendung. Im Leben gilt es, durch ein tugendhaftes Leben diese Gifte zu beseitigen. Damit wird ermöglicht, den Kreislauf der Wiedergeburten zu verlassen und den Zustand des Nirwana zu erreichen.

2. Damit sind wir auch schon bei einem weiteren letzten »Ding« angelangt, dem Gericht. Es gibt offensichtlich ein zutiefst menschliches Empfinden dafür, dass es in diesem Leben meist ungerecht zugeht: Die Bösen werden belohnt und die Guten bestraft. Mit dem Tod wird diese Ungerechtigkeit zementiert. Es gibt hier keine Möglichkeit mehr, einem Verstorbenen im Nachhinein Gerechtigkeit widerfahren zu lassen, die er selbst noch erleben kann. Wenn man dann noch an einem persönlichen Gott oder wie im Buddhismus am Weltprinzip von Ursache und Wirkung festhält, wird die Frage nach einer endgültigen gerechten Bewertung des individuellen Lebens samt Belohnung und Bestrafung dringlich. Wie könnte sonst ein gerechter Gott walten, wenn er im Letzten Ungerechtigkeit nicht beseitigt? Aus den menschlichen Vorstellungen, Gerechtigkeit herzustellen, ist deshalb das Bild von einem letzten, endgültigen, »jüngsten« Gericht in die religiöse Vorstellungswelt eingegangen. Im zyklischen Weltbild Asiens wird Gerechtigkeit durch die Stufe der Wiedergeburt garantiert, je nach Belohnung oder Bestrafung geht es in eine höhere oder niedere Form der Wiedergeburt. In unserer vom lateinischen juristischen Denken und linearen Weltbild eines einmaligen Lebens geprägten Kultur hat sich das Bild vom Gericht, das über das Leben eines Menschen abgehalten wird, durchgesetzt. Dabei gibt es für den Christen ein kleines Problem: Das in der Heiligen Schrift angekündigte Gericht ist ein Weltgericht am Ende der Zeiten. Wie man dem Neuen Testament unschwer entnehmen kann, erwarteten die ersten Christen dieses endgültige Gericht, bei dem Christus als der Richter wiedererschienen würde, noch zu ihren Lebzeiten. Die Christen waren sich sicher, durch ihre Entscheidung für den Glauben vor dem Gericht bestehen zu können. Mit dem Nichteintreffen dieser

Naherwartung und dem Tod getaufter Gemeindemitglieder ergab sich die Schwierigkeit zu klären, was mit ihren Seelen geschieht in der Zwischenzeit bis zum jüngsten Gericht, bei dem die Toten ja mit Leib und Seele wiederauferstehen sollten. Um dieses Problem zu lösen, sprach man nun von zwei Gerichtssitzungen, dem Weltgericht am Ende der Zeiten und dem Partikulargericht, dem sich jede einzelne Seele unmittelbar nach dem Tod unterziehen müsste. Wobei nach einer modernen Deutung, aufgrund des Unterschiedes zwischen dem Diesseits und dem Jenseits, das ja keine Zeit mehr kennt, beides durchaus zusammenfallen kann. Wir Diesseitigen gehen von einem zeitlichen Unterschied aus, im Jenseits gibt es kein zeitliches Nacheinander mehr, in der Ewigkeit ist alles eins. Nach welchen Kriterien aber urteilt der göttliche Richter bzw. der in seinem Namen wiederkommende Christus? Dies ist nun das Überraschendste! Es gibt im Evangelium nur ein Kriterium, nach dem das Urteil gefällt wird, nämlich die Nächstenliebe. Die große Gerichtsszene, die sich auch viele Künstler zum Vorbild genommen haben, von Michelangelo über Rubens bis zu Peter Cornelius, wird vom Evangelisten Matthäus im 25. Kapitel geschildert. Abseits aller Eindringlichkeit wird deutlich, was der Maßstab Jesu für ein Leben gemäß seiner Verkündigung ist, nämlich die Frage: Wie gehe ich mit meinen Mitmenschen, oder wie es hier heißt, mit einem meiner geringsten Brüder um?

»Wenn der Menschensohn in seiner Herrlichkeit kommt und alle Engel mit ihm, dann wird er sich auf den Thron seiner Herrlichkeit setzen. Und alle Völker werden vor ihm zusammengerufen werden und er wird sie voneinander scheiden, wie der Hirt die Schafe von den Böcken scheidet. Er wird die Schafe zu seiner Rechten versammeln, die Böcke aber zur Linken. Dann wird der König denen auf der rechten Seite sagen: Kommt her, die ihr von meinem Vater gesegnet seid, nehmt das Reich in Besitz, das seit der Erschaffung der Welt für euch bestimmt ist. Denn ich war hungrig, und ihr habt mir zu essen gegeben; ich war durstig, und ihr habt mir zu trinken gegeben; ich war fremd und obdachlos, und ihr habt mich aufgenommen; ich war nackt, und ihr habt mir Kleidung gegeben; ich war krank, und ihr habt mich besucht; ich war im Gefängnis und ihr seid zu mir gekommen. Dann werden ihm die Gerechten antworten: Herr, wann haben wir dich hungrig gesehen und dir zu essen gegeben, oder durstig und dir zu trinken gegeben? Und wann haben wir dich fremd und obdachlos gesehen und aufgenommen, oder nackt und dir Kleidung gegeben? Und wann haben wir dich krank oder im Gefängnis gesehen und sind zu dir gekommen? Darauf wird der König ihnen antworten: Amen, ich sage euch: Was ihr für einen meiner geringsten Brüder getan habt, das habt ihr mir getan.

Dann wird er sich auch an die auf der linken Seite wenden und zu ihnen sagen: Weg von mir, ihr Verfluchten, in das ewige Feuer, das für den Teufel und seine Engel bestimmt ist! Denn ich war hungrig, und ihr habt mir nichts zu essen gegeben; ich war durstig, und ihr habt mir nichts zu trinken gegeben; ich war fremd und obdachlos, und ihr habt mich nicht aufgenommen; ich war nackt, und ihr habt mir keine Kleidung gegeben; ich war krank und im Gefängnis, und ihr habt mich nicht besucht. Dann werden auch sie antworten: Herr, wann haben wir dich hungrig oder durstig oder obdachlos oder nackt oder krank oder im Gefängnis gesehen und haben dir nicht geholfen? Darauf wird er ihnen antworten: Amen, ich sage euch: Was ihr für einen dieser Geringsten nicht getan habt, das habt ihr auch mir nicht getan. Und sie werden weggehen und die ewige Strafe erhalten, die Gerechten aber das ewige Leben.« (Mt 25, 31–46)

Neben dem Christentum ist vor allem der Islam davon geprägt, dass es ein Gericht geben wird. Es gehört zu den wichtigsten Punkten des muslimischen Glaubensbekenntnisses, die Seelen der Verstorbenen werden gewogen und dann beurteilt.

3. Wie wir im Bild des Jüngsten Gerichts gesehen haben, gibt es nach klassischer Lehre nur zwei Möglichkeiten des Gerichtsausgangs, des Urteils, »das ewige Feuer, das für den Teufel und seine Engel bestimmt ist« und das »Reich, das seit Erschaffung der Welt für euch bestimmt ist«. Nach unseren gewöhnlichen Namen handelt es sich um Himmel und Hölle. Die Hölle war schon immer die Konsequenz des Gerichts, die man bildhafter darstellen konnte als den oft etwas eintönig und langweilig geschilderten Himmel. Eine Fülle von Witzen belegt diese Vorstellung vom lustvollen Höllenbetrieb und dem ziemlich faden Hosianna-Singen im Himmel. Die Bilder und Vorstellungen, die wir von der Hölle mit uns tragen, werden weniger von der Bibel geprägt als von einer der wichtigsten Dichtungen der Menschheit, der Göttlichen Komödie des Dante Alighieri (13. Jh.), der sich im ersten Teil von seinem Mentor, dem lateinischen Dichter Vergil, durch den Höllenkreis führen lässt. Der Maler Hieronymus Bosch (15. Jh.) hat mit seinen Darstellungen der Höllenqualen ein Übriges dazu beigetragen, dass wir die Hölle äußerst detailreich in unseren Köpfen mit uns tragen. Basierend auf den Lehren des Judentums ist das Neue Testament im Vergleich zum Koran eher zurückhaltend, was die Beschreibung der Hölle betrifft. Diese wird erwähnt als Totenreich, in der Offenbarung des Johannes als Feuersee oder zweiter Tod. In die christlichen Vorstellungen von der Hölle sind viele Traditionen eingeflossen: der Hades der Griechen, die Scheol der Juden: ein kaltes, dunkles Reich, in dem die Toten fern der Gottheit als Schatten ohne Bewusstsein vor sich hin vegetieren. Zeus hatte für die von ihm besonders bestraften Missetäter einen eigenen Bereich des Hades geschaffen: den Tartaros, in dem die Titanen und auch Sisyphos verbannt wurden. Von den Germanen haben wir im Deutschen den Namen der Hölle übernommen: wird in ihrer Mythologie doch das Totenreich von der Göttin Hel beherrscht. Die aktuelle christliche Theologie sieht die Hölle nicht mehr wie vor allem das Mittelalter als körperliche Qual,

sondern als Ferne von Gott an. Sie ist die Konsequenz, die den Menschen vor Augen gestellt wird, die Gott und ein Leben gemäß der Verkündigung Jesu ablehnen. Allerdings hält die traditionelle Lehre der Kirchen an der Ewigkeit der Höllenstrafe fest.

Dagegen steht eine Meinung, die der frühchristliche Gelehrte Origenes im dritten Jahrhundert noch vertreten hat, bevor in Reaktion auf ihn die Lehre über die Hölle festgelegt wurde. Ewige Strafen, wie sie in der später vorherrschenden Vorstellung einer Hölle vorkommen, kannte Origenes nicht. Gestützt auf das Schriftwort aus 1 Kor 15,28: »Wenn ihm dann alles unterworfen ist, wird auch er, der Sohn, sich dem unterwerfen, der ihm alles unterworfen hat, damit Gott herrscht über alles und in allem«, war er der Überzeugung, dass selbst Dämonen und der Teufel am Ende erlöst werden. Eine ewige Strafe als Zeichen von Rachsüchtigkeit passe nicht zu Gottes Wesen. Diese als *Apokatastasis panton* (Wiederherstellung von allem) bezeichnete Lehre wurde allerdings im 6. Jahrhundert auf einem Konzil verworfen. Sie verschwand dennoch nicht aus der theologischen Diskussion. Im vergangenen Jahrhundert waren es zwei katholische Theologen, die sie, in einer gemäßigten Form, wieder aufgriffen. Sie umgingen eine lehramtliche Verurteilung, indem sie die Möglichkeit der Hölle grundsätzlich annahmen, aber aufgrund ihre Fehlens im Glaubensbekenntnis einen Ausweg fanden: Nirgendwo könne mit Sicherheit von jemandem behauptet werden, dass er auf ewig verdammt sei. Im Gegensatz dazu stellt die Kirche bei einer Heiligsprechung »unfehlbar« fest, dass der Betreffende bei Gott, im »Himmel«, sei. Die Hölle sei ein Mittel göttlicher Pädagogik, um die Konsequenzen für ein Leben gegen Gottes Weisungen aufzuzeigen, aber womöglich sei sie leer.

Mich persönlich hat die Apokatastasis-Lehre immer schon ganz besonders angesprochen. Nicht zuletzt deshalb, weil sie in der Andechser Klosterkirche auf der Grabplatte für den Komponisten Carl Orff kurz und bündig zusammengefasst steht. Das letzte Werk des bayerischen Musikers war »Das Spiel vom Ende der Zeiten« (*De temporum fide comoedia*). Im ersten Teil treten neun Sibyllen auf, die aus der antiken, mythologischen Sicht über das Weltenende lamentieren, im zweiten Teil sind es neun Anachoreten, Einsiedler, die geplagt von der Furcht vor der Ewigen Strafe durch Satan dann doch die Unergründlichkeit von Gottes Ratschluss besingen. Der dritte Teil zeigt die Menschheit in Angst vor dem drohenden Untergang, bevor am Schluss Lucifer, der gefallene Engel, auftritt, der dreimal das Bekenntnis des verlorenen Sohnes ruft: *Pater peccavi*, Vater, ich habe gesündigt. Daraufhin ertönt die *vox mundana*, die Stimme der ganzen nach endgültiger Erlösung sich sehnenden Welt: *Venio ad te, tu paraclitus es et summus finis*. Ich komme zu Dir, du bist der Tröster und das letzte Ziel. »Summus finis«, das letzte Ziel, steht auf dem Grabstein von Carl Orff. Wie er selbst gesagt hat, ist dies sein Glaubensbekenntnis, das er damit allen Besuchern seiner Grabstätte kundtun wollte. Als Hauptbotschaft des Stückes könnte man eine Stelle anführen, die einer der Anachoreten leise flüstert: *Omnium rerum finis erit vitiorum abolitio* (»Das Ende aller Dinge wird aller Schuld Vergessung sein!«). Dies war übrigens auch mit einer der Gründe, warum der damalige Augsburger Bischof, Joseph Stimpfle, dem Begräbnis in einer Kirche zugestimmt hat. Die ist ja für einen Laien, der zwar berühmt, aber dann in seiner Lebensführung doch nicht so ganz dem Idealbild eines katholischen Ehemannes und Familienvaters entsprochen hat, nicht selbstverständlich. Aber der Bischof gab unverhohlen zu, dass er selbst mit der Auffassung der Apokatastasis sympathisiere.

Zur Hölle gehört Luzifer, einer der vielen Namen des Fürsten der Finsternis, die Satan, dem Teufel, zugeschrieben werden. Die Hölle ist sein Reich. Er sei ursprünglich ein Engel gewesen, ein von Gott erschaffenes Geschöpf, das sich durch eigene Schuld pervertiert habe. Seine Schuld habe darin bestanden, dass er es nicht ertragen konnte, Gott, dem Höchsten, und zugleich den weit unter den Engeln stehenden Menschen zu dienen. Die Annahme einer Existenz des Teufels hat den Grund, das Böse Gott gegenüber untergeordnet sein zu lassen. Er hat keinen göttlichen Widersacher. Es gibt kein Prinzip des Bösen. In der Rede von einem personifizierten Bösen wird klargestellt, dass es eine unheimliche Realität ist, dass es nicht allein zu Lasten des Menschen geht und dass es nur eine nachgeordnete Wirklichkeit darstellt – der Urgrund alles Seienden ist gut. Wegen seiner Unheimlichkeit hat es der Teufel zu einer gewaltigen künstlerischen Karriere gebracht: Als Mephistopheles tritt er in Goethes »Faust« auf die Bühne. »Die Elixiere des Teufels« des Romantikers E.T.A. Hoffmann, Dostojewskis »Dämonen«, Thomas Manns »Doktor Faustus« und Bulgakovs »Der Meister und Margarita« zeugen von seinem Wirken auch in einer atheistisch gewordenen Welt. Es geht dabei eher um eine Beschreibung diesseitiger Zustände, der »Hölle auf Erden«.

Trotz dieser beachtlichen Wirkungsgeschichte spielt der Teufel außer im Satanismus gewisser Jugendkulte und in der Rede vom Exorzismus, der Teufelsaustreibung, heute keine große Rolle mehr. Das Geheimnis des Bösen wird vielmehr auf falsche menschliche Freiheitsentscheidungen zurückgeführt. Abgelehnt wird eine kirchliche Rede von Hölle und Teufel wohl auch deshalb, weil mit ihnen die Angst vor dem Bösen verbunden wird, die oft genug in der Vergangenheit in der kirchlichen Verkündigung geschürt wurde. Wohl auch, um die Kirche als die für das Entrinnen aus den Verstrickungen des Bösen einzig mögliche Institution der Rettung und Erlösung zu propagieren. Gerade das Freiheitsstreben des modernen Mensch lässt sensibel werden für derart vermutete Machtmechanismen.

Der christliche Glaube hat doch gerade zum Inhalt, dass der Getaufte deshalb erlöst ist, weil von Jesus und seiner Praxis der Herrschaft Gottes eine Dominanz des Bösen überwunden ist.

4. Das Fegefeuer ist ein dezidiert katholisches Gedankenkonstrukt. In der Bibel kommt es nicht vor. Die orthodoxe Kirche und die Kirchen der Reformation lehnen die Existenz des Fegefeuers ab. Der lateinische Begriff *purgatorium* weist auf den eigentlichen Sinn hin: ein Zustand der Läuterung. Es geht um die Frage, was im Gericht mit den Verstorbenen geschieht, die weder gleich der Anschauung Gottes teilhaftig noch der ewigen Verdammnis anheimgegeben werden. Sie werden geläutert, bis sie in den »Himmel« kommen können. Damit konnte auch die Frage nach dem Nutzen des spontan aus der Verbundenheit mit den Verstorbenen entstehenden Gebetes für diese geklärt werden. Sind sie im Himmel, brauchen sie keine Gebete mehr, sind sie in der Hölle, wäre jedes Gebet nutzlos. Heute wird mit dem Fegefeuer eine andere Konnotation verbunden. Theologen versuchen es mit dem Feuer bzw. dem Licht der Liebe Gottes zu erklären, in dem der Verstorbene im Moment des Todes sein ganzes Leben übersieht und seine Schuld in diesem Feuer verbrennt. Dabei ist sich die Theologie durchaus der Bildhaftigkeit dieser Erklärung bewusst. Aber wir haben ja eben keine anderen Bilder als jene, die uns aus unserer diesseitigen Erfahrung zur Verfügung stehen.

5. Das Karnevalslied »Wir kommen alle, alle in den Himmel« mit seiner weiterführenden Zeile »weil wir so brav sind« ist eines der sympathischeren Beispiele dafür, dass man auch den Himmel verharmlosen kann. Da wir Menschen nur in den Kategorien von Zeit und Raum denken können, erklären wir uns den Himmel als den Ort, wo Gott wohnt. Aus der uralten Vorstellung der Menschheit vom Himmel über dem Firmament, vom Wohnen der Götter auf den Berggipfeln, verorten wir den Himmel ganz spontan oben. Heute wissen wir, dass oben nur das unendlich weite Weltall und unten, wo wir normalerweise die Hölle oder das Fegefeuer platzieren, sich nur der heiße Erdkern befindet. Seit der kopernikanischen Wende, bei der die Erde an den Rand des Universums gerückt ist, statt wie bisher das Zentrum zu bilden, stimmen diese Vor-

stellungen über Himmel und Hölle nicht mehr mit unserem astrophysikalischen Wissen überein. Trotzdem machen wir es automatisch so, dass wir nach oben zeigen, wenn wir spontan jemandem den »Weg« zum Himmel zeigen wollen. Die Theologie wusste es im Gefolge der Philosophie schon immer: Der Himmel ist kein Ort und dort gibt es keine Zeit mehr. Es ist der Zustand, den wir ewig nennen, der aber, wenn wir ihn aussprechen, schon wieder eine Vorstellung auf der Zeitschiene (ohne Anfang und Ende) hervorruft.

Der Himmel wird oft als Paradies bezeichnet, so auch im Islam. Das Paradies war ursprünglich der Name für den unermesslich großen Lustgarten der persischen Könige, weit im Osten. So wurde er zum Sehnsuchtsort der Völker des Vorderen Orients. So stellte man sich in der Schöpfungsgeschichte den Ursprung der Menschheit vor: wie ein Freund des Königs der Könige, so der Titel des persischen Herrschers, durfte der Mensch im Urzustand im Garten Gottes leben. Dort ging auch Gott selbst im milden Abendwind spazieren. Bei aller Verniedlichung: ein wunderbares Bild für die ursprünglich gedachte Freundschaft zwischen Gott und Mensch. Insofern durchaus ein gelungenes Bild für den gedachten Himmel. Aber gerade die Paradiesvorstellungen haben unsere Anschauungen, wie man sich den Himmel ausmalen darf, geprägt. Viele Christen sind sicher nicht frei davon, sich den Himmel als ein unbeschwert weltvergessenes Elysium der Seligen zu denken. Die volkstümlichen Darstellungen tun das Ihre dazu. Das Erfolgsstück »Der Brandner Kaspar schaut ins Paradies« von Franz Kobell oder der Monolog »Der Münchner im Himmel« von Ludwig Thoma stehen dafür Pate. Seit Neuestem geistern natürlich auch die Pardiesesvorstellungen der Muslime durch die Köpfe aller, die sich mit dem islamistischen Fundamentalismus beschäftigen. Den Märtyrern, wie die Selbstmordattentäter genannt werden, ist der unmittelbare Eingang ins Paradies verheißen (wie übrigens auch den Kreuzrittern des Mittelalters, wenn sie auf dem Kreuzzug

umkamen). Dort werden sie u.a. von den Huris, den Paradies-
jungfrauen, erwartet, die ihnen nie enden wollende sexuelle
Freuden bereiten werden.

Was ist denn der Himmel nach Meinung der Bibel und der
Theologen? In der Schöpfungsgeschichte kann Himmel sowohl das Firmament bedeuten, also einfach das, was wir sehen, wenn wir bei klarer Sicht nach oben schauen, als auch
den Luftraum zwischen Himmel und Erde. Der Himmel ist
der Wohnraum Gottes, von dort aus sieht, spricht und handelt er. Daher kann das Wort Himmel zum Synonym für
Gott werden, wie übrigens auch in der chinesischen Kultur.
Dort im Himmel hat Gott eine Art Hofstaat um sich, Lebewesen, deren Aufgabe es ist, Gott zu lobpreisen, seine Boten
und Helfer der Menschen zu sein. Für diese ist der Himmel
grundsätzlich unerreichbar, im Alten Testament wird nur
vom Propheten Elija berichtet, er sei zum Himmel entrückt
worden. Das allmähliche Aufkommen eines Glaubens an ein
glückliches Weiterleben der Menschen nach ihrem Tod findet
seinen Niederschlag auch in der Rede davon, dass diese sich
bei Gott befinden.

Im Neuen Testament wird der auferstandene Christus zur
Rechten Gottes erhöht, dort bittet er für die Seinen. Wer sich
als treu erweist, findet im Himmel eine Wohnung und ewiges
Leben bei Gott und Christus.

Die Theologie als philosophisch geschultes Nachdenken über
Gott hat immer gewarnt vor den volkstümlichen, sehr irdi-
schen Vorstellungen vom Himmel. Man versteht Himmel weder als überirdischen Raum noch als ewigen Glückszustand,
sondern geht stärker vom Bild einer personalen Beziehung
aus. Es geht also immer noch um die Begegnung mit einem
personal gedachten Gott, allerdings mit seiner »richtend-
vergebenden«, »reinigenden« und versöhnenden Liebe. Die
durch Schuld und Schwäche des Menschen gebrochene Beziehung zu Gott wird dadurch wiederhergestellt.

Damit werden auch die traditionellen Himmelsbilder korrigiert: die ewige Ruhe, die wir unseren Verstorbenen erbitten, das ewige Leben, das wir erhoffen. Es ist nicht einfach eine in sich ruhende, abgeschlossene und zeitlich endlos höhere Daseinsweise, sondern ein unabschließbares Geschehen des Zusammenstimmens zwischen Gott und Mensch.

Die klassische Theologie verstand Himmel vor allem als die Ermöglichung der seligen Gottesschau. Dies ist eine Kategorie des Intellekts, das »Erkennen« Gottes, das eben erst in der himmlischen Vollendung möglich wird. Vorher kann man Gott nicht erkennen, ihn nicht finden, sondern nur suchen. Heute sieht man es eher umgekehrt: Der Himmel ist die Chiffre dafür, dass Gott den Menschen liebend anschaut, erkennt und annimmt. Er wird in seiner Vollendung in die Liebe Gottes hineingenommen.

Auch das Reden vom »Jenseits« wird überwunden. Auch hier wird ein statisches Denken zugunsten einer »ewigen« Dynamik verlassen. Der Himmel ist nach Medard Kehl nicht das Ende des Berührtwerdens vom Leid der Geschichte, sondern der »Ort« des Versöhntwerdens mit Gott und dessen »Sympathie« (Mitempfinden) mit seiner Schöpfung.

Was bedeuten dann die »letzten« Dinge für einen modernen Menschen mit seiner religiösen Sehnsucht?

Für »Religion« gibt es so viele Definitionen, wie es über sie nachdenkende Menschen gibt. Eine der griffigsten, weil umfassendsten stammt von dem amerikanischen Philosophen William James (1842–1910): »Religion ist, was immer sie noch sein mag, die Gesamtreaktion eines Menschen auf das Leben.« Der Theologe Ulrich Barth ergänzt: »Religion ist die Deutung der Erfahrung im Horizont des Unbedingten.«

Die Reaktion auf das Leben und die Erfahrungen, die wir im Leben machen, sie sind es, die Religiosität hervorrufen. Wir erleben das Leben als bedingtes, begrenztes. Jedes menschliche Individuum ist eingegrenzt durch seinen Körper. Mithilfe der Sinne stellen wir Kontakt mit der uns umgebenden Welt her. Die

Informationen, die wir bekommen, verarbeiten wir in unserem Inneren, im Geist, in der Seele. Für mich persönlich spielt es keine Rolle, wenn die Wissenschaft uns erklärt, dass Seele und Geist Bilder für die komplexen Vorgänge in unserem Gehirn sind, physikalisch-chemische Reaktionen in einem Bruchteil von Sekunden. Im Gegenteil, je mehr die Forschung herausfindet, wie es etwa zur Bildung des Willens oder der Weitergabe der kulturellen Entsprechungen der Gene, nämlich der Meme kommt, umso mehr gerate ich ins Staunen über das Wunder der Evolution. Mag es ruhig der Zufall sein, der im Laufe von Jahrmillionen etwas so Wunderbares wie das menschliche Auge hervorgebracht hat, dann ist eben der Zufall eine Weise von Gottes Wirken. Dies ist für alle religiös denkenden Menschen immer schon größer gewesen als das von uns konstatierte Kausalitätsprinzip: alles müsse eine Ursache haben.

Die letzte Grenze menschlichen Lebens ist der Tod, deshalb wird er zu einem Gegenstand religiöser Betrachtung. Ich versuche, keine Angst davor zu haben. Das gelingt nicht immer. Er ist ein Schritt ins absolut Unbekannte. Um religiös zu sein, brauche ich auch nicht die traditionelle Vorstellung von dem, was nach dem Tod kommt. Wenn ich mir Gott als die bedingungslose Liebe denke, die das Prinzip des Kosmos ist, dann bin ich in ihr aufgehoben, auch wenn mein Ich sich in seine molekularen Bestandteile auflöst.

Dann ist auch die Frage nicht wichtig, wie Schuld vergolten wird in einem Jenseits und wie Gutes belohnt werden könnte. Ich bin als einer, der Gottes bedingungslose Liebe erfahren hat, eben durch diese Erfahrung und nicht durch irgendeine Weisung verpflichtet, hier in diesem einmaligen Leben (ein anderes wird es nicht geben) zu versuchen, diese Liebe zu leben. Sie wird immer begrenzt, unvollkommen bleiben, leider auch bedingt. Ein solches allmähliches Lernen des Verzichtenkönnens auf Bedingungen für Liebe, Zuwendung, Kommunikation ist eine lebenslange Aufgabe. Damit trifft auch der Vorwurf ins Leere, der bedingungslos liebende Gott sei ein Konstrukt moderner selbstgestrickter Wellness-Religion: Einen höheren Anspruch an die Freiheit des Menschen wird es kaum geben!

Erlösung besteht in dieser Erfahrung. Sie bringt eine ungeheure Weite und Größe in unser Leben. Zur Freiheit sind wir befreit, so drückt es Paulus aus (Gal 5,1). Durch Jesus sind wir befreit, weil er uns diesen bedingungslos liebenden Gott neu erfahren lässt und selbst die Bedingungslosigkeit bis zum eigenen Tod im Lassen des Lebens gezeigt hat.

Die Erfahrung des Erlöstseins hilft auch, die Ängste des Menschen zu überwinden. Eugen Biser wird nicht müde zu betonen, dass das Gegenteil von Glaube nicht der Unglaube, sondern die Angst sei. Glaube ist vor allem eine andere Ausdrucksweise für Vertrauen, das Gegenteil ist Misstrauen, wenn dies zu einer Grundeinstellung des Menschen gegenüber seiner Umwelt wird. Misstrauen und Angst sind Geschwister. Deshalb ist jede Form von Angstverbreitung etwas Antireligiöses, jedenfalls Unchristliches. Die Höllenpredigt hat deshalb keinen Platz in der Verkündigung des bedingungslos liebenden Gottes. Sie wurde jahrhundertelang als Instrument missbraucht, denn nur durch die Heilsmittel der Kirche konnte man vorgeblich der Hölle (und dem Fegfeuer) entkommen. Natürlich ist der Mensch begrenzt, unvollkommen und dadurch immer geneigt, gegen das Prinzip der Liebe zu verstoßen und zur Gewalt zu greifen, um das Ego durchzusetzen. Aber er ist aufgefordert, seine Fehler vor allem hier und jetzt angesichts der Liebe Gottes wieder gut zu machen. Nur so kann es dazu kommen, den Himmel auf Erden zu holen, Tag für Tag ein Stück mehr, immer wieder neu beginnend.

6. Ethik der Liebe

Unter Ethik versteht man eine Gesamtheit von zielführenden menschlichen Verhaltensweisen und Anweisungen. Eine zielführende Frage könnte sein: Wie lebt man gut? Da gut leben heute oft im Sinn von in materiellem Wohlstand leben verwendet wird, kann man eher fragen: Wie lebe ich in Balance? Wie führe ich ein ausgeglichenes, in sich ruhendes Leben? Sowohl als Einzelner oder in Gemeinschaft mit anderen Individuen. Wie verhält man sich gegenüber der Umwelt? Im Bereich religiöser Begründungen für ethisches Verhalten spricht man von Moraltheologie. Die Frage lautet dann: Welches Verhalten fordert Gott? Wie verantworte ich mein Handeln gegenüber Gott? Nach der klassischen dreiteiligen Aufteilung der Philosophie beantwortet Ethik die Frage: Was soll ich tun bzw. was sollen wir tun? Welche Direktiven gibt es, die im Leben zu beachten sind? Woher nehmen diese Gebote und Verbote ihre Plausibilität, ihre Begründung?

Wenn ich an meine Erziehung zurückdenke, und das wird vielen so gehen, so wurden – auch von meinen nicht sehr kirchlich orientierten Eltern und Großeltern – vielfach religiöse Begründungen geboten, die hilflosen Vätern und Müttern am leichtesten zu Pass kamen, wenn sie nicht mehr weiterwussten auf die Frage des Kindes: Warum muss ich, warum muss man das tun? Meist kamen dann die zehn Gebote zum Zuge, etwa das vierte, das in unserem Gesangbuch nur in der Kurzfassung: »Eltern und Vorgesetzte«, und dem Stichwort des Beichtspiegels: »Ich war ungehorsam«, aufgeführt wurde. Irgendwie hatte ich damals schon die Ahnung, dass der liebe Gott als Lückenbüßer für viele nicht einfach so begründbare Forderungen nach angemessenem Verhalten dienen musste. Das Sonntagsgebot etwa, das dem gläubigen Katholiken vor allem in der Fassung des unter Androhung einer schweren Sünde gebotenen Kirchgangs eingeimpft wird, war mir schon früh verdächtig, weil in der Vorbereitungszeit auf die

Erstkommunion ich zwar von meinen Eltern in den Gottesdienst geschickt wurde, sie selbst aber nicht mitgingen.

Mit dem Erstkommunionunterricht verbunden war auch die Vorbereitung auf die Erstbeichte. 1962, als ich in der dritten Volksschulklasse, also neun Jahre alt war, war es noch selbstverständlich, dass diese im Beichtstuhl stattfand. Ein Holzkasten mit drei Abteilungen. In der Mitte saß der Priester mit seinem Amtszeichen, der violetten Stola um den Nacken, rechts und links waren die Abteilungen für die Beichtenden, damals selbstverständlich nur mit einer Kniebank und einem Holzgitter versehen, durch das man kniend dem im Halbdunkel sitzenden Beichtvater seine Sünden im Flüsterton mitzuteilen hatte. Damit wurde das Beichtgeheimnis verdeutlicht, dem nicht nur der Priester, sondern auch der Beichtende und die vielleicht zufällig Mithörenden, draußen Wartenden, unterlagen. Der Unterricht sah das Lernen der zehn Gebote vor und das Erkennen der Sünden, die man gegen jedes einzelne Gebot begangen hatte. Diese sagte man dann in der Beichte auf. Ich hatte das große Glück, dass an meiner Pfarrkirche Salesianerpatres Seelsorger waren, die sich ganz besonders der Kinder- und Jugendbetreuung verpflichtet wissen und damit sicher über ein besseres Einfühlungsvermögen in die Seelenverfassung eines neunjährigen Jungen verfügten als so manch andere Pfarrer, Kapläne und Ordensleute. Deshalb hatte ich – bis auf eine Beichtkrise vor der Firmung – eigentlich nie die Ängste meiner Altersgenossen vor diesem Sakrament. Die Firmung erhielt ein süddeutscher Junge im Alter von 13 oder 14 Jahren, also mitten in der Pubertät, und da bekam vor allen anderen Geboten das sechste eine bedrängende Wichtigkeit. Dieses Gebot heißt in der ursprünglichen Fassung der Bibel schlicht und einfach: Du sollst nicht ehebrechen. Es geht hier also um einen ganz eng eingegrenzten Tatbestand: Jemand dringt in die bestehende Ehe eines anderen ein. Aber was wurde in der kirchlichen Sexualerziehung nicht alles heraus- und hineingelesen und interpretiert? Dies reichte von der Schamhaftigkeit, die das Berühren des eigenen Geschlechtsorgans verbot, zur Selbstbefriedigung, die gerade einen pubertierenden jungen Menschen betraf, bis zum vorehelichen Geschlechtsverkehr oder der heute noch in christlichen und kirchlichen Kreisen mehr oder weniger heiß umkämpften Homosexualität. Ethik, oder wie sie vor allem im katholischen oder bürgerlich konservativen Milieu genannt wurde, Moral konzentrierte sich beinahe ausschließlich auf Fragen der Sexualmoral. Und diese, weil ein Verstoß gegen sie immer unter dem Verdacht einer schweren Sünde stand, musste gebeichtet werden. Dies war für viele Menschen der Grund, warum Beichte, oder wie wir sie schon etwas fortgeschritten im Religionsunterricht nannten, das Bußsakrament, sehr oft mit Angst verbunden war.

Soweit ein erster Zugang zu den Themen dieses Kapitels von unten her, d.h. von der Erfahrung vieler katholischer Zeitgenossen. Ich kenne die Praxis evangelischer Ethikerziehung zu wenig. Deshalb mag ich mir kein Urteil erlauben. Vor allem die Form der Einzelbeichte ist dort weitgehend unbekannt. Trotzdem habe ich den Eindruck, dass zumindest bei Menschen der älteren Generation die gelebte Rechtfertigungslehre anders aussieht, als ich mir einen vor Gott gerechtfertigten Menschen vorstelle: frei und mündig vor Gott und der Kirche, nur seinem an der Schrift geschulten Gewissen verantwortlich. Oft hörte ich von evangelischen Mitchristen den Satz: Ihr Katholiken habt es gut, ihr könnt zum Beichten gehen, dann seid ihr eure Sünden los; wir müssen ein Leben lang mit unseren Sünden leben. Spätestens da wurde mir klar, dass vom evangelischen Religionsunterricht oder einer intensiven Konfirmationsvorbereitung auch nicht mehr übrigblieb als bei uns Katholiken: nur rudimentäre Kenntnisse der eigenen, geschweige denn der christlichen Schwesterkonfession. Wenn man die Rechtfertigungslehre richtig versteht, die von der bedrängenden Frage Luthers ausging: Wie kriege ich einen gnädigen Gott?, so ist die Antwort darauf eben gerade: Allein durch den Glauben an den in der Schrift verkündigten Christus ist mir Gottes Gnade zugesagt. Oder in der derben Art Martin Luthers, seine Lehre auf den Punkt zu bringen: *Pecca fortiter, sed crede fortius!* Sündige tapfer, aber glaube umso stärker! Die Wiederentdeckung Luthers, dass Glauben und Vertrauen auf Gott jede Trennung von ihm durch Sünde und Schuld überwinden, ist eine in spätmittelalterliche Sprache gehüllte Botschaft von der bedingungslosen Liebe Gottes.

Bedingungslose Liebe

Diese Botschaft sollte die Grundlage einer modernen christlichen Ethik sein: Gott liebt den Menschen bedingungslos. Er stellt für seine Zuwendung keine Bedingungen, etwa im Sinne von: Wenn du das und das tust oder nicht tust, dann entziehe ich dir meine Liebe. Gottes Liebe ist uns vorauseilend geschenkt, nicht als Folge oder Belohnung für unser Verhalten. Wir können uns also seine Liebe nicht verdienen, sie ist – frei und ungebunden – angeboten, und wenn wir sie annehmen – geschenkt. Weil es für uns Menschen so schwer nachvollziehbar ist, sind unsere Erfahrungen im Miteinander doch so gänzlich anders: Gott verlangt nichts, er fordert nichts ein, er ist reine Liebe, die er uns schenken will. Das ist der Kern der Botschaft Jesu. Er zeigt uns auch ganz deutlich die Konsequenz, die eine Annahme dieser Liebe in der Tradition seines jüdischen Glaubens zu ziehen hat. Wir nennen es das Hauptgebot der Liebe und verundeutlichen mit dem Begriff Gebot schon wieder, was uns auch bei der Übersetzung der zehn Gebote an Fehlerhaftem passiert ist. Das Alte Testament spricht nämlich eigentlich ganz neutral vom Zehnwort, griechisch: Dekalog. Und der beginnt im biblischen Original mit einem Vorspruch: »Ich bin Jahwe, dein Gott, der ich dich aus Ägypten, dem Sklavenhaus, herausgeführt habe.« Das Volk Israel hat die Zuwendung seines Gottes, seine Liebe, am dichtesten in der Befreiung aus Ägypten erfahren. Unser Wort Erlöser oder Heiland weist im Hebräischen vor allem auf die Tat des Befreiens und des In-die-Freiheit-Setzens hin. Die folgenden so genannten Gebote, die im biblischen Original gar nicht in einer juristischen Sprache, sondern in Ausdrücken ethischer Unterweisungen geschrieben sind, dienen dazu, diese einmal geschenkte Freiheit zu bewahren und sich nicht erneut in eine innere, selbstgewählte Sklaverei und Abhängigkeit zu begeben. Wir übersetzen die Anweisung der Gebote mit der Befehlsform: Du sollst! Oder: Du sollst nicht! Das hebräische Original hat aber eine Form des Futurs, der Zukunft, die beides enthält in einer eigenartig schillernden Doppeldeutigkeit: Du wirst! Also konkret: Du wirst den Sabbat heiligen! Du wirst nicht morden! Du wirst nicht ehebrechen! Und so weiter. Da wird klar, was es in der Zusammenschau mit dem Vorspruch eigentlich bedeutet: Weil ich dir einmal die Freiheit geschenkt habe, wirst du diese und jene Dinge nicht tun. Das Einhalten der Gebote ist also nicht mehr die Voraussetzung, die Bedingung für die Zuwendung Gottes, sondern es ist genau umgekehrt: Sie ist die Konsequenz daraus. Das hat doch für jeden, der von einem Gottesbild ausgeht, das vom menschlichen Leistungsdenken bestimmt wird, eine ungeheuer befreiende Wirkung und Erkenntnis: Ich muss mir die Liebe Gottes nicht verdienen, sondern seine Erlösung (nur ein anderes Wort für die dauerhaft zugesagte Zuwendung) ist mir vorher schon geschenkt. Und mein ethisches, moralisches Verhalten ist meine Antwort auf das Wort Gottes. Hier wird aber auch deutlich: Dieses Angebot und seine Annahme verpflichten. Sie bringen eine ungeheure Eigenverantwortung des Menschen mit sich. Gott macht ein schier unglaubliches Angebot, und an uns liegt es, es anzunehmen oder abzulehnen. Gottes helfende Hand bleibt immer ausgestreckt, an uns liegt es, einzuschlagen oder abzulehnen. Diese Erkenntnis befreit und schafft Verantwortung in einem.

Jesus konzentriert und verdichtet nun dieses Zehnwort noch einmal, indem er ein einziges Gebot, eine einzige Konsequenz, diese aber in einer zweifachen Fassung formuliert. Das so genannte Hauptgebot der Liebe lautet in der Fassung des Matthäusevangeliums (Mt 22,35–40): »Ein Gesetzeslehrer fragte Jesus: Meister, welches Gebot im Gesetz ist das wichtigste? Er antwortete ihm: Du sollst den Herrn, deinen Gott, lieben mit ganzem Herzen, mit ganzer Seele und mit all deinen Gedanken. Das ist das wichtigste und erste Gebot. Ebenso wichtig ist das zweite: Du sollst deinen Nächsten lieben wie dich selbst. An diesen beiden Geboten hängt das ganze Gesetz samt den Propheten.«

Das Evangelium verwendet die griechische Übersetzung der hebräischen Form der Zukunft, es kann also genauso gut interpretiert werden: »Du wirst den Herrn, deinen Gott lieben ...« und: »Du wirst deinen Nächsten lieben ....« Liebe Gottes und des Nächsten, nach dem Maßstab der Selbstliebe, als Konsequenz daraus, dass Gott den Menschen liebt, und zwar bedingungslos. Er macht in unserer menschlichen Liebe nicht einmal diese Bedingungslosigkeit zur Bedingung. Wir werden die verströmende Liebe Gottes vermutlich nie nachvollziehen können. Deshalb haben auch so viele Menschen – auch Theologen – damit ihre Probleme. Das gibt es doch nicht, dass Gott überhaupt keine Anwandlungen zum Stellen von Bedingungen und damit zu Sanktionen beim Nichtbefolgen hat! Und so gibt es wieder Professoren der Exegese (Bibelauslegung) und Dogmatik (Lehre der Kirche), die den ambivalenten, gleichzeitig liebenden und strafenden Gott, der die Menschen im Ungewissen lässt über den Ausgang des Gerichtes, nicht aufgeben können und ihn in der Verkündigung wieder einfordern. Gott wird lieber menschlich klein und kleinlich verkündigt als großartig gerade im Verzicht auf die menschlich so naheliegende Strafaktion gegen unbotmäßige Sünder! Die ungeheure Wucht und ethische Anforderung, die gerade der bedingungslos liebende Gott fordert, weil sie als freiwillige Antwort von uns gegeben wird, übersieht man dabei leicht. Das Hauptgebot der Liebe (bleiben wir einmal der Einfachheit halber bei dieser Bezeichnung) fasst nach Jesu Worten das ganze Gesetz und die Propheten zusammen. Es ist also ein Konzentrat der Ethik des ganzen Alten Testaments. Alles Übrige sind nur Anwendungen im Detail, die sich dann messen lassen müssen an der bedingungslosen Liebe und ihrer Konsequenz.

Es gibt einen weiteren ethischen Grundsatz, in dem Jesus ebenso das ganze Gesetz und die Propheten zusammengefasst sieht. Er steht bei Matthäus in der Bergpredigt und hat eigenartigerweise überhaupt keinen Gottesbezug: »Alles, was ihr also von anderen erwartet, das tut auch ihnen! Darin besteht das Gesetz und die Propheten.« Die religiöse und philosophische Tradition kennt diese Aussage als Goldene Regel. Sie findet sich in vielen anderen Kulturen und ethischen Systemen ebenso kurz und prägnant. Im Evangelium wird sie in der so genannten positiven Fassung wiedergegeben. Es gibt jedoch auch eine negative Fassung, die wir landläufig als Reim zitieren: Was du nicht willst, das man dir tu, das füg auch keinem anderen zu! Man muss sich das einmal auf der Zunge zergehen lassen: Von diesem einfachen Satz sagt Jesus, dass er die ganze Bibel, konkret deren ethische Forderung, enthält. Beide Aussagen stellen also den Kern der jesuanischen, christlichen Ethik dar, sie haben unterschiedliche Ansätze und sind dennoch aufeinander bezogen. Das so genannte. Hauptgebot nennt ausdrücklich die Liebe als Forderung bzw. besser: Konsequenz christlicher Ethik. In der Goldenen Regel geht es um das Verhalten zueinander, das ausdrücklich auf Gleichwertigkeit von Handlungen mehrerer Personen, die miteinander in Beziehung stehen, Bezug nimmt. Darin trifft sich dieser Ansatz mit dem zweiten Teil des Hauptgebotes: Liebe deinen Nächsten wie dich selbst! Der Unterschied liegt im Gebrauch des Wortes Liebe, das ja einen sehr vielschichtigen Klang hat. Was meinen wir denn, wenn wir von Liebe sprechen? Thomas von Aquin, der große Gelehrte des christlichen Mittelalters und bestimmende Theologe der katholischen Tradition bis ins 20. Jahrhundert hinein, hat die Liebe mit dem Willen in Verbindung gebracht, er nennt sie gar eine Tugend des Willens. Das hat mich zu Beginn meiner Seelsorgetätigkeit zum Nachdenken gebracht, wenn ich etwa Hochzeitspredigten zu halten hatte. Liebe ist eben mehr als nur ein Gefühl, das kommt und geht. Sie ist eine Haltung, die durchgetragen wird, gerade dann, wenn das Gefühl schwer fällt oder schwindet. Für den deutschen Philosophen und Experten in Bezug auf Thomas von Aquin, Josef Pieper, bedeutet Liebe so viel wie gutheißen. »Jemanden oder etwas lieben heißt: diesen jemand oder dieses Etwas ›gut‹ nennen und, zu ihm gewendet, sagen: Gut, dass es dich gibt; gut dass du auf der Welt bist.«

Für uns moderne Menschen scheint diese Verbindung nur schwer nachvollziehbar zu sein, ist der Bereich des Willens doch eher gegen den Affekt, also das Gefühl der Liebe gerichtet. Wille hat nach unserem Empfinden mehr mit Leistung, Anstrengung, Tun, Erfolg, Selbstverwirklichung zu tun. Mehr mit dem Ich als mit dem Du. Das Wollen vermittelt eher rationale Kühle als emotionale Wärme. Der Wille scheint zuerst auf den eigenen Vorteil bedacht als auf das Wohl des Anderen.

Man könnte Liebe vielleicht so umschreiben: Es handelt sich um positive Zuwendung zu einer Person oder Sache, die durch ein Gefühl hervorgerufen sein kann, sich aber als willentlich vollzogene Haltung manifestiert. Echte oder wahre Liebe charakterisieren wir Menschen schon in unserer Alltagserfahrung durch das Attribut »bedingungslos«. Wenn etwa Eltern ihr Kind lieben und zu ihm halten, auch wenn es vielleicht straffällig geworden ist. Wenn Partner ihre Liebe bewahren, in guten und in schlechten Tagen, etwa wenn, wie ich es erlebt habe, die Frau kurz nach der Hochzeit schwer krank geworden war und vom Ehemann ein Leben lang aufopfernd gepflegt wurde. Rein affektive Liebe wird wohl zu Anfang rauschhaft erlebt werden, so wie die antike Mythologie es mit dem Pfeil Amors dargestellt hat, neigt aber gerne zur bedingten Liebe, weil sie den anderen vereinnahmen will. Sie hat Erwartungen, die schnell zu Forderungen werden. Das führt oft zu Missverständnissen, zu Konflikten, die, wenn sie nicht ausgesprochen werden, in Hass umschlagen können.

Zurück zu unserem Hauptgebot: Jesus zeigt die zukünftigen Verhaltensweisen des sich der bedingungslosen Liebe Gottes bewussten Christen: Du wirst Gott lieben. Das ist das erste und wichtigste. Dann fährt er fort: Ebenso wichtig ist das zweite: den Nächsten wie dich selbst. Er stellt also alle drei Objekte christlicher Liebe auf eine Bedeutungsstufe: Gott, den Nächsten, mich selbst. Wer an Gott glaubt, der wird ihn genauso lieben wie seinen Nächsten und sich selbst, nicht mehr und nicht weniger. Wer nicht an Gott glaubt, für den hat Jesus die Goldene Regel parat: Zwischen Menschen gelingt das Leben am besten, wenn gegenseitige positive Zuwendung ihre Beziehung bestimmt, die keinen der beiden übervorteilt bzw. benachteiligt. Für Fromme ist diese Deutung des Hauptgebotes vermutlich eine Zumutung, wurde uns doch früher eindeutig gesagt, dass Gott der absolute Vorrang gegeben werden soll. Nun stellt Jesus ihn auf eine Stufe mit der Liebe zu den Mitmenschen und mit einem gesunden Selbstwertgefühl. Nur wenn diese drei Zielpunkte meiner Liebe in einem gleichwertigen, ausgeglichenen Verhältnis zueinander stehen, wird christliches Leben sinnvoll geführt werden können. Erhält der Eckpunkt Gott zu viel Gewicht, entsteht der Frömmler, dem die Menschen zweitrangig sind und der Probleme mit sich selbst hat, das Zerrbild des Kirchgängers, der den neben dem Portal verhungernden Bettler übersieht, wenn er mit leuchtenden Augen die Kathedrale betritt. Gewichtet man den Nächsten zu sehr, verfällt man in Altruismus, der bis zur Aufopferung seiner selbst gehen mag, aber das Korrektiv der Selbstliebe und der Gottesliebe übersieht. Wer das Hauptaugenmerk der Zuwendung vor allem sich selbst schenkt, der mutiert zum unerträglichen Egoisten, der im Denken und Handeln nur um sich kreist.

Jesus gibt mit seiner Ethik der bedingungslosen Liebe auch ein ständiges Korrektiv für die Selbstdarstellung der Kirchen. Sie werden zwar von konservativen Politikern aller Couleur immer wieder angemahnt als die schlechthinnigen moralischen Instanzen der Gesellschaft. Aber weite Teile der Bevölkerung, auch der eigenen Anhängerschaft, lehnen sie deshalb auch ab, erscheinen sie dadurch doch vor allem als ständig mahnende, nur auf die Verfehlung sehende, den Zeigefinger hebende moralinsaure Institutionen des Neinsagens. Jesus zeigt dagegen positive Konsequenzen für die Zukunft auf. Er betont die Tugenden, die hilfreich sind, und nicht so sehr die Laster, die es zu überwinden gilt. Im Motivationsbereich spricht man von positiver Verstärkung. Bei aller notwendigen Grenzziehung, die es natürlich auch braucht, darf aber der Eindruck, nur immer zu den Miesepetern der Gesellschaft zu gehören, nicht zum Markenzeichen der Sozialgestalten des Christentums werden. Sonst verkommen diese zu randständigen Ethikagenturen, auf die niemand mehr hört.

Jesu Ethik der bedingungslosen Liebe entspricht dem Lebensgefühl des modernen Menschen. Es ist ein Angebot, das er frei wählen oder ablehnen kann. Damit wird eines der Paradigmen der Moderne gewahrt: das hohe Gut der individuellen Freiheit. Seit gut zweihundert Jahren prägt dieser Wert zunehmend unsere westlichen Gesellschaften. Er hat es bis in die Verfassungen der modernen demokratischen Staaten geschafft. Heute muss sich jede Institution und Organisation, seien es Staaten, Unternehmen, Parteien, auch die Kirchen daran messen lassen, wie sehr sie die Entscheidungs- und Wahlfreiheit des Einzelnen respektieren. Das gilt, so befremdend es klingen mag, auch für den von den christlichen Kirchen verkündigten Gott. Da das vergangene Drohpotential von Gericht, Fegefeuer und Hölle, also das der Strafe, nicht mehr greift, wird auch nur ein Gott glaubend und gläubig akzeptiert werden, der die Souveränität hat, darauf verzichten zu können.

Diskurs und Verantwortung

Die aufgeklärte Philosophie, die ja jede Metaphysik, d.h. die Voraussetzung einer jenseitigen Wirklichkeit ablehnte, konnte nicht mehr auf die Begründung der Ethik durch göttlichen Willen, wie er sich in der Heiligen Schrift offenbarte, zurückgreifen. Deshalb musste man andere Begründungszusammenhänge entwickeln. Die heute gängigste Begründung von Ethik wird durch die Konsenstheorie, wie sie sich in der Diskursethik konkretisiert, geliefert. Die beiden Fremdworte Konsens und Diskurs weisen schon den Weg, den dieser ethische Entwurf zu seiner Begründung geht. In einer freiheitlich demokratischen Gesellschaftsordnung könne man ethische Grundsätze nur durch den Diskurs, also das Gespräch, die Diskussion aller mit allen, gewinnen. Worauf sich alle einigen könnten, was also Konsens findet, das sei ethischer Grundsatz. Ganz praktisch findet diese ethische Position z.B. ihren Niederschlag in der heute allgemein praktizierten Einstellung zur Sexualität. Was zwei mündige Menschen miteinander vereinbaren, das dürften sie auch miteinander tun. Dazu bräuchte es keine weitere moralische Instanz, weder den Staat noch die Kirche. Mit diesem Grundsatz ist Sexualität zwischen Erwachsenen – auch in devianten (von der Normalität abweichenden) Formen – in Ordnung, wenn er nur frei vereinbart wurde. Das klingt gut und wird auch von den meisten Zeitgenossen, die nicht durch kulturelle oder religiöse Regeln anderweitig geprägte Auffassungen haben, so gehandhabt. Es entspricht zudem auch der Goldenen Regel.

Jürgen Habermas, einer der Väter der Diskursethik, hat diese nun in den letzten Jahren etwas relativiert. Er sagt, vielleicht sei es doch nicht so schlecht, Regeln und Normen, die uns das christlich-abendländische Erbe übermittelt habe, in einer rettenden Übersetzung für unsere moderne säkulare Gesellschaft hilfreich zu interpretieren. Der gesellschaftliche Diskurs könne keine überzeitliche Dauerhaftigkeit generieren und stehe dabei unter dem Generalverdacht, zur Beliebigkeit zu tendieren. Hilfreich ist in unserem konkreten Fall der Sexualmoral die Rückbindung an die bedingungslose Liebe Gottes. Die Konsequenz für das moralische Verhalten des Menschen, der sich daran orientiert, wäre das, was Immanuel Kant meint, wenn er sagt, der Mensch sei immer Zweck und niemals Mittel zum Zweck. Oder sagen wir es in einer werteorientierten Sprache: die Würde des Menschen, die höher steht als das bloße Einverständnis zweier sich im Diskurs befindlicher Menschen.

Die Würde des Menschen drückt sich nach klassischem christlichem Menschenbild in seiner Personalität aus. Er ist einmalige und unverwechselbare Person, in der sich das Bild Gottes widerspiegelt. Auch das transpersonale Gottesbild, das ich im Kapitel über den Gottesbegriff dargestellt habe, lässt diese aus dem Schöpfungsmythos gewonnene Wahrheit über die geschöpfliche, evolutive Würde des Menschen als selbstreflexives, sich seiner selbst bewussten Lebewesens zu. Diese Eigenschaft macht es uns möglich, uns in andere Menschen denkend und fühlend hineinzuversetzen. Dies wiederum verpflichtet uns, die Würde und die Einzigartigkeit des anderen zu respektieren. Dies ist mehr als bloße körperliche Unversehrtheit, es ist ein ganzheitliches Achten des anderen auch mit aller mentalen und »seelischen« Verletzlichkeit. Von der Evolution her gedacht, sind die beiden wichtigsten Bereiche des Lebens die Erhaltung des Individuums, z.B. durch Fressen und die Vermeidung des Gefressenwerdens, und die Vererbung der Gene, durch Fortpflanzung. Eine der intensivsten Formen der Begegnung von Menschen untereinander geschieht von daher in der Geschlechtlichkeit. Dies meint nicht nur den sexuellen Akt als solchen, sondern auch mit allem, was damit zusammenhängt, dem Zeugen und Aufziehen von Nachwuchs, der Lust, die mit dem Sex verbunden ist, dem Gefühl der Liebe, das in unserer Tradition zu Ehe und Familie, zu Partnerschaft gehört, zu der Tatsache, dass wir als Mann oder Frau existieren und unsere Art nur durch sexuelle Fortpflanzung weiterexistieren kann. Deshalb handelt es sich bei diesem Bereich auch um einen Kernbereich menschlicher Ethik und keine Religion oder keine Kultur gibt es, die nicht dazu bestimmte Regeln und Normen, oder zumindest Bilder der Erklärung, entwickelt hat. Ich denke nur an den Gott Eros bei den alten Griechen oder Amor bei den Römern. Das unvermutete sich plötzlich Verlieben, das lustvolle Begehren, ein Trick der Evolution, um zu möglichst häufiger Weitergabe der Gene anzuregen, konnte auf keine bessere und sympathischere, ja humanere Art dargestellt werden als durch den Pfeil, der jederzeit und unvermutet jeden und jede treffen kann. Warum aber hat gerade das Christentum, und hier besonders wieder seine katholische Form, eine solch ambivalente Haltung zum Bereich des Geschlechtlichen oder Leiblichen, wie man früher schamhaft sagte, entwickelt und ausgeprägt? Von Jesus gibt es dazu keine Aussagen, er akzeptiert die Ehe, wie sie im Judentum seiner Zeit praktiziert wurde. Er verschärft im Sinne seiner Sicht vom Menschen manche sehr

formalen Vorschriften des Judentums, indem er nicht nur die
äußerlich vollzogene Tat, sondern schon die innerliche Absicht
ethisch bewertet. »Ich sage euch, wer nur die Frau des Nächsten
begehrlich ansieht, hat schon die Ehe mit ihr gebrochen.« Auf
der anderen Seite betont er die Barmherzigkeit des bedingungslos liebenden Gottes, etwa im unübertroffenen Gleichnis vom
Verlorenen Sohn und seinem barmherzigen Vater. Von Sexualität ist in den Evangelien als Thema überhaupt nicht die Rede,
sie wird einfach als gegeben vorausgesetzt. Durchaus im Gegensatz zum Alten Testament, das ganz drastische Erzählungen zu
diesem Thema liefert, und den Briefen, hier vor allem der erste Brief an die Korinther, die die Sicht des christlich-jüdischen
Rabbiners Paulus von Tarsus in Abgrenzung zur hedonistischen
heidnischen Umwelt wiedergeben. Es sind dies die Themen,
die die junge christliche Gemeinde, herkommend aus jüdischer
Tradition, im heidnischen Umfeld bewegen: Askese, Ehe, Scheidung, Wiederheirat, Mischehen, Unzucht, Prostitution, Homosexualität. Dabei ist die Behandlung dieser Themen im Neuen
Testament kaum innovativ oder Normen stiftend gewesen. Die
frühchristlichen Schriftsteller bleiben ganz auf der Linie der an-
tik-mediterranen Weltsicht. Die Wahrnehmung und Bewertung
von sexuellem Begehren orientiert sich an der sozialen Ordnung, und diese ist asymmetrisch. Das heißt, den freien Män-
nern kommt es zu, aktiv zu sein, sowohl im Begehren als auch in
der sexuellen Aktion, die Frauen haben passiv zu bleiben. Es sind
diese Verhaltensweisen, die sexuelles Begehren charakterisieren,
und nicht die Objekte des Begehrens.

Zentrale Kategorien dieses Wahrnehmungssystems sind Be-
griffspaare wie frei/unfrei, aktiv/passiv, rein/unrein, Scham/Ehre.
Deshalb ist z.B. Homosexualität in der heidnischen Antike per se
nicht verurteilt, wenn dabei nur der freie und erwachsene Mann
der aktive Teil bleibt. Für einen Epheben, einen Heranwachsen-
den oder einen Sklaven galten schon wieder andere Bewertungs-
kategorien. Das kommunitäre Verständnis antiker Kultur führte
dazu, dass beim Fehlverhalten eines Einzelnen nicht nur dieser,

sondern die gesellschaftliche Gruppe ihre Ehre verlor oder der Unreinheit verfiel, was gegebenenfalls nur durch räumliche Distanz wiederhergestellt werden konnte. Unser modernes, von der individuellen Freiheit geprägtes Verständnis hat dagegen einen individualistischen Zugang zur Sexualität. Es gilt also heute, die Erfahrung der säkularen Gesellschaft, die ihre Ethik im Diskurs festlegt, mit der Grundlage christlicher Verkündigung, der bedingungslosen Liebe Gottes, in Einklang zu bringen. Anderes wird unsere Gegenwart kaum als hilfreich erkennen und annehmen.

Versuchen wir einmal gedanklich die Anwendung dieser Synthese auf den konkreten Fall der Sexualität: Zwei Menschen beschließen in individueller Freiheit, miteinander Sex zu haben. Nach der Goldenen Regel darf keiner vom anderen etwas verlangen, das er nicht selbst auch tun oder geschehen lassen würde. Das Hauptgebot der Liebe fordert die Konsequenz, dass jeder zum anderen »Ja« sagt. In meiner Interpretation bedeutet das nach Kant, dass keiner den anderen zum bloßen Zweck der eigenen Lustbefriedigung benützt. Jeder begegnet dem/der anderen auf Augenhöhe. Das fünfte der Zehnworte lautet: Du wirst nicht ehebrechen! Wenn man sich das gut überlegt, entstehen aus der Kombination dieser drei Grundsätze eigentlich sehr hohe ethische Forderungen, die nach unserem Verständnis nichts anderes sind als die Konsequenzen, Gottes bedingungslose Liebe angenommen zu haben. Es geht dabei nicht gleich um dauerhafte Partnerschaft, es geht nicht darum, ob es verschiedengeschlechtliche Personen sind, es geht sicher um den Schutz von Menschen, die (noch) nicht in Freiheit entscheiden können, und es geht um den Schutz bestehender Familienbande. Bedingungslose Liebe Gottes heißt: Er entzieht mir seine Liebe nicht, auch wenn ich gegen die selbst gezogenen Konsequenzen verstoßen habe. Vor dem Feuer dieser Liebe wird mir selber, wenn ich sie ernst nehme, jedoch meine Inkonsequenz bewusst. Im besten Fall ziehe ich Konsequenzen und schlage erneut in die hingehaltene Hand Gottes ein, d.h. ich ändere mein Verhalten. Im schlechtesten Fall schlage ich sie aus. Sollte ich die Freiheit und Unversehrtheit eines anderen verletzt haben, habe ich die juristischen Konsequenzen zu tragen. Ich habe bei der Beschreibung dieses Spezialfalls der Ethik bewusst die Begriffe Schuld, Sünde, Vergebung, Sühne, Strafe, Reue und Vergeltung vermieden, weil sie dem modernen Menschen nicht mehr das bedeuten, was man herkömmlich damit verbunden hat. Sie sind Gegenstand einer eigenen Betrachtung.

Auch wenn die Sexualität ein Reizthema für die Auseinandersetzung vor allem mit der katholischen Kirche darstellt und auch wenn zugeben wird, dass sie immer ein Reizthema der Medienlandschaft bleibt, ist sie doch heute nicht mehr das wichtigste Feld ethischer Problematik.

Werte in der Wirtschaft

Im Zuge der Wirtschafts- und Finanzkrise, die 2008 weltweit ausbrach, weil der Immobilienmarkt in den USA zusammengebrochen war, ist spontan konstatiert worden, dass mangelndes ethisches Bewusstsein der Marktteilnehmer daran schuld sei. Laster wie unmäßige Gier und fehlende Tugenden wie Demut und Bodenhaftung wurden als Ursachen von den zu schneller Reaktion veranlassten Politikern, Beratern und Fernsehmoderatoren ausgemacht. Der Ruf nach einer Werteorientierung in der Wirtschaft wurde laut, plötzlich stellte man fest, dass in der Ausbildung unserer Manager die Wirtschaftsethik zu kurz zu kommen scheint.

Bei der Wirtschaftsethik geht es um zweierlei: erstens um ein ethisch verantwortetes Handeln auf dem Markt und zweitens um ein ethisches verantwortetes Handeln im Unternehmen. Im ersten Fall sprach man noch bis in die erste Hälfte des 20. Jahrhunderts vom Leitbild des ehrbaren Kaufmanns. Wenn alle am Marktgeschehen Beteiligten sich an diesem Leitbild orientieren, kann Wirtschaft zum Wohl aller betrieben werden. Großes Thema der Wirtschaftsethik ist aber genau der umgekehrte Fall: Was passiert, wenn einer der Teilnehmer unethisch handelt? Werden dann die übrigen übervorteilt und ausgebeutet? Daher die

Forderung nach Regeln für den Markt, an die sich alle zu halten haben. Damit entsteht ein minimaler Konsens, der juristisch eingefordert werden kann. Ethik ist aber mehr als ein Korpus gesetzlich garantierter Spielregeln. Es geht um die guten »Gewohnheiten«, die gegenseitiges Vertrauen befördern und damit das Schmiermittel funktionierenden Marktgeschehens bilden. Diese guten Gewohnheiten (griech. *Ethos*) sollen auch im *oikos* (gr. für Haus), also im Unternehmen, herrschen. Es geht um den Umgang miteinander oder um die Unternehmenskultur. Unter Unternehmenskultur verstehe ich die Art und Weise, wie alle am unternehmerischen Geschehen Beteiligten miteinander umgehen, sodass alle Teilnehmer Freude an Leistung und am Erfolg haben. Hier schließt sich der Kreis mit dem Thema der christlichen Lebenskunst. Ihre Anwendung auf die optimale Verwaltung einer Haushaltung wird meiner Meinung nach durch einen Text der abendländischen Tradition beispielhaft praktiziert. Im 6. Jahrhundert, mitten in der Völkerwanderung, hat der Mönchsvater Benedikt von Nursia mit seiner praktikablen Klosterregel eine Anleitung zur wirtschaftlichen Steuerung einer spirituell ausgerichteten Gemeinschaft von Menschen unterschiedlichster Herkunft vorgelegt, die immer schon auch außerhalb der Klöster wegweisend wirkte. Sie verbindet die Traditionen des Christentums und der klassischen Philosophie mit den Erfordernissen der Zeit, um eine Organisation zielgerichtet zu führen. Dabei rekurriert er auf genuin christliche bzw. philosophische Werte und Tugenden wie den Gehorsam, den er zuerst vor aller Funktionalität der gemeinsamen Ausrichtung »unter Regel und Abt« als eine Haltung des Hörens aller auf alle, auf die Führungskraft, aber auch auf den »Jüngsten« versteht. Hören – Annehmen – Tun, das ist sein Dreischritt, wobei das Annehmen des Gehörten in einer grundsätzlichen Haltung des Vertrauens wurzelt. Eine dezidiert christliche Tugend ist die Demut, die dem »Ruhm-und-Ehre«-Streben der Antike entgegengesetzt wird. Sie meint die Bodenhaftung und Erdverbundenheit auch des Führungspersonals und die grundsätzliche Bereitschaft des Dienens von oben nach unten – damit ein Vorläufer des modernen Sozialprinzips der Subsidiarität. Dies besagt, dass übergeordnete Organisationsebenen den untergeordneten Ebenen bei der Erfüllung ihrer Aufgaben behilflich sein sollen, also eine Dienstfunktion nach unten haben. Ein drittes wirksames Führungsprinzip erhebt Benedikt gegenüber seinem Abt, indem er in dessen Anforderungsprofil das Talent der *discretio* einfordert. Dieser muss über die »Gabe der Unterscheidung« verfügen, d.h. er sollte fähig sein, seine Mönche in ihrer Unterschiedlichkeit wahrzunehmen und der »Eigenart vieler zu dienen«.

Auf Unternehmen angewendet: Die Führungskraft muss Integrationskompetenz besitzen und versuchen, jedem einzelnen der ihm unmittelbar anvertrauten Mitarbeiter gerecht zu werden. Hier kommt das Gerechtigkeitsprinzip der Antike zum Vorschein, dessen Maxime nicht war: Allen das Gleiche, sondern: Jedem das Seine. Das ist die wahre Führungskunst nach Benedikt. Mit der *discretio* verbindet sich die vierte der Kardinaltugenden, die *temperantia,* das rechte Maß. Aristoteles versteht darunter vor allem die Vermeidung von Extremen. Deshalb ist das rechte Maß auch einzuhalten bei der Ausübung der übrigen Tugenden und Verhaltensweisen. Um ein Beispiel aus seiner Nikomachischen Ethik anzuführen: »Bei Geben und Nehmen von Geld ist die Mitte die Großzügigkeit, Übermaß und Mangel sind Verschwendung und Kleinlichkeit. Übermaß und Mangel verhalten sich da auf entgegengesetzte Weise: denn der Verschwender ist übermäßig im Ausgeben und mangelhaft im Nehmen, der Kleinliche ist übermäßig im Nehmen und mangelhaft im Ausgeben.« (II,7,8) Das Maßhalten ist eine der wichtigsten Tugenden für unsere Zeit geworden. Jedenfalls auf der Nordhalbkugel unserer Erde. Wir haben Vieles im Überfluss, nicht nur Geld und Wirtschaftskraft, sondern auch Zugang zu virtuellen Netzwerken und damit zu Information und Kommunikation. Die angeprangerte Gier der Manager ist bereits erwähnt worden. Habgier gehört zu den sieben Fehlhaltungen des mittelalterlichen Lasterkataloges (neben Hochmut, Trägheit, Vergnügungssucht, Zorn, Völlerei und Neid). Es ist aber nicht nur das Laster einiger weniger. Diese konnten ihre exorbitanten Gewinnerwartungen nur deshalb so hoch schrauben, weil die Gier eine Untugend weiter Gesellschaftskreise geworden ist. Der Werbeslogan »Geiz ist geil«, der die Massen von Kunden in die entsprechenden Einkaufstempel gelockt hat, ist dafür ein beredtes Beispiel. Hier ist der Appell zum Maßhalten angebracht. Wohlgemerkt ein Appell an verantwortliches ethisches Handeln. Dies ist nur durch Beispielgeben und Vorleben auch durchzusetzen. Das wiederum muss der Verantwortungselite von Staat und Gesellschaft bewusst sein. Die Tradition stellt für das Einüben des Maßhaltens ein Modell zur Verfügung, die »Askese«. Das griechische Wort *askeo* bedeutet *üben, sich befleißigen*, vielleicht übersetzbar mit dem aus dem Englischen kommenden Lehnwort *trainieren*. Askese bezeichnete eine Art Selbstschulung aus religiöser oder philosophischer Tradition zur Erlangung von Tüchtigkeit und Tugend. Auch der sportliche Athlet übte Askese, also das, was wir heute als körperliches und mentales Training bezeichnen, verbunden mit einem Ernährungsprogramm. In einem umfassenden Sinn versteht man unter Askese den freiwilligen Verzicht auf sinnliche Genüsse und Vergnügungen zugunsten der Erreichung eines höheren Zieles. In den Wörtern Asket und asketisch hat sich die Wortbedeutung fast ausschließlich auf die Vorstellung von Verzicht eingeengt. Der positive Aspekt des Einübens von Haltungen ist weitgehend in den Hintergrund getreten. Ich benütze Askese hier in diesem Sinn: als Aneignung einer Haltung, die das rechte Maß sucht. Der zeitgenössische deutsche Philosoph Peter Sloterdijk widmet diesem Phänomen ein ganzes Buch, dem er den biblisch anmutenden Titel gibt: »Du musst dein Leben ändern«. Es handelt sich dabei aber um das Zitat aus dem Rilke-Sonett »Archäischer Torso Apollos«. Angesichts der Vollkommenheit eines antiken Torsos, also eines Bruchstückes, verspürt der Dichter den Anspruch des Kunstwerks an ihn, den er in der letzten Zeile formuliert: Du musst dein Leben ändern. Sloterdijk spricht denn auch im Buch von einer Kunst der Anthropotechnik. Seine These lautet ja, nicht die Wiederkehr des Religiösen sei zu konstatieren, wie sie von den »oberflächlichsten Pamphleten der jüngeren Geistesgeschichte« aus der Feder von Richard Dawkins und Christopher Hitchens bekämpft werden. Vielmehr seien die Anthropotechniken als »mentale und physische Übungsverfahren, mit denen die Menschen verschiedener Kulturen versucht haben, ihren kosmischen und sozialen Immunstatus angesichts von vagen Lebensrisiken und akuten Todesgewissheiten zu optimieren«, eine Konstante der menschlichen Kulturgeschichte. Askese als Anthropotechnik des Maßhaltens gehört damit zur Menschheit wie Kunst und Religion. Um den positiven Aspekt der Askese wieder zu gewinnen, also ihren Zweck der Einübung von Tugenden und Werten, muss die Einengung auf den bloßen Verzicht aufgebrochen werden. Die Notwendigkeit, Geist und Körper ständig zu trainieren und dabei für sich das rechte Maß zu finden, ist eine durchgängige Konstante der modernen Gesellschaften. Dazu muss auch ein Training des ethischen Bewusstseins treten, um den zunehmend komplexer werdenden Anforderungen unserer Zeit entsprechen zu können.

Ethische Hilfestellung aus dem Geist des Christentums zu gewinnen, das heißt heute, im »säkularen Zeitalter« (Charles Taylor), sie weitgehend ohne direkte Vermittlung durch kirchliche Instanzen, sondern unmittelbar aus der Quelle zu schöpfen. Also warum nicht die Bibel, das Evangelium, als narrativen Text zur Auseinandersetzung auf ethischem Gebiet immer wieder zu Rate ziehen? Man muss die Latte nicht immer gleich ganz hoch legen, sondern eher ganz praktische Ratschläge zu Hilfe nehmen Von Politikern wird behauptet, »mit der Bergpredigt könne man keine Politik machen«. Meine Erfahrung geht zumindest dahin, dass oft sehr utopisch klingende Sätze dieses Kernbereichs der Verkündigung Jesu uralte menschliche Erfahrungen voller Psychologie enthalten. Als ich zu Beginn meiner Zellerars-Tätigkeit aufgrund mangelnder betriebswirtschaftlicher Ausbildung mehrere Managementkurse mitmachte, wurde mir das spontan bewusst. Jeder Mensch kommt in seinem Leben, in seiner Aufgabe, mit anderen das Zusammenleben und Zusammenarbeiten zu organisieren, unweigerlich immer wieder in Konfliktsituationen. Nicht nur sachlich begründete Meinungen prallen aufeinander, vor allem unausgesprochene psychisch verschiedene Dispositionen führen zu Konflikten, die hinter sachlichen Differenzen versteckt werden. Diskussionen in Konfliktsituationen bleiben deshalb oft fruchtlos bzw. führen zu nur noch größeren und sich dauerhaft verfestigenden Meinungsverschiedenheiten, weil sie – oft unbewusst – die beiden Ebenen, persönliche und sachliche Ebene, nicht genügend zur Kenntnis nehmen und auseinanderhalten. Meist steckt dieser Mechanismus dahinter: Konflikte auf der persönlichen Ebene werden auf der sachlichen Ebene ausgetragen und umgekehrt. Damit werden Lösungen auf beiden Ebenen blockiert. Im privaten Bereich spielen sich dann fruchtlose Diskussionen in der Paarbeziehung, in der Familie, im Freundeskreis ab. Machtkämpfe werden ausgetragen, ohne dass das eigentliche Problem angesprochen wird. Die Konsequenzen reichen über verfestigende Missverständnisse bis zu Trennung und Scheidung. Im beruflichen Bereich führen derartige »Hahnenkämpfe« zu Blockade, Stagnation, Misserfolg. Es geht dabei um misslingende Kommunikation. Ein weites Feld für Psychologen und Kommunikationsforscher.

Ralf Dahrendorf, ehemaliger deutscher Politiker, englischer Lord und Professor in Oxford, hat das Problem mit seinem kurzen und prägnanten Ausspruch auf den Punkt gebracht: »Konflikte entstehen durch Kommunikation und können nur durch Kommunikation gelöst werden.« Thomas Gordon, ein US-amerikanischer Berater, hat schon vor Jahrzehnten mit seinen beiden Bestsellern »Familienkonferenz« und »Managerkonferenz« ganz praktische Ratgeber für beide oben angeführten Problemfelder geschrieben, die nach wie vor gültig sind. Er plädiert für ein aktives Zuhören, das keine Wertungen zu den Aussagen des Gegenübers vornimmt, sondern versucht, dessen eigentliches »sachliches« Anliegen auch hinter verschlüsselten Botschaften herauszuhören. Er rät, keine »Du-Botschaften« auszusenden im

Konfliktgespräch, weil sie den anderen schon vornherein verprellen, sondern über eigene Gefühle zu sprechen. Das macht Menschen zwar angreifbar und schwach, ist aber ehrlich und öffnet die Perspektive zur Lösung auf Augenhöhe. Eine Konfliktlösung ohne Niederlage einer der beiden Seiten wird dadurch möglich, die dann auch dauerhaft durchgetragen werden kann. Ich habe die Methoden von Thomas Gordon auf einem Managerkurs mitgeteilt bekommen, aber erst dann gemerkt, dass ich diese Methode eigentlich schon früher bei meiner praktischen Ausbildung als Seelsorger gehört hatte. Das lässt sich alles auch sehr gut in einem Seelsorgegespräch anwenden. Gerade dort ist es ja wichtig, das Gegenüber, das mit einer inneren Not um ein Gespräch bittet, zuerst einmal zu öffnen und Vertrauen zu vermitteln. Pfarrer tun sich noch schwerer als Eltern, wertfrei mit einem anderen umzugehen, weil in ihren Hinterköpfen immer die Moraltheologie ihre symbolische Keule schwingt. Ethik, Moraltheologie sind prophylaktische Bereiche, sie sollen helfen, dass der Mensch gar nicht in verflixte Situationen kommt. Und wenn doch, sind zuerst die Fehler zu behandeln, sie sind Lernfelder. Der Seelsorger ist einer, der beim Wiederaufstehen hilft, wenn man hingefallen ist. Er darf auf keinen Fall den »Gefallenen« auf den Boden drücken oder ihn gar verurteilen.

Liest man einmal den folgenden Abschnitt vor dem Hintergrund der Konfliktlösungsmethode des aktiven Zuhörens, der Verweigerung des Zurückschlagens mit Du- Botschaften, die nur wieder verletzen, der Suche nach Lösungen ohne Niederlagen, so kann man nur staunen über den unmittelbaren Anwendernutzen der scheinbar so weltfremden Weisungen des jüdischen Rabbi Jesus aus Nazareth!

»Ihr habt gehört, dass gesagt worden ist: Auge für Auge und Zahn für Zahn. Ich aber sage euch: Leistet dem, der euch etwas Böses antut, keinen Widerstand, sondern wenn dich einer auf die rechte Wange schlägt, dann halt ihm auch die andere hin. Und wenn dich einer vor Gericht bringen will, um dir das Hemd wegzunehmen, dann lass ihm auch den Mantel. Und wenn dich einer zwingen will, eine Meile mit ihm zu gehen, dann geh zwei mit ihm.«

Nimmt das denn nicht auch die staatliche Justiz auf, wenn sie neuerdings die Mediation vor den Streit stellt? Ziel einer Vermittlung, einer Mediation soll ja gerade die Lösung eines Konfliktes sein, bei der keine der beiden Parteien beschädigt den »Kampfplatz« verlässt. Eines ist natürlich notwendig: die Bereitschaft, einen Kompromiss einzugehen, d.h. auch nachzugeben und eigene Schwächen einzugestehen. Hat das nicht auch etwas mit Demut, sprich Bodenhaftung und rechter Selbsteinschätzung, zu tun, jenseits des vermeintlichen Anspruchs, immer den Stärkeren und Siegreichen spielen zu müssen? Und hat es damit nicht auch etwas mit dem wahren Leben zu tun?

Kultur des Lebens

Papst Johannes Paul II. wurde nicht müde, vor einer Kultur des Todes zu warnen, und stellte dem den Entwurf einer Kultur des Lebens gegenüber. Ganz in der Linie des bisherigen kirchlichen Erscheinungsbildes fiel ihm dabei die Schilderung der Todeskultur leichter. Es stimmt, dass das Christentum sich von Anfang an der Verteidigung des Lebens verschrieben hat, auch wenn es sich dann im Lauf der Geschichte nicht immer an die eigene Maxime gehalten hat. In der Verkündigung Jesu steht der Mensch im Mittelpunkt, er ist der Augapfel Gottes, ja sein Ebenbild, das sagt schon die hebräische Bibel. Und noch unser Credo bekennt vom Sohn Gottes: *propter nos homines et propter nostram salutem descendit de caelis.* Für uns Menschen und zu unserem Heil ist er vom Himmel gekommen. Deshalb war das Leben des Menschen immer ein verteidigenswertes Gut, vor allem das Leben jener, die sich nicht selbst helfen konnten. In der Antike waren das die ungeborenen Kinder, die Säuglinge und Kleinkinder, für die es keine Lobby gab und deren Leben in der Hand des *paterfamilias*, des Haushaltsvorstands lag. Auch die bedürftigen Alten und Kranken, die Witwen und Waisen waren der Aufmerksamkeit und

Obhut der christlichen Gemeinde anvertraut. Das Leben ist vor allem an seinen beiden Grenzen, der Geburt und dem Tod, gefährdet. Eigenartigerweise ist dies von Kultur zu Kultur verschieden, wo denn nun diese Grenzen exakt gezogen werden. Es wird berichtet, die japanischen Ureingeborenen hätten ihre Alten im Gebirge ausgesetzt, Eskimos sie auf Eisschollen ins Meer treiben lassen, damit sie der Gemeinschaft nicht zur Last fallen. Wann beginnt das menschliche Leben? Wenn das Kind geboren wird, wenn sich Ei- und Samenzelle vereinen, wenn das befruchtete Ei sich in der Gebärmutter einnistet? Die Philosophen der Antike fragten sich, wann der Mensch beseelt wird – damit beginne eigentlich erst sein Leben. Die Stoiker dachten, die Beseelung sei ein Prozess und erst mit der Geburt abgeschlossen.

Wie immer, wenn es Streit gibt und die Materie justitiabel wird, muss das gesetzte Recht entscheiden. So kam es in jüngster Zeit zu einer Novellierung des Abtreibungsrechts in fast allen europäischen Ländern, weil sich die bisher eindeutige Vorrangstellung des werdenden Lebens plötzlich zugunsten der Selbstbestimmung der Frau verändert hatte. Wer erinnert sich nicht an den Slogan »Mein Bauch gehört mir«? Auch das ein Konfliktfeld des sich verändernden Wertegefüges. Pflicht- und Sollenswerte verlieren an Bedeutung zugunsten der Selbstverwirklichungs- und Autonomiewerte: Folge der Hochschätzung der individuellen Freiheit seit der Aufklärung. Der alte christlich geprägte Konsens vom Vorrang des Lebens überhaupt, mühsam errungen – auch gegen die eigene Geschichte – seit zweitausend Jahren, ändert sich zugunsten des selbstbestimmten Lebens. Gerade deshalb scheint mir das Motto des Papstes aus Polen äußerst bedenkenswert, wenn auch eher die positive Seite der Medaille. Die Kultur des Lebens gilt es zu fördern. Auch hier müssen sich Kirche und Christentum angewöhnen, das Positive zu verstärken, als immer nur auf das Negative zu verweisen. Der als Managementberater bekannt gewordene Jesuitenpater Rupert Lay hat einen Gedanken des Philanthropen Albert Schweitzer und des Psychotherapeuten Erich Fromm aufgenommen und das Biophilie-Postulat in die Ethik eingeführt. Biophilie, wie könnte es anders sein, ein Fremdwort aus dem Griechischen mit der Bedeutung: Liebe zum Leben. »Wir entscheiden uns also, die Erhaltung und Entfaltung des personalen Lebens als höchstes Gut festzustellen. Daraus folgt unmittelbar als kategorischer Imperativ: Handle stets so, dass du das personale Leben in deiner Person als auch in der Person eines jeden anderen Menschen eher mehrst denn minderst.« Diese höchste Handlungsnorm, »*das personale (soziale, emotionale, musische, sittliche, religiöse) Leben*« eher zu entfalten als zu mindern, nennt Lay das Biophilie-Postulat. Kann das nicht als die Maxime einer Kultur des Lebens gelten, ausgehend von der bedingungslosen Liebe Gottes zur Welt?

7. Gebet, Liturgie und Meditation

Gehen wir von unserer Grundannahme aus: Gott ist die Liebe. Näherhin: die bedingungslose Liebe. Das bedeutet ja, dass er für seine Liebe, die er uns schenkt, keine Vorbedingungen stellt! Was ist dann mit dem Sonntagsgottesdienst in unseren Kirchen? Warum besteht speziell in der katholischen Kirche dann das Sonntagsgebot, dessen Nichterfüllung noch bis zum Niedergang der Beichte als »schwere Sünde« galt und als solche auf den Gewissen der Gläubigen lastete? Die evangelischen Christen kennen zwar dieses Gebot nicht, und doch fühlt sich ein »aktives« Gemeindemitglied zur Teilnahme am sonntäglichen Predigtgottesdienst oder Abendmahl in seinem Gewissen verpflichtet.

Das ist eigentlich schon im Kern die Antwort auf unsere Frage. Martin Luther hat die bedingungslose Liebe in seiner Erfahrung und der Sprache seiner Zeit, geprägt vom Römerbrief des Apostels Paulus, in dem Schlagwort »Rechtfertigung« zusammengefasst. Der Christ ist allein durch seinen Glauben an Christus gerechtfertigt. Er muss keine menschlichen Verdienste vorweisen, keine »Werke« ableisten, keine Bedingungen erfüllen: doch, eine! Nämlich die gläubige Annahme dieses Angebotes. Deshalb ist auch die Teilnahme am Sonntagsgottesdienst keine Vorbedingung für die Gnade Gottes, ein anderes Wort für seine Zuwendung, seine Liebe.

Antwort auf die Liebe

Dass die Christen einer Gemeinde am Sonntag zusammenkommen, um miteinander zu beten, hat mehrere Gründe.

Da ist zum einen die Logik der bedingungslosen Liebe. Diese ist ein werbendes Angebot. Hat einer sie angenommen, will er daraus Konsequenzen ziehen. Die erste besteht wahrscheinlich in Dankbarkeit. Er will für diese Erkenntnis der Befreiung dem Prinzip des Kosmos Dank sagen. Es bedeutet für einen Menschen, der dem früheren religiösen Schema des »*do ut des*« (ich gebe, damit du gibst) und damit der Furcht vor Gott verhaftet war, eine ungeheure Befreiung, keine Leistung, keine Opfer mehr darbringen zu müssen, um sich die Gottheit wohl gesonnen zu machen, oder wie Luther es ausgedrückt hat, »einen gnädigen Gott zu kriegen«. Das ist wohl der erste Antrieb christlichen Gebets, Dank und Lobpreis. Da Jesus, der uns den Zugang zum bedingungslos liebenden Gott eröffnet hat, dies mit dem für ihn treffenden Bild der Vater-Kind-Beziehung getan hat, haben sich die Menschen Gott wie einen guten Vater vorgestellt. Und zwar wie einen Vater nach dem Verständnis der jeweiligen Zeit und Kultur. In der Antike war es der Haushaltsvorstand, der gut und gerecht zugleich war, gleichzeitig strenger und oft ferner Erzieher, aber doch verantwortungsvoller Ernährer aller, die ihm anvertraut sind. Von diesem Vater durfte man Wohltaten erbitten. Und so schleicht sich ein erster »anthropomorpher« (menschenförmiger) Zug in das Gottesverhältnis des Menschen ein. Schon die Denker des Altertums standen vor diesem Dilemma: War Gott nach Aristoteles, dem prägenden Philosophen des Griechentums, der unbewegte Beweger am Beginn der Kette aller Ursachen dieses Kosmos, wie konnte er dann durch Bittgebete bewogen werden, seine einmal vor aller Ewigkeit gefasste Meinung, die ja von seiner Allwissenheit getragen war, zu ändern? Welchen Sinn hat dann ein Bittgebet? Jesus selbst gibt darauf die Antwort, als ihn seine Jünger drängen, ihnen wie jeder ordentliche Rabbi seiner Zeit das Muster eines seiner Meinung nach richtigen Gebets zu geben. Es ist das Vaterunser. Nach der Anrede (Vater unser im Himmel) und dem Lobpreis (Geheiligt werde dein Name) folgen die beiden grundsätzlichen Bitten, um den Anbruch der Gottesherrschaft (dein Reich komme) und in unserem Zusammenhang entscheidend: *Fiat voluntas tua*, dein Wille geschehe wie im Himmel so auf Erden! Dies ist kein fatalistisches, passives Hinnehmen des Schicksals, sondern eine aktive »Annahme dessen, was ist«, um ein Wort von Romano Guardini zu zitieren. Ein Stück Gelassenheit in den Fluss des Lebens kommt damit zum Ausdruck, der gerade von dem Urverständnis des Getragenseins von der bedingungslosen Liebe ausgeht. Die nächsten drei Bitten behandeln Urängste und Erfahrungen des Menschen: das nackte Überleben, für das man Nahrung benötigt, das Schuldigwerden im Zusammenleben der Menschen, das immer gegenwärtige und drohende Unheil, das durch den »bösen Nachbarn«, also menschengemacht ist oder das durch Naturkatastrophen unverhofft über uns hereinbricht. Wieso lehrt uns Jesus selbst zu bitten, wenn er doch als »Sohn Gottes« von der Unveränderlichkeit seines Vaters wissen müsste? Seine Auffassung von der Sohnschaft ist nun einmal nicht exklusiv. Das bedeutet nicht, er ist der einzige Sohn Gottes, sondern wir alle, als seine Brüder und Schwestern (deshalb bezeichnet er sich am gesichertsten als »Menschensohn«), sind Kinder Gottes des Vaters. Es geht ihm um das grundsätzliche Vertrauen, das in diesem Bild zum Ausdruck kommt und das ich auch im vertrauensvollen Bitten äußern darf. Wenn uns dabei nur bewusst bleibt, dass das Bitten nicht eine Veränderung Gottes zur Folge hat, sondern eine Veränderung von uns Bittenden bewirken soll. Unsere Einstellung soll eine andere werden. Die Ängste sollen uns durch unsere Haltung als Bittende genommen werden, sie drücken die tiefste Annahme der bedingungslosen Liebe aus. Ein schönes Bild aus der Bergpredigt Jesu kann das illustrieren: »Sorgt euch nicht um euer Leben und darum, dass ihr etwas zu essen habt, noch um euren Leib und darum, dass ihr etwas anzuziehen habt. Ist nicht das Leben wichtiger als die Nahrung und der Leib wichtiger als die Kleidung? Seht euch die Vögel des Himmels an: Sie säen nicht, sie ernten nicht und sammeln keine Vorräte in Scheunen; euer himmlischer Vater ernährt sie. Seid ihr nicht viel mehr wert als sie? Wer von euch kann mit all seiner Sorge sein Leben auch nur um eine kleine Zeitspanne verlängern? Und was sorgt ihr euch um eure Kleidung? Lernt von den Lilien, die auf dem Feld wachsen: Sie arbeiten nicht und spinnen nicht. Doch ich sage euch: Selbst Salomo war in all seiner Pracht nicht gekleidet wie eine von ihnen. Wenn aber Gott schon das Gras so prächtig kleidet, das heute auf dem Feld steht und morgen ins Feuer geworfen wird, wie viel mehr dann euch, ihr Kleingläubigen! Macht euch also keine Sorgen und fragt nicht: Was sollen wir essen? Was sollen wir trinken? Was sollen wir anziehen? Denn um all das geht es den Heiden. Euer himmlischer Vater weiß, dass ihr das alles braucht. Euch muss es zuerst um sein Reich und seine Gerechtigkeit gehen; dann wird auch alles andere dazugegeben. Sorgt euch also nicht um morgen; denn der morgige Tag wird für sich selbst sorgen. Jeder Tag hat genug eigene Plage.« (Mt 6, 25–34) Es geht also um die Gelassenheit, die mit der mehrmals wiederholten Aufforderung »Sorgt euch nicht!« gemeint ist. Ein Paradox: Beim Gebet wird gerade durch das Bitten dessen Notwendigkeit grundlos. Es weist uns auf uns selbst zurück. Hierher passt wunderbar die Spruchweisheit: »Bete so, als ob alles auf Gott ankäme, und handle so, als ob alles auf dich ankäme!« Das Gebet rückt die Maßstäbe zurecht. Vor dem Grund des Lebens stellt man sich die Frage: Was ist wirklich wichtig im Leben? Dieses selbst oder die Art der Speisen und die Eleganz der Kleidung, um beim Beispiel aus der Bergpredigt zu bleiben?

Gottesdienst

Zurück zu unserer Eingangsfrage nach dem Sinn des Gebets. Warum beten Christen gemeinsam? Zum einen gibt es das in allen Religionen. Der Mensch ist ein Gemeinschaftswesen, sagt Aristoteles. Deshalb werden viele wichtige Tätigkeiten in Gemeinschaft vollzogen, auch das Gebet. In alter Zeit war das auch mit dem Opfer verbunden, das die Gottheit gnädig stimmen sollte. Und dies war vorrangig eine Gemeinschaftsaufgabe. Die Götter der Griechen und Römer sollten vor allem privaten Heil das Wohlergehen des Gemeinwesens gewähren. Im Judentum war dies noch konzentrierter in dem einzigen Tempel in Jerusalem. Zudem wurden auch private Gebete noch bis in die Neuzeit herein laut gesprochen. Ungefähr so, wie wir es aus den Bildern von der Klagemauer in Jerusalem her kennen. So dass eigentlich jedes Gebet eines Einzelnen immer auch eine Art öffentlicher Angelegenheit war. Neben der persönlichen Frömmigkeit gab es immer auch die gemeinsamen Äußerungen des Gebetes: Singen geht einfach besser in Gemeinschaft als allein und schon früh galt der Spruch: Wer singt, betet doppelt. In Gemeinschaft wurde auch aus den Büchern vorgetragen, die vom Leben Jesu berichteten, wurden die Briefe der anderen Gemeinden vorgelesen und gemeinsam poetische Texte der Bibel, so etwa die Psalmen, gesprochen und gesungen. Das gemeinsame Mahl, das im Leben Jesu eine so große Rolle gespielt hat, war von Natur her eine Gemeinschaftsangelegenheit, das nur zusammen mit den Freunden den Ritualen der Antike entsprechend begangen werden konnte.

Wenn ich daran zurückdenke, warum ich Benediktinermönch geworden bin, spielte dies Element für mich eine der wichtigsten Rollen: das gemeinsame Gebet. Heute ist es üblich geworden, dass sich eine klösterliche Gemeinschaft viermal am Tag zum Stundengebet, wie es im Fachjargon heißt, trifft: Am Morgen zur so genannten Matutin oder Laudes, zur Sext am Mittag, zur Vesper am Abend und zur Komplet als Nachtgebet. Solche Gebetszeiten bestehen aus einem Hymnus, einem gesungenen Gedicht, das der Tages- oder Kirchenjahreszeit entspricht, einer Reihe von Psalmen, die auf verschiedene Weise miteinander gesungen oder gesprochen werden, immer einer Lesung aus der Bibel, und einem zusammenfassenden Gebet. Diese Form des Gottesdienstes hat sich in den Klöstern erhalten, ursprünglich war es in allen Gemeinden üblich, mindestens die eine oder andere dieser Gebetszeiten zu begehen. Seit dem Mittelalter kam dies aber mehr und mehr aus der Übung. Übriggeblieben war nur noch die so genannte Brevierpflicht der Kleriker. D.h. jeder, der ein geistliches Amt in der Kirche ausübt, ist verpflichtet, dieses Stundengebet allein oder in Gemeinschaft zu verrichten. Mich hat es schon als Schüler fasziniert, deshalb habe ich mir damals von meinem Taschengeld alle möglichen lateinischen und deutschen Ausgaben dieses Breviers, vor und nach der Liturgiereform des Zweiten Vatikanischen Konzils, angeschafft und auch versucht zu beten. Daher kam bei der Überlegung, in welchen katholischen Orden ich denn eintreten solle, nur einer in Frage, der Wert auf das gemeinsame Stundengebet legte. In München waren das die Benediktiner von St. Bonifaz. In den dreißig Jahren meines Klosterlebens habe ich auch dabei eine Wandlung meiner Einstellung erlebt. Die Faszination, die vom Brevier, d.h. allein schon von dem Buch ausging, in dem diese Gebete zusammengestellt waren, hat seit der Jugendzeit angehalten. Noch heute nehme ich gelegentlich die Ausgabe der *Liturgia horarum* (Stundengebet) und spreche die Texte laut in Latein für mich, einfach weil es etwas Archaisches, in die Zeit der Alten Kirche Zurückreichendes und damit Geheimnisvolles und Mystisches an sich hat. In der Klosterzeit wurde es für mich zum *officium*, zur Verpflichtung. Und ich kann guten Gewissens sagen, dass ich diese Pflicht die meiste Zeit mit Freude erfüllt habe. Es war für mich eine den Alltag durchziehende Vergewisserung des eigenen Lebensquells, wenn die Texte der Bibel, gerade in ihrem dichterischen Kern, in den Psalmen, zweiwöchentlich wiederkehrend zur täglichen geistigen Nahrung, zum kräftigen und kernigen Hausbrot wurden. Die Psalmen, Lesungen, Wechselgebete, teils in einem eigenartigen Sprechgesang, teils in den uralten kirchlichen Melodien vorgetragen und miteinander gesungen oder gesprochen, erinnerten einen viermal am Tag an die zugesagte bedingungslose Liebe Gottes, wie sie im Christentum seit Jesu Tagen überliefert wurde.

Aber gerade diese allmähliche Erkenntnis der Bedingungslosigkeit und damit das Verschwinden des mit Strafen bewehrten Gottesbildes haben zum Umbau meiner Religiosität geführt. War denn dieser Pflichtencharakter des Gebetes nicht gerade durch Angst und Furcht vor einem Gott sanktioniert, der mich in irgendeiner Form bestrafen würde, wenn ich ihm nicht nachkam? Stellt Gott wirklich die kleinliche Bedingung der Pflichterfüllung oder ist es nicht vielmehr eine Bedingung dieser konkreten menschlichen Gemeinschaft und ihrer zwar alten, aber doch menschengemachten Form? Auch die Texte der Psalmen wurden mir plötzlich fragwürdig. Etwa am Donnerstag in der Matutin der Beginn von Psalm 68: »Gott steht auf, seine Feinde zerstieben; die ihn hassen, fliehen vor seinem Angesicht. Sie verfliegen, wie Rauch verfliegt; wie Wachs am Feuer zerfließt, so vergehen die Frevler vor Gottes Angesicht. Die Gerechten aber freuen sich und jubeln vor Gott; sie jauchzen in heller Freude.« Natürlich wusste ich durch lange Jahre Praxis, wie der Text zu verstehen war. Ich hatte es ja selbst immer wieder Gästen des Klosters erklärt. Die drei Ebenen des Sprechens alttestamentlicher Texte: aus dem geschichtlichen Kontext des Verfassers, in diesem Fall der Feinde Israels, die auch Feinde Jahwes, des einen und einzigen Gottes waren, der seinem Volk beisteht und – zumindest im frommen Wunschdenken des Verfassers – seine Feinde vernichtet. Dann aus der Perspektive Jesu, der Psalmen gebetet hat: Sein Leiden und Sterben am Kreuz und sein schließlicher Triumph in der Auferstehung, das so genannte Christusgeheimnis, wird durch den Psalm in seinem »fiktiven« Mund zum Ausdruck gebracht. Und schließlich im Mund des heutigen Beters: Ich kann mit Hilfe Gottes die Widrigkeiten des Lebens bestehen. Gott steht mir immer zur Seite, er ist bei mir. Deshalb kann ich diesen jubelnden Text mitsprechen. Ich weiß noch sehr gut, wie ich eines Morgens beim Sprechen dieser Textstelle das Stundenbuch zuschlug und die Kapelle verlassen habe. Plötzlich ging mir auf: Was sagen uns oder besser mir denn diese über zweitausend Jahre alten Texte heute noch? Kann man so etwas heute überhaupt noch guten Gewissens beten? Welches Gottesbild vermitteln wir denn da? Natürlich war ich im ersten Moment erschrocken über meine Reaktion und über die Fragen, die da so plötzlich über mich hereinbrachen. Hatte ich nicht genau diese kritischen Anfragen meist junger Menschen nach dem Sinn des Psalmengebetes leichtfertig mit der Antwort zu entkräften versucht, indem ich darauf verwies, die Psalmen seien das älteste Gebetbuch der Kirche, auch Jesus hätte sie gebetet und in ihnen kämen alle menschlichen Stimmungen vor, die man mit ihren Worten vor Gott tragen könne? All diese Antworten befriedigten nun mich selber nicht mehr. Ich merkte, wie hohl oft unsere angelernten Theologen-Argumente sein können, wenn sie von der eigenen Lebens- und Glaubenssituation in Frage gestellt werden. Auf jeden Fall führten diese Fragen auch dazu, dass dieses Moment meiner klösterlichen Berufung nicht mehr so ausschlaggebend war. Das Gemeinsame Gebet war mir damals wichtig gewesen, plötzlich war es das nicht mehr. Auch dieser Sachverhalt erleichterte mir den Entschluss, den Orden zu verlassen. Aber wie steht es heute mit meiner Einstellung zum gemeinsamen Gebet und zum Gebet überhaupt?

Der Sonntag

Damit kommen wir zum letzten Teil der eingangs gestellten Frage: Warum kommen die Christen ausgerechnet am Sonntag zu ihrem Hauptgottesdienst zusammen? Nach dem Zeugnis des Neuen Testaments legten die frühen Christen das von ihnen erfahrene Weiterleben Jesu als Ereignis seiner Auferstehung auf den ersten Tag der Woche fest. Dies war nach antiker Zählung, die den Anfang und das Ende mitzählt, der dritte Tag nach seiner Kreuzigung. Damit wurde der Dreitagesrhythmus aus der alttestamentlichen Überlieferung von der Auferstehung der Toten auf Jesus übertragen. Da der Sabbat, unser heutiger Samstag, als siebter Tag gezählt wurde, ist also unser Sonntag der erste Tag der Woche. Er war bei den Juden und ist heute noch im Staat Israel der erste Tag der Arbeitswoche. Die Christen haben diesen Tag mit der Abhaltung des rituellen Mahles begangen, aus dem sich die heutige Eucharistiefeier entwickelt hat. Sie heißt bei den Katholiken Heilige Messe, bei den Protestanten Abendmahl und bei den Orthodoxen Göttliche Liturgie. Vorbild hat diese Mahlfeier in den Mählern Jesu mit seinen Anhängern und Freunden bei verschiedenen Gastgebern und vor allem im letzten Mahl, das er vor seinem Tod mit seinen Jüngern begangen hat. In den Evangelien und im 1. Korintherbrief des Apostels Paulus wird dieses Letzte Abendmahl wahrscheinlich in der traditionellen

Form des jüdischen Ostermahls durch eine Symbolhandlung Jesu angereichert. Im Johannesevangelium wäscht Jesus seinen Jüngern die Füße als Zeichen für seinen Dienst an den Menschen. In den drei anderen Evangelien spricht er über Brot und Wein die Deuteworte, sie symbolisierten seinen Leib und sein Blut, die er für die Menschheit hingebe bzw. vergieße. Aus diesen Worten entwickelt sich die spätere Opfertheologie, die sich im Mittelalter soweit versteigen konnte, dass Gottvater seinen Sohn als Sühne für seine eigene, durch die Sünden der Menschen beleidigte Ehre geopfert habe. Dahinter steht das alte vorchristliche Gottesverständnis, dass die erzürnte Gottheit nur durch Opfer von Seiten der Menschen beruhigt und versöhnt werden könne. Der Mensch müsse geben, was ihm wertvoll sei, um von Gott seine erneute Zuwendung zu erlangen. Diese Interpretation der Eucharistie lässt sich wohl kaum mit unserem neugewonnenen Bild von Gott als dem Prinzip der bedingungslosen Liebe vereinbaren. Was kann man über das Verständnis Jesu aussagen? Wie hat er selbst diese Zeichenhandlung verstanden? Es ist grundsätzlich schwierig, durch die schon früh überformte Überlieferung von Jesus auf den genauen historischen Ablauf des so genannten Letzten Abendmahles zu schließen. Was sicher zu sein scheint, ist, dass Jesus seinen bevorstehenden Tod ahnte. Im Letzten war es seine umstürzende Botschaft vom bedingungslos liebenden Gott, die ihm die Verurteilung zum Tod einbrachte. Damit machte er in den Augen des jüdischen Establishments den Tempelbetrieb überflüssig und entzog der herkömmlichen Theologie ihre Grundlage. Auch wenn seine Anhängerschaft eher klein gewesen sein dürfte und seine Wirkung zu Lebzeiten bescheiden blieb, genügte seine Predigttätigkeit doch, um Gegnerschaft hervorzurufen. Aus zeitgenössischen Quellen wissen wir von ähnlichen Rabbinern und deren unrühmlichem Tod durch Anklage der eigenen jüdischen Führer vor den römischen Besatzungsbehörden. Jesus war also durchaus kein Einzelfall. Aber allein sein Leben und Lehren entfaltete nach seinem Tod eine ungeheure Wirkung »bis an die Grenzen der Erde«. Die Erfahrung des Weiterlebens seiner Überzeugungskraft, die in der Rede von der Auferstehung ihren Ausdruck fand, hat zu einer nachträglich symbolisch aufgeladenen Deutung seines Todes und der vorausgehenden Ereignisse geführt. Sein Ende als freiwillig auf sich genommenen Opfertod zu interpretieren mithilfe des Bildes vom Lamm, das zur Schlachtbank geführt wird, lag nahe. Gerade auch verbunden mit der Symbolik des Lammes, das nach jüdischem Brauch beim Osterfest gegessen wurde. Das Lamm, mit dessen Blut die Häuser der Israeliten gekennzeichnet wurden, an denen der Engel in Ägypten vorüberging, als er die Erstgeborenen der Ägypter tötete und damit Israel rettete, war ein sprechendes Vorbild für das am Kreuz vergossene Blut Jesu. Ihm selbst war diese spätere Deutung sicher nicht bewusst. Er wollte nur die Erinnerung an sein Leben und seine Lehre festigen. Mithilfe einer wiederholbaren, ziemlich einfachen Handlung, dem Brechen von Brot und dem Trinken aus einem Kelch, konnte er seine Neuentdeckung, die nämlich des Gottes der bedingungslosen Liebe, lebendig erhalten, für die er schließlich sterben musste. Dieser Gott fordert keine Vorleistung. So wie das geteilte Brot und der zu trinkende Mischwein, verströmt er sich im Fluss der Evolution, als Prinzip des Lebens, als Logos des gesamten Kosmos.

In der weiteren Entwicklung des Christentums als sich verfestigende Gemeinde, als die damals bekannte Welt umspannende Kirche, nahm die Mahlfeier am ersten Tag der Woche gerade auch in Konkurrenz zu den anderen Mysterienkulten, die sich unter dem Schutzmantel der griechisch-römischen Götterwelt etabliert hatten, eine immer stärker gewichtete Bedeutung an. »Wir können ohne Herrenmahl nicht leben«, so sagten frühe Christen beim Verhör durch die römischen Provinzialbeamten, als sie gefragt wurden, wieso sie trotz kaiserlichen Verbots sich zu ihrer Mahlfeier in der Frühe des ersten Wochentags noch vor Arbeitsbeginn versammelt hätten. Geschah dies in der ersten Zeit in Privathäusern vermögender Gemeindemitglieder, die über genügend große Versammlungsräume verfügten, so entstanden nach der Anerkennung des Christentums durch Kaiser Konstan-

tin im 4. Jahrhundert, nach dem Vorbild der römischen Säulen-
hallen, die ersten Kirchen. Als immer mehr Menschen sich tau-
fen ließen, begannen auch die ersten Dekadenzerscheinungen. Es
kamen nicht mehr alle Gemeindemitglieder zum sonntäglichen
Gottesdienst. Den vom Christengott weniger Begeisterten und
Ergriffenen war es nicht mehr so wichtig, Sonntag für Sonntag
den großen Gemeindegottesdienst zu besuchen. Es gab wohl
auch noch nicht so sehr das Bewusstsein der individuellen Verpflichtung, dass jeder persönlich in der Kirche anwesend sein
musste. So ist es heute noch in der Orthodoxie: Die Gemeinde
ist verpflichtet, das Herrenmahl am Herrentag zu feiern, jeder
Einzelne trägt seinen Teil dazu bei, dass dies möglich ist. Im Westen des ehemaligen römischen Reiches, das von der lateinischen,
einer mehr juristisch denkenden Kultur geprägt ist, kam die Notwendigkeit auf, festzulegen, was denn die Mindestanforderung
für einen Christen sei. Daraus entstanden seither die so genannten fünf Weisungen der Kirche: Feiere den Sonntag als Tag des
Herrn! An Sonn- und Feiertagen nimm regelmäßig an der Eucharistiefeier teil! Am Freitag bring ein Opfer! Empfange regelmäßig, wenigstens aber in der österlichen Zeit, die Sakramente der
Buße und des Altars! Hilf der Kirche und deiner Gemeinde! Auch
wenn diese Weisungen im Gotteslob, dem Gebet- und Gesangbuch der deutschsprachigen Katholiken, sehr zurückhaltend formuliert sind, erkennt man doch ihren Vorschriftcharakter. Aus
Kriterien, an denen man für sich selbst feststellen sollte, ob man
noch zur Kerngemeinde einer Pfarrei gehörte, waren im Lauf
der Jahrhunderte Gebote geworden, deren Verletzungen schwere Sünden waren, die also unbedingt gebeichtet werden mussten. Ich erinnere mich noch genau, wie in den 60er Jahren in der
Volksschule der Kaplan zu Wochenbeginn im Religionsunterricht gefragt hatte, wer am Sonntag in der Kirche war. Damals
war es schon nur noch die Hälfte der Mitschüler, die ihre Hand
nach oben streckte. Aber die anderen schauten immer noch ein
wenig verschämt vor sich auf die Schulbänke. Es gab noch einen Rest von Sündenbewusstsein. Dies dürfte heute nur noch

bei den über Sechzigjährigen in Rudimenten vorhanden sein. Nicht zuletzt, weil das Fernbleiben mit einer gewissen Angst und Furcht, sei es vor sozialer Ächtung oder aus Gewissensgründen vor Sündenstrafen im Diesseits oder Jenseits, verbunden wurde, hat man das Beachten dieser Gebote mit dem erstarkenden Individualismus über Bord geworfen. Heute bedarf es anderer Begründungen, um die Gläubigen davon zu überzeugen, wieso sie den Sonntagsgottesdienst besuchen sollten. Ich weiß nicht, ob ein auch noch so überzeugter Christ den Satz der afrikanischen Märtyrer aus dem 4. Jahrhundert nachsprechen würde: »Ohne Herrenmahl können wir nicht leben.«

Dies ist die eine Seite des Sonntags: die Feier des Gemeindegottesdienstes. Die andere Seite ist die Tatsache, dass der Sonntag in der christlich geprägten Welt als gemeinsamer wöchentlicher Feier- und Ruhetag begangen wird. Dieser Sachverhalt wird wohl von den meisten Menschen nach wie vor positiv gesehen und begangen. Ausnahmen mögen die strikt marktliberalen Unternehmen sein, die in diesem Ruhetag nur eine Störung des reibungslos laufenden Produktionsprozesses sehen können. Der Rhythmus von sechs Arbeitstagen (in der Praxis heute nur noch fünfeinhalb) und einem Ruhetag scheint ein urmenschliches Bedürfnis widerzuspiegeln. Entstanden wohl in Mesopotamien, wurde er vom Judentum übernommen. Die Schöpfungsgeschichte der Bibel hat diese Tradition der Wocheneinteilung dann durch die Erzählung vom Ausruhen Gottes am siebten Tag theologisch begründet. Ein sehr anthropomorphes (menschenförmiges) Bild Gottes von einem ruhebedürftigen Schwerstarbeiter, das aber gerade dadurch in seiner mythologischen Ausdruckskraft einen ungeheuer sympathischen Zug in das herkömmliche Gottesverständnis einträgt. Dieser siebte Tag der Woche, der Sabbat, wurde dann im Judentum zu einem der Unterscheidungsmerkmale und mit besonderen Vorschriften ausgestattet, die sich in der rabbinischen Auslegung bis zum heutigen Tag in oft skurriler Weise fortsetzen. So gibt es in israelischen Hotels oft einen Sabbatlift, der an jedem Stockwerk automatisch Halt macht, da es einem orthodoxen Juden verboten ist, am Sabbat einen Schalter zu betätigen bzw. einen Liftknopf zu drücken. Schon Jesus hat bekanntermaßen gegen solche Übertreibungen Front gemacht mit seiner Frage: »Ist der Sabbat um des Menschen willen da, oder der Mensch um des Sabbats willen?« Genau diese Frage müssen auch wir uns immer stellen. Das ist das Kriterium Jesu gegenüber allen rituellen Vorschriften. Dienen sie dem Menschen? Oder dienen sie seiner Gängelung? Hier trifft sich unser modernes Freiheitsstreben mit der Gesinnungsethik Jesu. Gott liebt uns bedingungslos. Ein Ausdruck dafür ist sicher der von den meisten Menschen als Geschenk empfundene freie Wochentag. Er dient, wie es das deutsche Grundgesetz etwas verhalten formuliert, der »seelischen Erhebung«. Ob diese in der traditionellen Form des Gottesdienstbesuches stattfindet oder in anderen, vielleicht erst zu entwickelnden Gestalten, sei vorerst einmal dahingestellt. Wichtig bleibt, dass jeder für sich die Ruhe und das Feiern gestaltet. Hier ist ein großes Feld von zukünftigen Möglichkeiten und Erfordernissen, Viele Menschen, so ist zweifelsfrei zu beobachten, kommen vor lauter Freizeitangeboten überhaupt nicht mehr zum Gestalten. Sie sind mit der Auswahl überfordert und stürzen sich in den allseits zu beobachtenden Freizeitstress. Der Mensch muss heute vor allem lernen, zur Ruhe zu kommen, Freizeit wirklich als freie Zeit zu entdecken, frei auch von oft selbst auferlegten Verpflichtungen, die ihn nur wieder verzwecken und verplanen.

Gott ist Gegenwart

Ich habe für mich den Wert von Religion vor allem dadurch neu entdeckt, dass ich sie als Kriterium der Zweckfreiheit gewonnen habe. Da Gott nichts von mir fordert, mir aber seine Liebe anbietet, gibt mir der Gottesdienst, der Sonn- und Feiertag, tatsächlich so etwas wie einen Zeit-Raum der Zweckfreiheit. Der Tag, das gemeinsame Feiern machen mir immer neu klar und bewusst, dass ich im Letzten nur im erfüllten Leben meinen

Sinn finden werde. Dass mein gelassenes Sein vor Gott mir eine nicht einholbare Freiheit vermittelt.

Daher macht es für mich auch Sinn, den transpersonalen Gott, dem ich in der Tiefe meines Herzens begegne, mit einem DU anzusprechen. Wenn auch das Bild des Vatergottes in unseren Tagen eher zu einem Opa-Gott mutiert ist, der mit langem Bart und weißem Nachthemd auf einer Wolke thront, hat die Anrede Du und Vater immer noch mehr Sinn als Herr der Heerscharen. Jesus als Bruder anzusehen ist allemal plausibler denn als Herrn. Dieses »Herr«, das in unserer Sprache, weil wir es als höfliche Anrede im Alltag gebrauchen, seine ursprüngliche Bedeutung verloren hat, stammt aus dem Griechischen (*Kyrios*) und war die Anrede des Herrschers in der Antike, etwa dem früher gebräuchlichen Majestät oder im französischen »Sire« entsprechend. Auch darin ist der »Herr« nur dann tauglich, eine zeitgemäße religiöse Sprache zu befruchten, wenn wir ihn als einzigen Herrn über uns anerkennen. Es könnte ein Zeichen der Freiheit sein von allen anderen Beherrschungen und Abhängigkeiten.

Martin Buber, ein jüdischer Philosoph und Theologe des 20. Jahrhunderts, hat das Du als den eigentlichen Namen Gottes betont. Schon das Wort Gott kam ihm verdächtig vor, weil es in der Geschichte so oft missbraucht worden ist. Der Mensch erlange seine Würde gerade im Gegenüber zu Gott, zu dem er in Beziehung treten könne. Gott garantiert die Beziehungsfähigkeit des Menschen, ja sein Wesen ist Beziehung. Das kommt gerade in der Selbstoffenbarung Gottes in der Erzählung vom brennenden Dornbusch zum Ausdruck. Gott weigert sich, auf die Aufforderung Mose, ihm seinen Namen zu nennen. Er sagt nur, er sei »Jahwe«, was eine große Fülle von Übersetzungsmöglichkeiten zulässt. Buber übersetzt es selbst in seiner Verdeutschung der jüdischen Bibel mit »Ich bin da«. Diese Aussage wurde nun doch zu einem Namen des Gottes Israels, der so hoch in Ehren gehalten wird, dass noch heute kein Jude wagt, ihn auszusprechen. Nach antiker Auffassung drückt der Name das Wesen eines Menschen oder Gottes aus. Gottes Wesen wird also als Gegenwart bezeichnet. Gott ist reine Gegenwart. Gebet heißt dann, sich dieser reinen Gegenwart, in der Gott da ist, bewusst zu werden. Im herkömmlichen Gottesdienst unserer Kirchen geschieht das durch Vortragen von Bibeltexten, Gebeten, Gesängen und Zeichenhandlungen, die eine jahrhundertelange Tradition hinter sich haben. Ohne solche Riten und Rituale wäre wohl die Schrift in Vergessenheit geraten. Nur durch die Organisation Kirche blieben sie in lebendiger Erinnerung und konnten ihre Kraft zu stets neuer Orientierung an ihnen entfalten.

Eines darf man vielleicht auch nicht aus dem Blick verlieren: In vergangenen Zeiten hatte der gemeinsame Gottesdienst auch so etwas wie Informations- und Unterhaltungswert. Gerade die daraus erwachsene Gestalt wird ihm aber heute zum Verhängnis. Heute muss er sich mit anderen Formen der öffentlichen Unterhaltung vergleichen lassen, sein »news«-Wert ist gleich null. Der Durchschnittsmensch unserer Tage erlebt einen Gottesdienst hauptsächlich als eine Fülle von meist langweiligen Texten, die sich über ihn ergießen und denen man als Teilnehmer gnadenlos ausgeliefert ist. Die Entdeckung der Liturgiereform des letzten Konzils, die Eucharistie sei »*gratiarum actio*« (tätige Danksagung), die die ursprüngliche tätige Teilnahme aller voraussetze, droht zum Bumerang zu werden. Schon in den sechziger Jahren schrieb der Religionsphilosoph Romano Guardini, in seiner Jugend ein glühender Verfechter einer erneuerten Liturgie, einen Aufsatz, in dem er die bange Frage stellte, ob der moderne Mensch überhaupt noch liturgiefähig sei. Brauchen wir nicht eher einfache Formen mit wenig Text, viel Stille und Schweigen, Meditation und Versenkung, die uns nicht wieder zur »*action*« antreiben, als den noch so schön und reich gedeckten »Tisch des Wortes«, wie es in der Liturgiekonstitution des Konzils gefordert wurde? Ich war in meiner Seelsorgstätigkeit ein begeisterter Verfechter des erneuerten Gottesdienstes und habe Ende der achtziger Jahre die Liturgiereform mit zwanzig Jahren Verspätung in dem kleinen Bauerndorf, in dem ich als Pfarrer wirken durfte, eingeführt. Meine beiden Vorgänger waren halbherzig stehen geblieben. Damals fiel mir schon auf, dass der Wunsch der Kirche, mehr Bibeltexte als bisher im Gottesdienst zu verlesen, zwar gutgemeint war, um endlich auch den Katholiken die Heilige Schrift bekannt zu machen, aber die Menschen, gerade weil sie es anders gewohnt waren, eben oft auch überforderte. Zur selben Zeit begann der Rundfunk umzustellen auf die berühmten und inzwischen auch berüchtigten »Einsdreißig«. Ein Wortbeitrag dürfe nicht länger als eine Minute und dreißig Sekunden dauern, weil man festgestellt hatte, dass der Mensch nach dieser kurzen Zeitspanne zum ersten Mal innerlich abschaltet. In der aufkommenden Quotenfixiertheit befürchtete man damit auch das Umschalten auf andere Programme, sinkende Hörerzahlen und damit Minderung der Werbeeinnahmen. Die Einführung des Privatfernsehens, das Nachziehen des öffentlich-rechtlichen Programms nach unten, was das Niveau betrifft, und die damit einhergehende Dauerberieselung durch Bilder und Töne taten ein Übriges. Das immer professionellere Infotainment setzt auch für den immer gleich ablaufenden Gottesdienst Maßstäbe und legt die Latte hoch. Diesem Anspruch kann und will der Gottesdienst nicht entsprechen. Deshalb muss er vielleicht zukünftig ein bewusstes Gegenprogramm bieten und dies auch werbend kundtun. Gegen die Oberflächlichkeit geht es um die Tiefe, gegen das Schnelllebige geht es um das Bleibende, gegen das Laute und Dröhnende um das Stille, gegen die Wortflut um Meditation des Lebenswortes, gegen die schrillen wechselnden Bilder um das Schauen, gegen die Vielfalt um das Einfache, gegen das dem Konsum Unterworfene um das Zweckfreie, gegen die aufkommende Leere um das Leben in Fülle. Ein solches »Gegen« möchte ich aber nicht im Sinn eines Kampfes verstanden wissen, als ob es gelte, die erneute Auflage eines wie immer gearteten Kulturkampfes aufzunehmen. Es geht mir um Wettbewerb von Alternativen. Ich bin da gar nicht so pessimistisch. Denkende Menschen verspüren die Notwendigkeit, das Leben an der Oberfläche immer wieder durch Atempausen in der Tiefe des eigenen Selbst zu korrigieren, wo man in der Stille die Stimme des inneren Meisters zu hören vermag. Vielleicht muss der Gottesdienst der Zukunft vor allem ein Meditations-Gottesdienst sein, der durchaus die traditionellen Rituale des Mystischen bewahrt. Eine Kerze anzuzünden und die Flamme flackernd wahrzunehmen, dem Echo eines Musikstückes nachzulauschen, ein kurzes Wort der Bibel nachklingen zu lassen, der Weihrauchwolke zusehen, wie sie mit Duft und Rauch den Raum erfüllt – all dies sind kleine Momente des Innehaltens. Sie ermöglichen aber den Zugang zum inneren Meister und das Hören seiner oft leisen Stimme.

Hier verschränken sich auch das gemeinsame, offizielle Gebet einer christlichen Gemeinde und die Formen der privaten Frömmigkeit. Neben einem Hausschatz vorformulierter Gebete, wie etwa dem Vaterunser, wird es wohl eher ein kurzes Stoßgebet sein, das die Verbindung zu Gott aufrecht erhalten lässt. Allein das DU Martin Bubers, die bloße Anrede und damit das Bewusstsein, mit dem großen Strom des Lebens in Verbindung zu sein, kann Vertrauen und Gelassenheit bestärken.

Mir hat, trotz aller Zeitbedingtheit, die im 6. Jahrhundert entstandene Klosterregel des hl. Benedikt geholfen, zu einer reifen Einstellung zum Gebet zu kommen. »Brevis debet esse oratio et pura« (kurz soll das Gebet sein und rein), schreibt er für die Stille der gemeinsamen Gebetszeiten vor. Obwohl er für die Gebetszeiten der Nacht sehr viele Psalmen vorsieht, er ist da noch ganz vom Leistungsdenken der frühen Mönche geprägt, ist sie im Vergleich mit anderen Klosterregeln maßvoll. Das versteht er wohl als Realisierung der Weisung Jesu: »Macht nicht viele Worte, wenn ihr betet. Der Vater im Himmel weiß ja, worum ihr bittet.«

»*Lectio divina*« benennt Benedikt die Zeit, die jeder Mönch für sich allein dem Gebet und der Meditation widmen soll. Es ist schwer zu übersetzen: »lesende Beschäftigung mit göttlichen Dingen« versuche ich es holprig wiederzugeben. Dies war zum einen das Auswendiglernen von Bibeltexten, dann aber auch »Studium religiöser Literatur«, wie wir es heute wohl bezeichnen würden. Die antike Art, immer laut zu lesen, beinhaltete auch ein Besinnen und Bedenken des Textes, auch durch häufig wiederholtes Lesen. Das Christentum ist wie das Judentum und der Islam eine Buchreligion, das heißt, dort spielen heilige Texte eine wichtige Rolle. Sie werden auf eine Offenbarung Gottes zurückgeführt. Daher ist Vertiefung und Bedenken dieser Texte Grundbestandteil religiöser Übungen. Das führt auf der einen Seite zu der schon angeführten Textlastigkeit und Wortüberladenheit des christlichen Gottesdienstes, auf der anderen Seite hat es zu einer Scheu vor dem Leerwerden der asiatischen Meditationsübungen geführt. Heute werden Zen-Übungen zunehmend in christlichen Meditationszentren angeboten, gerade weil sie offen sind für die Erfahrung von Gottes Tiefe. Damit scheint sich das Wort Karl Rahners zu erfüllen: »Der Fromme von morgen wird ein Mystiker sein, einer, der etwas erfahren hat, oder er wird nicht mehr sein.« Jeder, der fromm sein, d.h. ein aktives religiöses Leben führen will, muss sich seine Frömmigkeitsübungen selbst erarbeiten, sie müssen stimmig sein zu seiner eigenen Disposition und Veranlagung. Dies bedeutet sicher ein manchmal mühsames Suchen und Tasten, womöglich quer durch die verschiedenen Religionsfamilien. Heute wird der Begriff Frömmigkeit ja eher vermieden. Man spricht von Spiritualität, ein aus dem Französischen kommender Begriff. Er kann natürlich leicht missbraucht werden und alle möglichen esoterischen Strömungen mit einschließen. Aber es geht um etwas Größeres und Weitergefasstes als um ein Summarium aller traditionellen und zeitgenössischen Frömmigkeitshaltungen und Übungen. Es geht um das grundsätzliche Bewusstsein, dass es um geistige und geistliche Tiefe geht, wenn man aktiv das Leben selbst leben will. Viele Menschen haben ja das gegenteilige Gefühl, dass sie gelebt werden. Hier vermag Religion und praktizierte Spiritualität Abhilfe zu leisten, weil sie die Sinne und den Geist offenhält für die je größere Wirklichkeit, in der wir uns bewegen. Damit ist der Draht zum Göttlichen, auch wenn es transpersonal erfasst wird, ein Maßstab, um die Distanz zu den Menschen und Dingen, die uns umgeben, immer wieder neu justieren zu können. Daher sind Gebetszeiten, um wieder dieses Wort zu verwenden, Hilfen zur erfüllten Pause, ein Möglichkeit, an der Quelle des Lebens aufzutanken und, so banal und abgedroschen es klingen mag, Kraft zu schöpfen.

Ich habe mir deshalb seit meinem Weggang aus dem Kloster eine ganz simple Form zurechtgelegt: Ich versuche mir die Zeit dafür am Morgen zu nehmen. So schön es am Mittag oder Abend zum Tagesausklang wäre, diese Tageszeiten geraten zu leicht unter die Räder des Alltagsbetriebs. Zu Beginn mache ich mir bewusst, dass ich mich in der Gegenwart Gottes befinde, und öffne mein Herz dafür. Dann lese ich einen religiösen oder philosophischen Text, es kann auch ein Gedicht oder ein Stück Literatur sein, aber es muss schon eine tiefere Wirklichkeit ausdrücken. Einen kurzen Satz oder einen Ausdruck daraus nehme ich mit in die Stille. Dazu sitze ich entspannt auf einem Stuhl oder Hocker, kein Wohnzimmersessel. Manchmal bleibe ich nah am Text in meiner Besinnung, manchmal schweife ich ab. Ich wehre mich nicht gegen Gedanken, begrüße sie und verabschiede sie. Am schönsten ist es, wenn es mir gelingt, gar nichts zu denken, sondern nur bloße Gegenwart zu erfahren. Dies kann man nicht erzwingen, mit der Zeit wird sich solche Erfahrung aber öfter und leichter einstellen. Es wäre gut, für diese Stille 20 Minuten Zeit zu haben.Wenn es nur 10 Minuten sind, ist es auch gut, aber bei weniger Zeit gelangt man schwer in die Erfahrung der Tiefe. Daran anschließend bringe ich mich in eine Haltung der Ich-Du-Beziehung. Ich spreche Gott als Du an. Ignatius von Loyola, der Gründer des Jesuitenordens, empfiehlt hier, die Meditation mit einem Vaterunser abzuschließen. Es kann auch nur in der Anrede von Gottes Gegenwart beschlossen werden. Damit geschieht eine Öffnung in die Weite, es ist wie ein Segen über den kommenden Tag, den ich gelassen beginnen kann.

Neben diesem wöchentlichen oder jährlichen regelmäßigen Geschenk der Freiheit, wahrer Frei-Zeit am Festtag, spielen im Christentum noch Feiern an bestimmten Punkten des individuellen Lebens eine Rolle. Es sind Momente der Lebenswende, wie etwa Geburt, Erwachsenwerden, Hochzeit, und auch der Tod mit den Ausdrucksmöglichkeiten von Freude und Trauer. In den unterschiedlichen christlichen Kirchen gibt es eine unterschiedliche Anzahl dieser offiziellen Feiern. Sie werden Sakramente genannt und waren ursprünglich Zeichen der Zugehörigkeit zur christlichen Gemeinde. Die Taufe und Firmung bzw. Konfirmation waren Schritte der Eingliederung in die Kirche. Heute werden sie meist als Segensfeiern in einem bestimmten Lebensabschnitt verstanden. Auch wenn der Durchschnittschrist kaum mehr versteht, was die theologische Bedeutung des jeweiligen Sakramentes ausmacht, so sind doch einzelne Elemente, Gebärden und Symbole von hoher Bedeutung. Die Begrüßung des neuen Erdenbürgers und der Abschied vom Verstorbenen mit einem festen Ritual, das Sicherheit und einen Rahmen bietet, sind nicht zu unterschätzende Formen der Lebensbewältigung. Die Beteiligung daran ist proportional höher als am Gemeindegottesdienst. Das zeigt, dass diese Feiern für die Menschen hilfreich und wohl auch notwendig sind. Wenn die Kirche sie nicht bietet, dann holt man sie sich eben woanders, bei einem Redner oder »Riten-Designer«.

Das lateinische Wort »*sacramentum*«, das für diese Lebenswendefeiern verwendet wird, kommt aus dem Militär und bezeichnete den Fahneneid der römischen Soldaten. Darin drückt sich der Gedanke der Verpflichtung aus, der damit verbunden wurde. Die Taufe verpflichtet zum Leben als Christ, und die Hochzeit zu Treue. Der nordafrikanische Theologe Tertullian, der den Begriff im 2. Jahrhundert einführte, übersetzte damit ein griechisches Wort, das eine etwas andere Bedeutung hat. Dort heißt es »*mysterium*«, Geheimnis. Die Teilnahme an einer solchen Feier führt den Christen ein in das Geheimnis Gottes, das nicht erkannt und verstanden, sondern nur erfahren werden kann. Gerade im Bereich des gottesdienstlichen Tuns könnte Gotteserfahrung geschehen in einer Art Einklinken in den Strom der Liebe, der die Welt durchfließt, in der Erinnerung an den Weg Jesu und die Annahme der Liebe Gottes zu allen Zeitpunkten des Lebens. Damit wäre dann als Antwort die Selbstverpflichtung des Sakramentes verbunden, die darin besteht, Gottes bedingungslose Liebe im eigenen Leben Fleisch, also Mensch, werden zu lassen.

8. Streben nach Glück und Sinnsuche

Von der Philosophie heißt es, sie beginne mit dem Staunen. In diesem Sinne macht jeder Mensch in seiner persönlichen Entwicklung eine philosophische Phase mit. Man kennt ja die unendlichen Fragen von Kindern nach dem »Warum«, wenn sie in das Alter kommen, in dem sie die grundlegenden Dinge des Lebens wie Laufen und Reden erlernt haben und nun merken, dass das Reich des Geistes größer ist als die Welt, die sie körperlich durchmessen können. Der kleine Mensch wird sich seiner selbst in einem größeren Ganzen bewusst. Und nun beginnt er zu staunen, bis hin zur letzten und tiefsten Frage: Warum ist etwas und nicht nichts?

Ich erinnere mich an mein eigenes Lernen und daran, dass mich diese Frage, sicher nicht so traditionell klassisch wie oben ausformuliert, umgetrieben hat: Warum sind wir auf der Welt? Auch die bedrängende Frage: Ist alles, was ich da über die Vermittlung meiner Sinne erfahre, auch wirklich? Oder träume ich das alles nur und wache irgendwann einmal auf? Spielen mir die anderen in einem gigantischen Theater das Leben nur vor?

Diese letzte Frage hat mich lange beschäftigt, bis ich ihre Beantwortung einfach aufgegeben und beschlossen habe, mein Leben als ein wirkliches zu betrachten. Solche Fragen und die Versuche eines Gymnasiasten, sie in den Schulaufsätzen mit freigewählten Themen zu beantworten, brachten mir schon in der Schule den damals eher zweifelhaften Ruf ein, ein kleiner Philosoph zu sein. Deshalb interessierte mich neben naturwissenschaftlichen illustrierten Büchern, die sich etwa mit den Entdeckungen der portugiesischen Seefahrer oder dem Weltall und seiner Entstehung beschäftigten, immer schon: Woher kommt das alles? Wie gibt es die Gesetzmäßigkeiten, nach denen die Planeten um die Sonne kreisen? Was hat das Leben des kleinen Menschen in diesem unendlichen Universum für einen Sinn? Damit sind wir bei einer der Fragen, die nicht nur einen Buben und Schüler dazu bewegt, sich einen Chemie-Baukasten schenken zu lassen, sondern die auch am Anfang steht des menschlichen Nachdenkens über Gott und die Welt. Diese persönliche Entwicklung der Neugier, des Wissensdurstes des Einzelnen hat, seitdem sich im Menschengeschlecht die Fähigkeit des begrifflichen Denkens herausgebildet hat, die Menschheit insgesamt bewegt.

Glückseligkeit

Aber nicht nur diese Fragen nach dem Woher und Warum bewegen uns. Aristoteles, einer der großen antiken Philosophen, beschreibt den Menschen als ein »*zoon politikon*«, ein Wesen, das in Gemeinschaft lebt. Deshalb hat die Menschen von jeher interessiert, wie es möglich sein könnte, das Zusammenleben möglichst gelingend zu gestalten. Es geht nicht immer nur um Konfliktvermeidung und Harmonie, sondern gerade darum, in dieser Spannung zwischen verschiedenen Wünschen, Zielen, Gefühlen mehrerer oder vieler Individuen ein gedeihliches Leben führen zu können. Derselbe Aristoteles hat ein heute noch lesenswertes Buch geschrieben, seine »Nikomachische Ethik«, in der er genau dieses Vermögen, ein in sich ruhendes, ausgeglichenes, wir würden sagen, erfülltes Leben zu führen, als den höchsten zu erstrebenden Wert ansieht. Die Antike hat dafür einen Begriff geprägt, der heute noch gelegentlich zu hören ist, sei es in der griechischen Fassung als *Eudämonie*, der deutschen *Glückseligkeit*, der lateinischen *vita beata*. Seit Sokrates, dem großen Über-Vater aller späteren Philosophen, also auch der beiden Nachfolger Platon und dem schon erwähnten Aristoteles, gilt vor allem dieses Streben nach Eudämonie, nach Glückseligkeit als der Hauptzweck allen Philosophierens. Wie kann ich ein gutes, ein gelingendes, ein erfülltes Leben führen? Es bildeten sich zwei berühmte Schulen heraus, die auf ihre je eigene Weise eine Antwort auf diese Frage zu geben versuchten. »Schulen« darf man nicht nur im Sinn von Unterrichtsstätten verstehen. Es sind Lebensgemeinschaften daraus geworden, die ähnlich wie ein späteres Kloster oder ein israelischer Kibbuz versuchten, die Lehren des jeweiligen Meisters und seiner Nachfolger zu leben. Es sind dies die Schulen der Epikureer und der Stoiker. Die Epikureer werden nach ihrem Gründer Epikur (340–270 v. Chr.) benannt. Er hat seine Schüler in einem von ihm gekauften Garten um sich geschart, in dem es keine Standes- oder Geschlechtsunterschiede gab, auch Frauen und Sklaven konnten gleichberechtigt mitleben und mitdiskutieren. Er versteht seinen Weg zur Eudämonie, zur Glückseligkeit, zu einem gelingenden Leben vor allem als Hilfe zur Angstbewältigung. Dabei konstatiert er drei Grundängste des Menschen: die Angst vor den Göttern, die Angst vor dem Tod und die Angst vor dem Schmerz. Freiheit von Schmerz bezeichnet er als Lust. Er sagt, schon die Säuglinge versuchen, Schmerz zu vermeiden und Lust zu erfahren, deshalb sei das Streben nach Lust eine der Grundkonstanten des menschlichen Lebens. Da ihm diese wichtig ist, wurde Epikur als Protagonist der Lust verschrien, der das bloße Streben nach Lustempfindungen befürworte. Wer sich allerdings eingehender mit seinem Denken befasst, wird bald feststellen, wie sehr ihm über zweitausend Jahre hinweg Unrecht geschehen ist. Heute noch wird als Epikureer bezeichnet, wer in unseren modernen Worten die »Spaßgesellschaft« propagiert. Vielleicht hilft es, für den griechischen Begriff *hedoné* statt Lust unser deutsches Wort Freude zu verwenden, um den Vorwurf des Hedonismus zu entkräften.

Vor den Göttern braucht ein Jünger des Epikur sich nicht zu fürchten, weil sie als unvergängliche und in sich ruhende Wesen »weder selbst Sorgen haben noch sie einem anderen bereiten. Sie werden weder durch Wutausbrüche noch durch Gunsterweise beansprucht; denn alles Derartige gibt es nur bei einem schwachen Wesen.« Als konsequenter Anhänger des Atomismus – also der Lehre, dass alles Sein (übrigens auch die Götter) aus unvergänglichen Atomen besteht – ist für Epikur auch die Seele aus überaus feinen Atomen zusammengesetzt. Sie ist dafür verantwortlich, dass wir ein Bewusstsein haben und fühlen, denken und wahrnehmen können. Die Seele ist für ihn – darin stimmt er übrigens mit vielen modernen Philosophen, Biologen und Neurologen überein – etwas, das gleichsam als Ergebnis der komplizierten Nervenschaltungen des Gehirns aufgefasst werden muss. Brechen diese zusammen, wie es im Tod der Fall ist, muss sich auch das, was wir Seele, Geist oder Bewusstsein nennen, auflösen. Für seine Zeitgenossen wirkte diese Erklärung wie ein Befreiungsschlag. Sie kannten aus ihrer Mythologie den Hades, eine Art antiker Hölle, in dem die Seelen der Verstorbenen ein ewiges Schattendasein fristen mussten. Wer sich im Leben besonders üble Vergehen zuschulden kommen ließ, die den besonderen Zorn der Götter auf sich zogen, wurde auf außerordentliche Weise bestraft: etwa Sisyphus, der sinnlos immer wieder einen Stein auf einen Hügel hinaufrollen musste, der dann auf der anderen Seite wieder hinunterrollte.

Epikur schreibt in einem Brief an seinen Freund Menoikeus: »Das schauererregendste alle Übel, der Tod, betrifft uns überhaupt nicht; wenn ›wir‹ sind, ist der Tod nicht da; wenn der Tod da ist, sind ›wir‹ nicht. Er betrifft also weder die Lebenden noch die Verstorbenen, da er ja für die einen nicht da ist, die anderen aber nicht mehr für ihn da sind. Der Weise indes weist weder das Leben zurück, noch fürchtet er das Nichtleben; denn weder ist ihm das Leben zuwider, noch vermutet er, das Nichtleben sei ein Übel.« Wie nun das Leben so zu gestalten ist, dass man es nicht zurückweisen muss, das ist Inhalt seiner Lehre vom lustvollen, besser: freudigen, also in seinem Sinn schmerzfreien Leben. Dabei geht es ihm wie allen Philosophen der Antike um das »gute« Leben, also die Eudämonie.

Darum geht es auch der anderen großen philosophischen Schule, die einen weit größeren Einfluss auf uns ausübt, als wir wahrnehmen. Sie ist im Gegensatz zu Epikur, der von den frühen christlichen Theologen, die sich an der positiven Sicht der Lust störten, sozusagen verteufelt worden ist, anerkannt und weitgehend akzeptiert worden. Es handelt sich um die Stoa, so die Schulrichtung, und die Stoiker, so der Name ihrer Vertreter. Sie hat ihren Namen von einer ausgemalten Säulenhalle bekommen, in der sich die Anhänger trafen, der »*stoa poikile*«. Manchen ist vielleicht die stoische Ruhe ein Begriff, mit der man die Gemüts-

ruhe eines Menschen bezeichnet, der die verschiedenen Schicksalsschläge, aber auch eigene Emotionen mit innerem Gleichmut
über sich ergehen lassen kann. Bei der stoischen Ehtik geht es vor
allem darum, die Affekte, die Leidenschaften zu beherrschen. Ein
Affekt ist ein übermäßiger Trieb, das Übermaß rührt davon her,
dass er nicht mehr von der Vernunft begleitet und beherrscht
wird. Deshalb soll sich der Mensch Zeit lassen, um überlegt mit
seinen Affekten umzugehen und nicht immer gleich aus der Haut
zu fahren. Ein gutes Gegenbeispiel ist das aus der früheren Ta-
bakwerbung bekannte HB-Männchen, das buchstäblich vor Zorn
in die Luft ging und sich erst mit einem Zug aus einer Zigarette
wieder beruhigte. Seneca, der römische Schriftsteller und Stoiker,
Erzieher des Kaisers Nero und später von diesem in den Selbst-
mord getrieben, bringt die Einstellung des Stoikers auf den Punkt,
wenn er sagt: »Das beste Heilmittel gegen den Zorn ist die Zeit.«
Die Stoiker sind der Meinung, dass es nur die Vorurteile und Anschauungen des Menschen sind, die ihm die Ruhe des Gemütes
rauben. Mithilfe der Vernunft kann er diese ändern und damit
seine Affekte beherrschen. Epiktet, ein freigelassener Sklave,
schreibt in seinem Handbüchlein der Moral: »Nicht die Dinge
selbst verwirren den Menschen, sondern unsere Meinung über
die Dinge. Nicht der Tod ist schrecklich, erschien er doch dem
Sokrates auch nicht so, sondern unsere Vorstellung vom Tod.«
Die Vernunft macht den Menschen unabhängig, frei, sachlich
und wahrhaftig. Noch heute mahnen wir einen Menschen, der
durch eine heftige Gemütsbewegung seine Beherrschung verliert,
doch bitte »vernünftig« zu sein. Darin lebt ein Stück der stoischen
Lebenskunst fort. Es geht um einen klaren Blick, der frei ist von
Emotionen. Nur der innere Mensch und sein Verhältnis zum
ewigen Gesetz der Vernunft, das in der Antike mit dem griechischen Wort »*logos*« bezeichnet wird, sind wichtig. Damit hat der
Mensch genug und ist sich auch genug, er ist autark – unabhängig
von äußeren Dingen. Diese äußeren Güter, auch das Übel, das von
außen kommt, sind für den Stoiker ohne Belang, sie sind gleich-
gültig. Ruhm und Ruhmlosigkeit, Lust und Schmerz (im Unter-

schied zu Epikur!), Reichtum und Armut, Gesundheit und Krankheit, selbst Leben und Tod sind etwas Gleichgültiges. Nur in der Einbildung des Menschen und seinen Vorurteilen erscheinen sie als Werte oder als Abzulehnendes. Der Weise und Tugendhafte verzichtet darauf, sogar auf das Leben kann er verzichten, was dann viele Stoiker auch praktiziert haben. Dabei ist ein Stoiker durchaus ein Mann der Tat. Sein Weg der Tugend ist nicht die breite Straße der Bequemlichkeit, sondern der schmale Pfad der Entschiedenen. Er ist Realist und weiß, worauf es ankommt: auf das kraftvolle Zugreifen und das entschlossene Handeln.

Die Philosophie besteht nicht in Worten und gelehrtem Theoretisieren – das werfen sie anderen Philosophen vor –, sondern im Leben und Tun. Der schon erwähnte Epiktet formuliert klassisch: »Du sollst nicht ständig betonen, dass du ein Philosoph bist, noch unter deinen Bekannten viel reden über philosophische Probleme, sondern handle so, wie es sich aus deinen Einsichten ergibt. Beim Essen zum Beispiel rede nicht darüber, wie man sich beim Essen benehmen soll, sondern iss, wie es sich gehört!« »Secundum naturam vivere – in Übereinstimmung mit der Natur leben«, das ist die Grundformel sittlichen Lebens. Mit Natur ist nicht unser heutiger ökologischer Naturbegiff gemeint, es geht um Übereinstimmung mit sich selbst, mit der eigenen Bestimmung. Deshalb sind die Gemütsbewegungen zum Schweigen zu bringen, damit die Lebensgestaltung mithilfe der Tugenden und das damit übereinstimmende Handeln nicht gestört werden. Damit wird die Apathie, die Freiheit von Emotionalität, zum Leitbild. Man lässt sich nicht von den Leidenschaften übermannen, obwohl man sie kennt und wahrnimmt. Begierde, Zorn und Furcht dürfen den Menschen nicht anrühren, aber auch nicht Mitleid und Reue. In Letzterem unterscheidet sich die stoische Ethik von der christlichen Tugendlehre. Epiktet, offensichtlich ein Praktiker, schildert den stoischen Weisen anhand eines Beispiels aus dem Alltag: »Denk daran, dass du dich in deinem Leben so führen sollst, wie man sich bei einem Gastmahl benimmt. Wird etwas serviert, und man kommt damit zu dir, dann strecke deine

Hand mit Haltung aus und mit Haltung nimm davon! Übergeht man dich, dann tadle den Diener nicht! Ist man noch nicht zu dir gekommen, dann schau nicht gierig aus, sondern warte, bis du an der Reihe bist. So verhalte dich gegenüber den Kindern, gegenüber der Frau, der Karriere, dem Reichtum. Dann bist du ein würdiger Tischgenosse der Götter. Und sollte dir einmal etwas angeboten werden und du nimmst nichts, sondern siehst darüber hinweg, dann bist du nicht nur ein Gast der Götter, sondern sogar ein Herr wie sie. Weil sie so handelten, waren Diogenes, Herkules und Ihresgleichen wahrhaft göttlich und wurden so genannt.« Diesem plastischen Beispiel aus der Erfahrung eines ehemaligen Sklaven ist aber auch zu entnehmen, warum der Stoizismus bei uns keine guten Karten mehr hat. Ein Stoiker ist ein von der Vernunft geleiteter, wir würden sagen kopfgesteuerter Mensch, er hat oft etwas Zwanghaftes, Verkrampftes, gar Fatalistisches an sich in seinem Bemühen um das gute Leben, die Eudämonie. Er strahlt nicht Heiterkeit und Gelassenheit aus, sondern Schwere und Verantwortung. Die Pflichterfüllung, noch schwerer das Schicksal lasten auf ihm, so wie es in den Selbstbetrachtungen des Kaisers Mark Aurel, geschrieben im Wiener Feldlager seiner römischen Legionen, mühsalbeladen anklingt: »Frühmorgens, wenn du mühsam erwachst, sollst du dir vorhalten: Ich wache auf, um meine Pflicht als Mensch in dieser Welt zu tun! Oder bin ich etwa geschaffen, auf dem Bett zu liegen, um mich zu wärmen? Eile zu dem, was deiner Natur entspricht!«

Obwohl ich hier die Stoa etwas ausführlicher dargestellt habe, wird man unschwer merken, dass meine Sympathie eindeutig eher dem blutvollen Epikur gehört als den hölzernen Stoikern. Mir fiel vor einigen Jahren ein kleines Büchlein über Epikur in die Hände, das ein junger Philosoph der Katholischen Universität Eichstätt, Martin Euringer, verfasst hatte. Bis dato kannte ich Epikur nur als Randthema der Philosophiegeschichte, und da mehr aus der gegnerischen Sicht der christlichen Denker, die traditionell dem Begriff Lust gegenüber von vornherein etwas skeptisch eingestellt sind. Der eingängig beschriebene Epikureismus kommt uns modernen Menschen mehr entgegen, weil er das heutige Lebensgefühl eher trifft als die etwas bemüht und verkniffen wirkende Stoa. Ganz spontan würde ich diese eher dem 19. Jahrhundert und dem Viktorianismus zuordnen und Epikur könnte ich mir gut als Hippie im Kalifornien der 70er Jahre vorstellen, obwohl ich ihm damit sicher genau so unrecht tue wie seine erklärten philosophischen Gegner. Epikur strahlt etwas aus, das mir seit langem zu einem ganz wichtigen Wert in meinem Leben geworden ist, nämlich eine heitere Gelassenheit.

Gelassenheit

Ich erzähle gerne die Geschichte davon, wie sie es wurde, aus meiner inzwischen schon etwas verklärten Erinnerung an den Anfang meiner priesterlichen Tätigkeit. Ich wurde am Festtag Peter und Paul (29. Juni) 1980 im Freisinger Mariendom zum Priester geweiht. Damals war Kardinal Joseph Ratzinger Erzbischof in München und damit der Weihespender. Von der eigentlichen Predigt während des mehrstündigen Gottesdienstes ist mir nicht mehr viel in Erinnerung geblieben, aber von einer kleinen Replik im Anschluss daran. Bei der Überreichung der Urkunden hatte einer der Neupriester eine Dankadresse an den Kardinal gerichtet, worauf dieser erwiderte: »Meine Herren, bewahren Sie sich in Ihrem Priesterleben die *hilaritas*, die heitere Gelassenheit.« Es hat über zwei Jahrzehnte gedauert, bis ich diese Tugend tatsächlich verinnerlicht hatte. Gelassenheit kann man sich nicht nur einreden, um sie zu erlangen, braucht es Erfahrung. Man muss sich allerdings durch eine innere Einstellung für die Erfahrung disponieren. Philosophische Einsicht und spirituelle Offenheit, ein gutes Quäntchen an Lebenswissen, das Beispiel von gelassenen Mitmenschen helfen beim Erlangen der eigenen Gelassenheit. Die *hilaritas* betont im Gegensatz zur Besonnenheit der antiken Philosophen das Element der Heiterkeit. Wie alle inneren Einstellungen, wir würden modern sagen: Werte, wird auch sie im Altertum als Göttin dargestellt. Auf Münzen der römischen

Kaiserzeit hält sie in der Rechten einen Palmzweig, in der Linken ein Füllhorn, manchmal hat sie auch auf jeder Seite ein Kind beigesellt. Dies sind sehr sprechende Symbole: Der Palmzweig ist von jeher ein Zeichen für Sieg, Friede und Freude, das Füllhorn steht für die Überfülle des Glücks, und die Kinder sind traditionellerweise Symbole des Anfangs und der sich ergebenden Möglichkeiten.

Der Begriff Gelassenheit wird im Deutschen zum ersten Mal von dem mittelalterlichen Mystiker Meister Eckhart (1260–1328) geprägt. Dort ist die *gelazenheit* die Frucht des »Lassens«. In ihr drückt sich der rechte Umgang mit Gott und seiner Schöpfung aus. Zu lassen ist alles, was der Mensch immer an sich binden und woran er sein Herz hängen möchte: die materiellen Dinge, die Welt, die Mitmenschen, ja Gott selbst. Das ist wohl das Überraschendste, man soll sogar Gott lassen. »Wer Gott in einer bestimmten Weise sucht, der nimmt die Weise und verfehlt Gott«, meint Meister Eckhart an anderer Stelle und Dietrich Bonhoeffer ergänzt: »Einen Gott, den man sich vor-stellen kann, kann man auch wieder weg-stellen.« Es geht um das Loslassen-Können. Hängt man sich an »Dinge« (wenn man das mit Gott macht, wird auch er ein Ding, ein Objekt!), macht man sich selbst unfrei, und die Offenheit für das Größere, das Andere, geht verloren. An die Stelle freier Beziehungen treten dann Fixierungen, ein Aus- und Benutzen der Dinge, Ideen, Menschen, eben selbst Gottes. Zu lassen ist auch das Festhalten an sich selbst, denn darin liegt die Wurzel für alles An-sich-binden-Wollen. Für Meister Eckhart muss der Mensch sich in Gott hinein ver-lassen, um überhaupt fähig zu werden, einem Gegenüber in Freiheit zu begegnen. Die Vaterunser-Bitte *fiat voluntas tua* (dein Wille geschehe) formuliert das klassische Bittgebet um die rechte Gelassenheit des gläubigen Christen. Der evangelische Theologe Joachim Kunstmann meint, dass Gelassenheit für die Erfahrung von Gottes bergender Nähe vermutlich sogar ein besserer Begriff als Glaube ist. Für ihn gehört sie neben der wachen Aufgeschlossenheit für das Leben und der Freiheit von innerer Unruhe zu den Werkzeugen der christlichen Lebenskunst. Im heutigen Sprachgebrauch ist Gelassenheit beinahe gleichzusetzen mit Gleichmut, innerer Ruhe, der Gemütsruhe, die verstanden wird als die Fähigkeit, vor allem in schwierigen aufregenden Situationen die Fassung und eine unvoreingenommene Haltung zu bewahren. Damit ist sie das Gegenteil von Unruhe, Aufgeregtheit und dem heute allgegenwärtigen Stress.

Vor allem deshalb werden heute Menschen nach Religion fragen: Auch wenn es vielfach innerkirchlich nicht akzeptiert wird, erhebt sich die Frage für die Zeitgenossen: Welchen Nutzen hat Religion für mich? Was bringt sie mir? Neben dem Bereich des mysteriums, dem nicht der Rationalität unterworfenen, ist es sicher auch der ganze Bereich des Therapeutischen, der dem Mysterium innewohnt. Wenn es stimmt, was Eugen Biser ausdrücken will, wenn er sagt, das Christentum sei vor allem eine therapeutische Religion, dann liegt hier ein Argument des Anwendernutzens: in der Sinnfindung auf der einen und im Einüben der Gelassenheit gerade in den zunehmenden Stresssituationen der Moderne auf der anderen Seite.. Sie bestehen in den Leistungsanforderungen, die heute schon im Kleinkindalter an den Menschen herangetragen werden, in der Informationsüberflutung durch die globale Vernetzung, in den beruflichen und persönlichen Überforderungen, die zu seelischen Verletzungen führen, in dem enormen Konsumangebot, dem zu widerstehen einen schier unüberwindlichen Energieaufwand nötig macht. Dazu kommen die familiären Zerfallsprozesse mit den sich häufenden Trennungen und Scheidungen, die Erwartung beruflicher Mobilität, die zunehmende Virtualität der Beziehungen. Das alles führt zu einer Reduzierung tragfähiger personaler sozialer Beziehungen in qualitativer wie in quantitativer Hinsicht.

Lebenskunst

Damit sind wir unvermittelt von der antiken philosophischen Ethik zur christlichen Lebenskunst gelangt. Sie ist das Plus, das die

Kirchen unserer heutigen Gesellschaft anbieten können. Religion hat mit der Philosophie gemein, dass sie nach dem Warum und Woher fragt. Die Antworten gibt sie aus ihrer Grundüberzeugung, dass die menschliche Vernunft eine dem Lebensgrund, den die Überlieferung Gott nennt, verdankte Gabe ist. Dieser Gott Jesu Christi verpflichtet uns zu nichts, er bietet uns aber durch das Wort Jesu, der die jüdische Tradition präzisiert und interpretiert, Hilfen für ein gelingendes Leben an. Dieses Leben gelingt aber auch nur dann einigermaßen, wenn wir darin einen Sinn zu finden vermögen. Und ich denke, das ist es auch, was der heutige Mensch, der frei seine Religionszugehörigkeit wählen kann, vom Christentum erwartet. Er ist sich dessen bewusst, dass er in einer christlich geprägten Kultur lebt, und wird trotz aller Attraktivität etwa fernöstlicher Sinnangebote immer wieder bei den Quellen der eigenen Kultur nachfragen, was sie ihm für seine Sinnsuche und seine Lebensgestaltung zu bieten hat. Das bedeutet für die christlichen Kirchen einen Paradigmenwechsel, der erst einmal erkannt und verinnerlicht werden muss. Fast zweitausend Jahre war das Christentum in seiner jeweiligen kirchlichen und konfessionellen Ausprägung in unseren Breiten Monopolist als Sinnstiftungsagentur. Nun gilt es sich wegen der Wahl-Freiheit der potentiellen »Kunden« und der breiten Angebotspalette auf diesem globalen Markt auf die veränderten Bedingungen einzustellen. Dies bräuchte, gerade wegen der Beschleunigung der Prozesse ein ebenso schnelles Reaktionsvermögen. Dazu sind aber die wie Riesentanker auf den Ozeanen von Welt und Geschichte operierenden kirchlichen Organisationen kaum fähig. Ein Umbau und vor allem ein Umdenken wird, wenn überhaupt, nur sehr langsam vonstatten gehen. Inzwischen werden wohl viele Menschen, wie ja tatsächlich zu beobachten, die Abstimmung mit den Füßen vornehmen. Sie treten aus der Kirche aus – wenn nicht immer gleich formal durch eine Erklärung am Standesamt, so doch innerlich, indem sie sich allmählich von der Kirche und ihrem eigentlich lebensdienlichen Angebot verabschieden.

Was also tun?

1. In der immer unübersichtlicher werdenden Welt globaler Vernetzung und der Informationsüberflutung droht der Mensch in seinem Menschsein unterzugehen. Er wird zu einem Rädchen im Getriebe der Wirtschaft und der Politik. Wobei die Ökonomie so eindeutig wie nie zuvor in der Geschichte der Menschheit die Deutungshoheit aller menschlichen Vollzüge im individuellen wie auch im gemeinschaftlichen Leben übernommen hat. Das Kriterium der Wirtschaftlichkeit, des Gewinns, hat Oberhand gewonnen. Auch in Lebensbereichen, die bisher weitgehend davon verschont geblieben sind. Denken wir nur an die neuen Studiengänge der Universitäten, die so ungeheuren Zulauf haben: Kulturwirtschaft, Gesundheitsökonomie, Sozialwirtschaft. Wer hätte noch vor dreißig, zwanzig Jahren sich vorstellen können, dass die Kirchen darüber nachdenken, die großen Gotteshäuser nach ökonomischen Gesichtspunkten zu betrachten und sie anderen, wirtschaftlicheren Nutzungen zu überlassen? Kirchen, die verkauft werden oder zu Einkaufszentren, Hotels, Wohngebäuden, Restaurants, Diskotheken umfunktioniert werden. Die Umwidmung zu so genannten Columbarien, also Grabhäusern, scheint dabei noch eine der kirchennahen Nutzungen zu sein. Wie dem auch sei, »*money makes the world go round*«, das ist die Devise, die alles zu beherrschen scheint. Dass Wirtschaft eine dem Menschen und seinem gelingenden Leben dienende Funktion hat, gerät aus dem Blickfeld. Es gilt eher umgekehrt: Der Mensch hat dem reibungslosen Funktionieren des Wirtschaftskreislaufs zu dienen. Nach dem Sieg des Kapitalismus über den zusammengebrochenen Kommunismus kommt es nun tatsächlich zu der von Karl Marx prognostizierten Entfremdung des Menschen von sich selbst. Eine erste Aufgabe christlicher Religion wäre es daher, das Gespür für diese drohende Entfremdung wach zu halten. Im Alltagsbetrieb unter dem zunehmendem Druck der knappen Zeit und der in ihr zu erfüllenden Aufgaben und Pflichten kommen immer weniger Menschen dazu, über ihr Leben von höherer

Warte aus nachzudenken. Die Freizeit wird dafür meistens auch nicht genutzt, weil sie genauso verplant und durchgetaktet wird. Einfach sich der Muße hingeben, das wird heute als Zeitverschwendung angesehen. Fragt man Manager, wie sie sich selbst beschreiben würden, kommt oft das Bild: »wie im Hamsterrad.« Dies gilt sicher nicht für Führungskräfte, sondern *mutatis mutandis* auch für die meisten berufstätigen Menschen. Hier hilft das Angebot der höheren Warte, die die Frage ermöglicht: Was ist wirklich wichtig in meinem Leben? Was gibt meinem Leben Sinn? Ist es wirklich das, was ich mir erwerbe, oder sind es Werte, die in mir selbst liegen? Um es mit dem Titel des Klassikers des amerikanischen Psychotherapeuten Erich Fromm auszudrücken: »Haben oder Sein«. Beziehe ich mein Selbstwertgefühl aus Attributen des Habens oder aus dem eigenen Ich? Die Augen offen zu halten für die Werte des eigenen Selbst, darauf kommt es an. Das vermag sicher auch die Philosophie. Aber wer betreibt sie schon als Lebenshilfe? Ihre Aufgaben hatte in unseren Breiten weitgehend die Religion übernommen. Nur vermag sie sich heute nicht mehr als Hilfe zum Leben darzustellen. Sie wird weitgehend eher als Behinderung wahrgenommen. Im besten Fall wählen die Menschen selektiv das aus, was ihnen hilft, und lehnen all das andere ab. Dies hat auch damit etwas zu tun, wie der christliche Glaube vermittelt wird. Ist er in der Form der Kirche nur ein steter Neinsager und Spaßverhinderer oder vermag er positive Impulse und Angebote für den Weg zu einem selbst erlebten und gelebten Leben zu geben?

2. Wenn ich mir nun dieser drohenden, zunehmenden oder schon eingetretenen Entfremdung bewusst geworden bin, welche Lebenshilfe kann mir der christliche Glaube dann bieten? Gemäß der Grundthese dieses Buches geht es darum, einen möglichst einfachen Zugang zu Religion und Christentum zu gewinnen, seine unmittelbare Anwendbarkeit ohne dogmatische oder moraltheologische Bauchaufschwünge neu zu erkennen. Der italienische Philosoph Gianni Vattimo

meint, das Christentum habe der Welt vor allem zwei religiöse Erkenntnisse gebracht, die auch nach Aufklärung und Säkularisierung der Gesellschaft bleiben werden: die *kenosis* und die *caritas*. Kenosis ist ein theologischer griechischer Fachbegriff und heißt auf Deutsch so viel wie Entleerung, Entäußerung, Erniedrigung. Er bezieht sich vor allem auf den wunderschönen frühchristlichen Hymnus, den Paulus in seinem Philipperbrief zitiert. Dort heißt es:

»Seid untereinander so gesinnt, wie es dem Leben in Jesus Christus entspricht:
Er war Gott gleich, hielt aber nicht daran fest, wie Gott zu sein,
sondern er entäußerte sich und wurde wie ein Sklave und den Menschen gleich. Sein Leben war das eines Menschen; er erniedrigte sich und war gehorsam bis zum Tod, bis zum Tod am Kreuz.
Darum hat ihn Gott über alle erhöht und ihm den Namen verliehen, der größer ist als alle Namen,
damit alle im Himmel, auf der Erde und unter der Erde ihre Knie beugen vor dem Namen Jesu
und jeder Mund bekennt: ›Jesus Christus ist der Herr‹ –
zur Ehre Gottes des Vaters.«
(Phil 2, 5-11)

Diese Stelle dürfte der älteste neutestamentliche Text sein, der die Präexistenz Jesu beinhaltet, also die Überzeugung, dass Jesus schon vor seiner Geburt bei Gott existiert habe. Er ist damit der Anfang des Christus-Mythos vom gottgleichen Sohn des Vaters.

Im Sinne einer Entmythologisierung, die eigentlich eine Wiedergewinnung des Mythos als hilfreiche bildhafte Erzählung darstellt, kann man den Text im Sinne Vattimos deuten.

Diese Entäußerung Gottes, die uns im Bild des im Kreuz zutiefst erniedrigten Menschensohnes erfahrbar wird, ist die Botschaft für unsere Zeit. Gott entäußert sich der Allmacht, die sein bisheriges Bild geprägt hat. Er wird der duldende und leidende Gott in Gestalt Jesu Christi in der Krippe und am Kreuz. Gottes Ohnmacht offenbart sich hier. Ohnmacht aber im Sinn einer bedingungslosen Liebe. Gottes Wesen ist die Liebe, er ist sozusagen personalisierte Liebe, die Liebe in Person. Diese Liebe stellt keine Vorbedingungen. Man muss ihr gegenüber nichts vorweisen, um ihrer dann erst würdig zu werden.

Als ich selbst vor einem Jahrzehnt mich damit intensiver befasst habe, fiel es mir wie Schuppen von den Augen: Was hatte ich bisher für ein Gottesbild! Der »liebe Gott« meiner Kindheit, meines Mönchtums, meiner priesterlichen Tätigkeit war immer auch der potentiell zornige und strafende Gott, dessen drohendes Gericht während des ganzen Lebens wie ein Damoklesschwert über mir schwebte. In der milderen Form des katholischen Fegefeuers, aber durchaus auch in der täglich bedrängenden Form des Tun-Ergehens-Schemas: Wenn mir irgendetwas Übles widerfuhr, dann konnte es leicht die unmittelbare pädagogische Strafe Gottes sein, gemäß dem Sprichwort: »Die kleinen Sünden straft der liebe Gott sofort.« Denn dann hatte ich durch mein Fehlverhalten, meine Sünde, Gottes Bedingungen nicht erfüllt! Dagegen: Der bedingungslos liebende Gott, der in unseren von der menschlichen Erfahrung drohender Erziehungsmaßnamen her gesehen ohnmächtige Gott, ist selbst in seinem Wesen überfließende, sich ewig durch den Kosmos verströmende Liebe.

Plötzlich fiel alle Angst, die auch und gerade einen Mönch prägt, von mir ab. Ich muss Gott nicht gefallen durch ein ihm wohlgefälliges Leben, damit er mir seine Liebe schenkt. Er ist Liebe, die mir einfach durch meine Existenz schon zugesagt ist. Er bietet sie immer und überall einem jeden an, und es liegt an diesem, sie in Freiheit zu erwidern und weiterzugeben. Von diesem Moment an fühlte ich eine ungeheure Gelassenheit in mir sich ausbreiten. Diese war natürlich nicht vollkommen, dafür sind wir Menschen viel zu sehr in unserer Erziehung angstvoll und furchtsam verbildet. Sie konnte aber wachsen und immer mehr von mir Besitz ergreifen. Hier schließt sich auch der Kreis zu Epikur, den ich in dieser Phase zum ersten Mal intensiver studiert hatte. Er will die Angst vor den Göttern nehmen, die Ataraxie, d.h. die innere Ausgeglichenheit propagieren und damit den Menschen zu einem Leben in Balance verhelfen.

3. Der zweite christliche Wert, den Gianni Vattimo als überlebensfähig und prägend herausstellt, ist die *Caritas*. Damit ist nicht die Organisation innerhalb der katholischen Kirche gemeint, die sich um die sozialen Aufgaben der Kirche kümmert. Caritas ist ein typisch christliches lateinisches Wort für den vielstrapazierten Begriff von Liebe. Es geht um das, was wir landläufig unter Nächstenliebe verstehen. Aber das ist natürlich zu wenig bzw. nur die Konsequenz, die wir ziehen wenn wir uns dem öffnen, was *caritas* umfänglich meint. Papst Benedikt XVI. hat seiner ersten Enzyklika die Anfangsworte gegeben »Deus Caritas est«. Damit zitiert er einen Brief aus dem Neuen Testament, der traditionell dem Apostel Johannes zugeschrieben wird, aber wohl andere Verfasser hat. »Gott ist die Liebe«, heißt es da. Der Papst referiert im Detail auch die anderen Begriffe für Liebe. Die klassischen Modelle einer Theorie der Liebe benennen sie mit Begriffen, die aus der griechisch-lateinischen Denk- und Sprachwelt stammen: der *sexus*, das heißt die triebhaft sinnlich bestimmte Liebe, der *eros*, der für die seelisch gefühlsmäßig bestimmte Liebe steht, die *agape*, für die nicht ein Begehren, sondern die Bejahung des anderen in sich selbst charakteristisch ist. Dazu ergänzend gibt es noch ein anderes zweigeteiltes Schema für die Erscheinungsformen der Liebe: hier das Sexuell-Erotische, als ein Begehren des als Objekt begriffenen Gegenübers, dort die *philia* (Freundesliebe), die als eigene Form der fürsorgenden und wohlwollenden, auf Sympathie gegründeten Liebe vorgestellt wird.

Mit *agape* und *philia* wird wohl am ehesten die Erscheinungsform der Liebe beschrieben, die wir, christlich geprägt, als *caritas*, als Nächstenliebe, verstehen und die wir vielleicht am ehesten mit dem Verbum *mögen* verbinden würden. »Ich mag dich« wird umgangssprachlich oft als Synonym für »ich liebe dich« verwendet. Es ist nicht so bedeutungsstark und sicher auch nicht so belastet wie das schwerwiegendere und sicher auch oft missbrauchte Wort Liebe.

Darum geht es, wenn wir von der caritas sprechen, die nicht nur ein Erbe vergangener Christentumsherrlichkeit darstellt, sondern auch für unser Leben hilfreich sein soll.

Die Liebe Gottes verpflichtet uns von sich aus zu nichts. Aber sie vermag als Beispiel zu dienen und als werbendes Angebot, sie selbst zu leben und weiterzugeben. Das meint Jesus, wenn er ansagt: Du wirst Gott lieben mit aller Kraft und deinen Nächsten wie dich selbst. Es ist eine Konsequenz zu ziehen, wenn man Gottes Liebe annimmt. Das ist die im Menschen und seiner Freiheit innewohnende Verpflichtung, die daraus ein Gebot der Vernunft werden lässt. Solche Konsequenz geht allerdings bei Jesus soweit, dass er empfiehlt, sogar seine Feinde zu lieben und für die zu beten, die einen verfolgen. Und damit geht er eindeutig über die Weisung und Weisheit des Judentums hinaus, die Nächstenliebe noch sehr wörtlich im Sinn einer Beziehung zu den nahen Verwandten, der Sippe bzw. den Angehörigen des eigenen Volkes verstand.

Einige Beispiele aus meiner alltäglichen Erfahrung als Seelsorger, Berater und Vortragender in Sachen Unternehmenskultur an dieser Stelle:

— Zu mir sagte einmal ein Redner, der mit mir im Referentenzimmer auf seinen Auftritt wartete, ganz unverhofft: »Sie werden immer Erfolg haben, denn bei ihnen spürt man, Sie mögen Menschen.« Das war und ist für mich eines der schönsten Komplimente, die mir je gemacht wurden. Und ich hoffe, dass ich den Menschen weiterhin offen und »mögend« begegnen werde. Denn es stimmt ja wirklich:

Wie man in dem Wald hineinruft, so schallt es heraus. Nur wer bereit ist, einen Sympathievorschuss zu geben, dem wird auch mit Sympathie begegnet werden. Dasselbe gilt auch für einen anderen Wert: Wenn ich nicht bereit bin, anderen Menschen mit einem natürlich verletzlichen Vertrauensvorschuss zu begegnen, wird auch mir nur Misstrauen entgegengebracht werden.

– Von Lee Iacocca, einem Star am Managerhimmel der Automobilbranche in den USA, wird überliefert, sein Geheimrezept für erfolgreiche Unternehmensführung sei die Maxime: You have to love people. Auf Deutsch (die vier »m«): Man muss Menschen mögen.

– Noch in meiner Zeit als Mönch im Kloster Andechs wurde ich durch einen befreundeten Gynäkologen zu einem deutschen Facharzt für Chinesische Akupunktur vermittelt. Er galt als Guru seiner Disziplin, und seine Sprechstunde war immer total ausgebucht. Durch Vermittlung meines Freundes bekam ich – da ich im Kloster ja ohnehin ein Frühaufsteher sei – einen Behandlungstermin morgens um sechs Uhr. Ich hatte eine hartnäckige Bronchitis, und der befreundete Arzt meinte, ich solle zu dem Wunderdoktor gehen; er selbst glaube zwar nicht an die Wirkung der chinesischen Medizin, aber dieser Kollege habe eindeutig Erfolge aufzuweisen. Ich ging also hin. Auf dem Parkplatz vor der Praxis in Starnberg standen schon einige Autos mit Kennzeichen aus den unterschiedlichsten Gegenden Süddeutschlands. Schon im Eingangsbereich sah man Wandschmuck mit chinesischen Schriftzeichen und asiatischen Figuren. Im Behandlungszimmer saß die übergroße Skulptur eines lächelnden Buddha. Der Arzt begann mit einer ausführlichen Anamnese, ich musste ihm alle meine bisherigen Erkrankungen, an die ich mich erinnern konnte, erzählen. Am Schluss stellte er seine Diagnose, und die Therapie bestand darin, dass er mir für kurze Zeit ein paar Akupunkturnadeln setzte; ich kann mich nicht mehr erinnern, an welcher Stelle. Aber er gab mir noch zwei Tipps mit auf den Weg, die für mich seither zu einem Programm gelingender Lebenshilfe des Christentums geworden sind: Er fragte mich, ob es jemanden im Umfeld meiner klösterlichen Familie gebe, mit dem ich persönliche Probleme hätte. Zögerlich gab ich dies zu. Welcher Ordensmann ist schon ehrlich genug, sich einzugestehen, dass er manchmal Hass- und Rachegefühle gegen einen anderen Mönch hegt? Dr. Günther, so hieß der Arzt, inzwischen leider zu früh verstorben, fragte mich dann weiter: »Haben Sie schon einmal für diesen Menschen gebetet?« Nach kurzem Nachdenken musste ich zugeben, dass ich das nicht getan hätte. Er riet mir: »Tun Sie das, beten Sie für ihn, ja segnen Sie diesen Mitbruder ausdrücklich. Dadurch wird sich Ihre innere Einstellung zu diesem Menschen ändern, und Sie können gelassener mit ihm umgehen.« Dann riet er mir noch etwas: »Seien Sie niemals beleidigt! Denn mit einer solchen Haltung schaden Sie nur Ihrem eigenen Wohlbefinden.« Auf der Heimfahrt im Auto wurde mir erst bewusst, wie beschämend diese Erfahrung eigentlich war: Ein Mediziner, der im Laufe unserer Unterhaltung auch kein Hehl daraus gemacht hatte, dass er Agnostiker sei, musste mich, einen Mönch und Priester, an diesen eigentlich ganz geläufigen Hinweis aus der Predigt Jesu im Evangelium erinnern: Liebe deine Feinde und bete für sie. Gleichzeitig hat er mir noch aufgezeigt, dass das nicht ein herausfordernder Appell für Menschen ist, die nach schier unerreichbarer Heiligkeit streben, sondern eine ganz praktische Methode, um im alltäglichen Umgang mit anderen Menschen besser zusammenleben zu können! Der Trick, salopp gesagt, besteht darin, dass ich durch die positive Hinwendung zu einem für mich problematischen Mitmenschen meine eigene Einstellung zu ihm verändern kann. Ich ändere nämlich nicht ihn, sondern mich selbst!

Für hartgesottene Macher und Entscheider mag das alles reichlich naiv klingen. Die starke, lenkende Hand, die nicht dauernd nach den Empfindlichkeiten der Menschen fragt, die Führung bräuchten, sei gefragt, wenn es gilt, Pläne durchzusetzen und Ziele zu erreichen. Und dennoch sind die Managementseminare voll von Führungskräften, die darunter leiden, dass die Mitarbeiter nicht mitziehen, wenn sie sie zu hart anpacken. Die aufgrund dieses Leidensdrucks erkannt haben, dass es ohne die Mitarbeiter, die gebraucht werden, nicht geht. Wie kann die Frustration, die immer auch Blockade bedeutet, vermieden werden? Wie können Motivation und Zufriedenheit am Arbeitsplatz gefördert werden? Das geht nur, wenn man Menschen ernst nimmt. Wenn sie in ihrer Individualität anerkannt und weitergebracht werden. Aber auch auf sich selbst muss jeder in Führungsverantwortung achten. Ohne dieses »... lieben wie sich selbst!« geht es nicht, wenn ich ein ausgeglichenes und erfülltes Leben führen will. Und nur ein ausgeglichener Mensch wird sich an seinem Erfolg richtig freuen können. Denn dieser besteht trotz aller Ökonomisierung eben gerade nicht nur im monetären und finanziellen Bereich. Das Geld ist nur ein Mittel, um andere Werte konvertibel zu halten, es hat, so schmerzlich diese Erfahrung sein mag, wenn man sie macht, keinen Eigenwert.

Dass dies nicht nur für Führungskräfte und unter diesen nicht für Unternehmenslenker gilt, ist evident. Jeder Vater, jede Mutter steht in ähnlicher Situation, das kleine »Familienunternehmen« leiten zu müssen, ja jeder und jede ist tagtäglich gefordert, sein Leben zu »führen«. Dies ist die bleibende Aufgabe des Menschen. Und gerade weil er es erkennt und im Alltagsgetriebe allzu leicht vergisst, gibt es seit Menschengedenken die Sehnsucht nach Hilfe bei diesem schwierigen Geschäft.

Das ist vielleicht gerade die Aufgabe von Religion: den Sinn wach zu halten für den tieferen Sinn des Lebens. Nicht im Vorläufigen, Oberflächlichen stecken und stehen zu bleiben. Sondern immer wieder zu fragen: Was trägt mich im Letzten? Was macht mich zufrieden? Was macht mich dauerhaft glücklich?

Viele vermögende und reiche Menschen sind oft frustriert, wenn sie die reichtumskritischen Texte der Predigt Jesu im Evangelium hören, wie dort gerade die Armen selig gepriesen werden und ihnen das Himmelreich versprochen wird. Man nehme nur das immer wieder zitierte Wort: Eher geht ein Kamel durch ein Nadelöhr als ein Reicher ins Himmelreich (Mt 19,24). Wer Jesu Botschaft nicht gerade als sozialrevolutionäres und kapitalismusfeindliches Reformprogramm versteht und ein einigermaßen waches inneres Organ der Selbstreflexion besitzt, kann es als Hilfe lesen und hören, sich zu befreien von einer der wirkmächtigsten Abhängigkeiten dieser Welt: von den Dingen, die außerhalb meiner selbst liegen. Dies ist eine der bleibenden Versuchungen des Menschen, seitdem er seiner selbst bewusst geworden ist.

Darum geht es allen Lebenshilfeprogrammen, seien sie philosophischer oder theologischer Herkunft. Schon einer der ältesten überlieferten Sprüche griechischer Weisheitslehrer mahnt in der berühmten Schrift über dem Eingang des Heiligtums in Delphi: Erkenne dich selbst! Papst Leo der Große drückt es auf seine Weise aus in seiner oft gelesenen Weihnachtspredigt: Christ, erkenne deine Würde! Oder Immanuel Kant in seinem unübertroffenen Aufsatz über die Aufklärung: Sapere aude! Wage, weise zu sein! Ein Wesenszug der Weisheit ist sicher die hilaritas, die heitere Gelassenheit, die meines Erachtens die Frucht all der guten Ratschläge von Lebenshilfe darstellt, die uns aus Religion und Christentum zuteil werden kann.

– Erfahren, dass man von Gott bedingungslos geliebt wird durch die Person und Lehre Jesu.
– Antwort darauf und damit Verantwortung vor Gott, der die bedingungslose Liebe, das Prinzip der Evolution und des Lebens ist.
– Leben dieser Liebe in »Gedanken, Worten und Werken« gegenüber Gott, dem Nächsten und mir selbst.

- Streben nach Gelassenheit als Annahme des Lebens, also »dessen, was ist«.
- »Bete so, als ob alles von Gott abhinge; handle so, als ob alles von dir abhinge!«

Lassen Sie mich am Ende dieses Kapitels ein paar Texte anfügen, die mich seit einigen Jahren begleiten. In ihnen drückt sich viel besser als in dürren Worten einer Theorie die Lebenskunst des Christentums aus. Sie könnten meines Erachtens auch in den anderen Weltreligionen beheimatet sein.

1. Das so genannte Gebet um Gelassenheit.

Es stammt vermutlich vom amerikanischen evangelischen Theologen Reinhold Niebuhr (1892–1971) und wurde von ihm wahrscheinlich während des Zweiten Weltkriegs verfasst.
O Gott, gib mir die Gelassenheit, Dinge hinzunehmen, die ich nicht ändern kann; gib mir den Mut Dinge zu ändern, die ich ändern kann; gib mir die Weisheit, das eine vom anderen zu unterscheiden.

2. Gönne dich dir selbst

Bernhard von Clairvaux (1090–1153) war einer der großen Reformer der Kirche. Er hat zwar den Zisterzienserorden nicht selbst gegründet, ihm aber erst richtig zur ersten Blüte verholfen. Obwohl ein kontemplativer Mönch, mühte er sich rastlos, die von ihm gegründeten Klöster auf einen guten Weg zu bringen. Er war Berater von Fürsten und Päpsten und ein ungemein fruchtbarer geistlicher Schriftsteller. Er verfasste für Papst Eugen II., der früher als Zisterziensermönch sein Schüler gewesen war, ein Büchlein »De consideratione« (Die Betrachtung), mit dem er ihm Ratschläge für seine Amts- und Lebensführung mitgab. Aus diesem Werk stammt folgender Auszug, den der 2010 verstorbene Münchner Priesterseelsorger Pfarrer Josef Brandner zusammengestellt hat.

Wo soll ich anfangen? Am besten bei deinen zahlreichen Beschäftigungen, denn ihretwegen habe ich am meisten Mitleid mit dir. Ich fürchte, dass du, eingekeilt in deine zahlreichen Beschäftigungen, keinen Ausweg mehr siehst und deshalb deine Stirn verhärtest; dass du dich nach und nach des Gespürs für einen durchaus richtigen und heilsamen Schmerz entledigst. Es ist viel klüger, du entziehst dich von Zeit zu Zeit deinen Beschäftigungen, als dass sie dich ziehen und dich nach und nach an einen Punkt führen, an dem du nicht landen willst.

Du fragst, an welchen Punkt? An den Punkt, wo das Herz anfängt, hart zu werden. Frage nicht weiter, was damit gemeint sei; wenn du jetzt nicht erschrickst, ist dein Herz schon soweit.

Das harte Herz ist allein; es ist sich selbst nicht zuwider, weil es sich selbst nicht spürt. Was fragst du mich? Keiner mit hartem Herzen hat jemals das Heil erlangt, es sei denn, Gott habe sich seiner erbarmt und ihm, wie der Prophet sagt, sein Herz aus Stein weggenommen und ihm ein Herz aus Fleisch gegeben.

Wenn du dein ganzes Leben und Erleben völlig ins Tätigsein verlegst und keinen Raum mehr für die Besinnung vorsiehst, soll ich dich da loben? Darin lob ich dich nicht. Ich glaube, niemand wird dich loben, der das Wort Salomons kennt: »Wer seine Tätigkeit einschränkt, erlangt Weisheit« (Sir 28,25). Und bestimmt ist es der Tätigkeit selbst nicht förderlich, wenn ihr nicht die Besinnung vorausgeht.

Wenn du ganz und gar für alle da sein willst, nach dem Beispiel dessen, der allen alles geworden ist (1. Kor 9,22), lobe ich deine Menschlichkeit – aber nur, wenn sie voll und echt ist. Wie kannst du aber voll und echt sein, wenn du dich selbst verloren hast? Auch du bist ein Mensch. Damit deine Menschlichkeit allumfassend und vollkommen sein kann, musst du also nicht nur für alle anderen, sondern auch für dich selbst ein aufmerksames Herz haben.

Denn, was würde es dir sonst nützen, wenn du – nach dem Wort des Herrn (Mt 16,26) – alle gewinnen, aber als einzigen dich selbst verlieren würdest? Wenn also alle Menschen ein Recht auf dich haben, dann sei auch du selbst Mensch, der ein Recht auf sich selbst hat. Warum solltest einzig du selbst nicht von dir alles haben? Wie lange bist du noch ein Geist, der auszieht und nie wieder heimkehrt (Ps 78,39)? Wie lange noch schenkst du allen anderen deine Aufmerksamkeit, nur nicht dir selber? Ja, wer mit sich schlecht umgeht, wem kann der gut sein?

Denk also daran: Gönne dich dir selbst. Ich sage nicht: Tu das immer, ich sage nicht: Tu das oft, aber ich sage: Tu es immer wieder einmal. Sei wie für alle anderen auch für dich selbst da, oder jedenfalls sei es nach allen anderen.

3. 10 Gebote der Gelassenheit

Papst Johannes XXIII. (Angelo Roncalli) wurde 1881 in Norditalien geboren und starb 1963. Papst wurde er 1958. Vorher war er im diplomatischen Dienst des Vatikans in Bulgarien und als Nuntius in Istanbul und Paris gewesen, ehe er von Papst Pius XII. zum Patriarchen von Venedig ernannt wurde. Als Papst berief er das II. Vatikanische Konzil (1962–1965) ein, mit dem er das »aggiornamento« (Heutigwerden) der katholischen Kirche fördern wollte. Nach seinem Tod wurde sein Geistliches Tagebuch veröffentlicht, das ihn als einen zutiefst spirituellen Menschen offenbarte. Der folgende Text kursiert unter seinem Namen.

1. Nur für heute werde ich mich bemühen, den Tag zu erleben, ohne das Problem meines Lebens auf einmal lösen zu wollen.

2. Nur für heute werde ich große Sorgfalt in mein Auftreten legen: vornehm in meinem Verhalten; ich werde niemanden kritisieren, ja ich werde nicht danach streben, die anderen zu korrigieren oder zu verbessern – nur mich selbst.

3. Nur für heute werde ich in der Gewissheit glücklich sein, dass ich für das Glück geschaffen bin – nicht nur für die andere, sondern auch für diese Welt.
4. Nur für heute werde ich mich an die Umstände anpassen, ohne zu verlangen, dass die Umstände sich an meine Wünsche anpassen.
5. Nur für heute werde ich zehn Minuten meiner Zeit einer guten Lektüre widmen; wie die Nahrung für das Leben des Leibes notwendig ist, ist eine gute Lektüre notwendig für das Leben der Seele.
6. Nur für heute werde ich eine gute Tat vollbringen, und ich werde es niemandem erzählen.
7. Nur für heute werde ich etwas tun, wozu ich keine Lust habe: Sollte ich mich in meinen Gedanken beleidigt fühlen, werde ich dafür sorgen, dass es niemand merkt.
8. Nur für heute werde ich ein genaues Programm aufstellen. Vielleicht halte ich mich nicht genau daran, aber ich werde es aufsetzen – und ich werde mich vor zwei Übeln hüten: der Hetze und der Unentschlossenheit.
9. Nur für heute werde ich fest glauben – selbst wenn die Umstände das Gegenteil zeigen sollten –, dass die gütige Vorsehung Gottes sich um mich kümmert, als gäbe es sonst niemanden auf der Welt.
10. Nur für heute werde ich keine Angst haben. Ganz besonders werde ich keine Angst haben, mich an allem zu freuen, was schön ist – und ich werde an die Güte glauben. Mir ist es gegeben, das Gute während zwölf Stunden zu wirken.

4. Zwölf Seligkeiten, für jene, die ein bisschen Humor haben und weise werden wollen

Nach dem Vorbild der 8 Seligkeiten vom Beginn der Bergpredigt Jesu (Mt 5, 1–11) gibt es mehrere anonyme Texte. Der folgende hat mich ganz besonders angesprochen.

Selig die, die über sich selbst lachen können, denn sie werden immer genug Unterhaltung haben.

Selig die, die einen Berg von einem Maulwurfshügel unterscheiden können, denn es wird ihnen eine Menge Ärger erspart bleiben.

Selig die, die fähig sind, sich auszuruhen und zu schlafen, ohne dafür Entschuldigungen zu suchen, denn sie werden weise werden.

Selig die, die schweigen und zuhören können, denn sie werden dabei Neues lernen.

Selig die, die intelligent genug sind, um sich selbst nicht zu ernst zu nehmen, denn sie werden von ihrer Umgebung geschätzt werden.

Selig die, die aufmerksam sind für den Anruf der anderen, ohne sich jedoch für unersetzlich zu halten, denn sie werden Freude säen.

Selig seid ihr, wenn ihr es versteht, die kleinen Dinge ernst und die ernsten Dinge ruhig anzusehen, denn ihr werdet im Leben weit kommen.

Selig seid ihr, wenn ihr lächeln könnt und kein böses Gesicht macht, denn euer Weg wird sonnenbeschienen sein.

Selig seid ihr, wenn ihr fähig seid, das Verhalten der anderen immer mit Wohlwollen zu interpretieren, auch wenn der Anschein dagegen spricht, denn ihr werdet zwar für naiv gehalten werden, aber das ist der Preis für die Liebe.

Selig die, die denken, bevor sie handeln, und beten, bevor sie denken, denn sie werden eine Menge Dummheiten vermeiden.

Selig seid ihr, wenn ihr schweigt und lächeln könnt, auch wenn man euch das Wort abschneidet, euch widerspricht oder auf die Zehen tritt, denn das Evangelium fängt an, euer Herz zu durchdringen.

Selig seid vor allem ihr, die ihr den Herrn in all denen erkennen könnt, die euch begegnen, denn ihr werdet das wahre Licht und die wahre Weisheit besitzen.

5. Trotzdem … (Worte von Mutter Teresa)

Die albanische Ordensschwester Mutter Teresa hatte im Jahr 1946 in Kalkutta eine Ordensgemeinschaft gegründet, deren Aufgabe es war, sich besonders um Sterbende, Waisen und Leprakranke zu kümmern. Trotz gelegentlich geäußerter Kritik an mangelnder Professionalität und konservativ-katholischer Einstellung gilt sie als eine der bedeutendsten Gestalten des 20. Jahrhunderts. 1979 erhielt sie den Friedensnobelpreis. Nach ihrem Tod 1997 wurde sie schon 2003 seliggesprochen. Von ihr wird folgender Text überliefert:

Die Leute sind unvernünftig, unlogisch und selbstbezogen,
LIEBE SIE TROTZDEM
Wenn du Gutes tust, werden sie dir egoistische Motive und Hintergedanken vorwerfen,
TUE TROTZDEM GUTES
Wenn du erfolgreich bist, gewinnst du falsche Freunde und echte Feinde,
SEI TROTZDEM ERFOLGREICH
Das Gute, das du tust, wird morgen vergessen sein,
TUE TROTZDEM GUTES
Ehrlichkeit und Offenheit machen dich verwundbar,
SEI TROTZDEM EHRLICH UND OFFEN
Was du in jahrelanger Arbeit aufgebaut hast, kann über Nacht zerstört werden,
BAUE TROTZDEM
Deine Hilfe wird wirklich gebraucht, aber die Leute greifen dich vielleicht an, wenn du ihnen hilfst,
HILF IHNEN TROTZDEM
Gib der Welt dein Bestes, und sie schlagen dir die Zähne aus,
GIB DER WELT TROTZDEM DEIN BESTES.

9. Religion, Glaube und Kirche

Legt man einem Durchschnittsmenschen unserer Tage diese beiden Begriffe vor, Religion und Glaube, so wird er zuerst einmal achselzuckend reagieren und sagen, das sei doch dasselbe. Aber in der ersten Hälfte des letzten Jahrhunderts gab es – vor allem in der evangelischen Theologie – einen heftigen Streit um die Beziehung dieser beiden Begriffe und der damit verbundenen Inhalte. Der kurz vor Ende des Krieges hingerichtete Dietrich Bonhoeffer, vielen, auch Katholiken bekannt durch sein Gedicht »Von guten Mächten treu und still umgeben«, hat diese Kontroverse hervorgerufen. In einem aus dem Gefängnis geschriebenen Brief entwarf er ein »religionsloses Christentum«. Ganz im Sinn der vier Allein-Sätze des Protestantismus: Allein Christus, allein die Schrift, allein der Glaube, allein die Gnade, konzentriert Bonhoeffer, hierin ganz modern, Christentum als vernunftmäßiges Annehmen der Person und Lehre Christi jenseits allen Gottglaubens. Dieser ist für ihn Religion, menschengemäße Absicherung durch einen wie auch immer gedachten Gott. Damit lehnt er auch die beiden Grundprobleme für das Christentum ab, die nach herkömmlicher Auffassung zu Religion gehören: Bewältigung des Transzendenzproblems und der Kontingenzerfahrung. Transzendenz heißt auf Deutsch kurz ausgedrückt Jenseits, also das Bewusstsein des Menschen, dass jenseits der für ihn sichtbaren und messbaren Welt eine Wirklichkeit existiert, in die er aber nicht eindringen kann. Evolutionsgeschichtlich entsteht dieses Jenseits durch die Fähigkeit des Menschen, sich seiner selbst bewusst zu sein. Diese Möglichkeit haben andere Lebewesen nicht entwickelt oder zumindest nicht in dem Maße wie der Mensch. Aufgrund der Neugier, die dem menschlichen Wesen zu eigen ist und die ja auch zur Entstehung der Wissenschaften geführt hat, wird es für ihn immer ein Problem bleiben, in dieses Jenseits vordringen zu wollen. Es bleibt aber gewissermaßen per definitionem ein undurchdringliches Geheimnis, das nichtsdestotrotz in der Geschichte menschlicher Kultur und Religion immer wieder neu erahnt, durchdacht, ausgeschmückt und erzählt wird. Das zweite Problemfeld ist mit dem Begriff Kontingenz verbunden. Darunter versteht man die menschliche Erfahrung, dass Ereignisse eintreten, die nicht planbar und vorausberechenbar sind, die Umgangssprache verwendet dafür oft das Wort Zufall. Besonders bedrängend sind dabei Unglücksfälle, Schicksalsschläge, insbesondere Naturkatastrophen, die auf keinen menschlich verursachten Grund zurückzuführen sind. Da wir aber in dieser Welt die Erfahrung machen, dass alle Ereignisse irgendeine Ursache, einen Grund haben (lat. causa), ziehen wir in unserem Denken diese Kette von Gründen und Ursachen weiter in das Jenseits und vermuten den letzten Grund, den ersten Verursacher dort. Die antiken Religionen, auch das Judentum, sahen nun in Gott bzw. den Göttern die Verursacher für alles, was den Menschen an Gutem und Schlechtem widerfährt. Um Gutes von ihnen zu erhalten, musste man selbst wiederum ihnen Gutes tun. Die Götter mussten wohl gestimmt werden bzw. besänftigt, wenn sie aus irgendeinem Grund den Menschen gegenüber erzürnt waren. Deshalb gab man ihnen, was für einen selbst einen großen Wert hatte. So entstand das Opfer. Den größten Wert hatten neben den Feldfrüchten und dem Vieh, dem eigenen Grund und Boden, dem materiellen Vermögen natürlich die nächsten Verwandten, hier besonders der Nachwuchs. Das Opfer des eigenen Kindes war die höchste Form des Versuchs, die Gottheit gnädig zu stimmen. Die Sammlungen antiker Sagen sind voll von Erzählungen über Helden, die ihren eigenen oder gar einzigen Sohn oder die Tochter geopfert haben, um die Götter gnädig zu stimmen. Auch im Alten Testament kündet die Geschichte von Abraham, der sich aufmacht, seinen Sohn Isaak zu opfern, noch von dieser archaischen Sitte. Schon die Philosophen des Altertums kennzeichneten diese vom Gedanken des Handels geprägte Grundbeziehung zwischen Gott und Mensch mit einem kurzen lateinischen Satz: *do ut des.* (Ich gebe, damit du gibst.) Die Erklärung Ciceros für den Ursprung des Wortes Religion weist darauf hin.

Er glaubt, dass es sich ableiten lässt von dem Verbum *relegere*, auf deutsch: *sorgfältig wahrnehmen*. Es handelt sich also um die kultischen Verpflichtungen des Einzelnen und des Staates, die gewissenhaft zu befolgen sind, um das Wohlwollen der Götter für das Gemeinwesen und dessen Keimzelle, den Privathaushalt, zu garantieren. Eine der Grundthesen des jungen Christentums, nicht zuletzt um die schändliche Hinrichtung ihres Stifters Jesus von Nazareth am Kreuz zu deuten, war nun, dass mit dem als Opfer verstandenen Tod Jesu, der selbst als Gottes Sohn angesehen wurde, ein für allemal die Notwendigkeit von Opfern zur Versöhnung der Gottheit überwunden worden ist. Nun hat sich in der Geschichte gezeigt, dass es der do-ut-des-Mentalität immer wieder gelingt, sich in die religiöse Praxis des Christentums einzuschleichen. Sie scheint ein kaum auszurottender Anteil menschlicher Verhaltensweisen zu sein. Am eklatantesten wurde die Auseinandersetzung der Reformatoren mit dem Ablasswesen des späten Mittelalters. Die Menschen glaubten, mithilfe eines für die verstorbenen Angehörigen gekauften Ablasses deren zeitliche Sündenstrafen im Fegefeuer verkürzen zu können. Eine dekadent gewordene und unter ständiger Geldnot leidende Kirchenführung befriedigte diese Bedürfnisse. Luther setzte dagegen die Rechtfertigungslehre, eben dass der Mensch allein durch seinen Glauben an den von Christus verkündigten Gott, wie er ihm in der Heiligen Schrift gegenüber tritt, dessen Gnade teilhaftig wird. Eine solche Haltung des do-ut-des erschien dann im Weiteren den liberalen protestantischen Theologen des 19. und 20. Jahrhunderts als Grundhaltung einer jeglichen Religion, die durch das Christentum überwunden wurde. Daher die Rede vom religionslosen Christentum. Jede Religion sieht Gott sozusagen als Lückenbüßer für die menschlichen Erklärungsnotstände für das Jenseitsproblem und den Zufall an. Damit wird Gott instrumentalisiert und verliert seine absolute Souveränität. Und das war für einen radikal Glaubenden wie Dietrich Bonhoeffer und seinen Zeitgenossen Karl Barth die »zäheste Stelle der Humanität« und damit der Inbegriff der Sünde.

Das Christentum wird demgegenüber als »Glaube« gekennzeichnet. In der Zeit der Entstehung und ersten Ausbreitung der christlichen Gemeinden wurde man in die anderen Religionen einfach hineingeboren. Man wurde Mitglied einer »Bürgerschaft« und übernahm damit automatisch deren religiöse Verpflichtungen. Durch die kultischen Handlungen sollten die Götter für ihr Hineinwirken in das diesseitige Leben der Menschen beeinflusst werden. Die staatliche Organisation legte deshalb größten Wert auf den sorgfältigen Ablauf der tradierten Rituale. Darüber hinaus gehende Sinnstiftung fand in diesen Religionen nicht statt. Offensichtlich wurde aber gerade diese Sinnsuche zu einer die Menschen bedrängenden Frage zur Zeitenwende. Die Philosophie hatte schon eine jahrhundertelange Tradition der Religionskritik. Über die Götter des Olymps machten sich bereits Denker und Dichter seit dem fünften vorchristlichen Jahrhundert lustig. Ihr Anthropomorphismus, ihr menschenähnliches Verhalten voller Affekte wie Neid, Eifersucht, Hinterlist und Erotomanie, konnte tiefer gehende Fragen nach dem Sinn des Lebens nicht zufriedenstellen. Zumal die prägenden und führenden Philosophenschulen dieser Zeit, die Epikureer und die Stoiker, vor allem das Beherrschen der Leidenschaften, als eine zutiefst humane Aufgabe propagierten. Damit konnten die heiteren Götter Griechenlands und Roms auf das Sehnen der Menschen keine Antwort mehr geben. Die Philosophen sprachen auch nur noch von einer Gottheit als dem Ergebnis ihres Nachdenkens über Götter, Welt und Menschen. Die Wesenseigenschaften dieser Gottheit waren allmählich aus dem Gottesbegriff heraus durch das Denken der Menschen entwickelt. Alle die großen Attribute Gottes wie »ewig, allmächtig, allwissend, allgegenwärtig …« waren schon vor dem Christentum da. Sie wurden bereits mit dem Eingottglauben des Judentums verbunden, das durchaus auch eine gewisse Strahlkraft für die Menschen, die sich mit ihm näher befassten, entwickelt hatte. Fromme Heiden nannte man die Gottesfürchtigen. Und aus diesen Menschen rekrutierten sich die ersten Christen. Um in die Glaubensgemeinschaft der Juden aufgenommen zu werden, brauchte man nun nicht mehr Jude zu werden. Durch die Taufe, welche die Christen anboten, konnte man der Verheißungen Jahwes teilhaftig werden, ohne all die kleinlichen Vorschriften befolgen zu müssen, welche die Schriftgelehrten um das Gesetz Gottes gestellt hatten. Ein paar Vorschriften blieben doch: Auf dem so genannten Apostelkonzil wurden sie zusammengestellt: Enthaltung von Götzenopferfleisch, Unzucht und Blutgenuss. Dies fand irgendwann zwischen 44 und 49 in Jerusalem statt. Darüber berichten Paulus im zweiten Kapitel des Galaterbriefes und die Apostelgeschichte im 15. Kapitel. Die in die Kirche eintretenden Heiden mussten sich auch nicht mehr beschneiden lassen, es genügte das Zeichen der Taufe, wie sie Jesus von Johannes dem Täufer übernommen hatte. Vor der Aufnahme unter die Jünger und Anhänger Jesu stand jedoch das gläubige Bekenntnis: »Jesus ist der Herr« und »Gott hat ihn von den Toten auferweckt«. Darin lag die Unterscheidung zu Heiden und Juden. Es ging also um einen bewussten Schritt, den man vollzog. Man vertraute nicht mehr auf die heidnischen Götter und nicht mehr auf die Wichtigkeit der Reinheitsvorschriften der jüdischen Religion. Man bekannte einen Glauben, der an die Person des Jesus aus Nazareth gebunden war. Das war etwas Neues in der Religionsgeschichte, eine Entscheidungsreligion, die in späterer Zeit auch Ausgrenzung und Verfolgung als Minderheit zur Folge hatte. Die Glaubenden nahmen diese auf sich, weil sie ihr Heil vor allem im Jenseits erhofften. Solche Entschiedenheit ist es, die Religion von Glauben zu unterscheiden scheint. Diese Entschiedenheit hatte auf der anderen Seite aber auch eine negative Folge. Man grenzte sich nicht nur von den anderen, den Juden und den Heiden ab. Von Anfang an gab es in der jungen christlichen Gemeinde einen Pluralismus von Meinungen, der oft auch kulturell bedingt war. Neubekehrte Christen in Kleinasien hatten ein anderes soziales Umfeld als die Christengemeinde in der Reichshauptstadt Rom. Dort der synkretistische Hellenismus, der keine Probleme hatte, in seiner religiösen Praxis die Traditionen der Völker Asiens aufzunehmen und dabei in der Philosophie modern anmutende Religionskritik zu üben – und hier die juristisch und ordnungspolitisch sauber distinguierenden Römer, die sich anschickten, ein riesiges Weltreich zu verwalten. Das führte zu vielerlei verschiedenen Auslegungen der anfänglich einfachen christlichen Botschaft und damit zur Notwendigkeit, sich abzugrenzen von Lehren und Meinungen, die nicht mehr zum unterscheidend Christlichen gezählt werden konnten. Man musste sich abgrenzen und die anderen ausgrenzen. Darin war von Anfang an der Fluch der Christentumsgeschichte – wie bei jeder anderen Religion – angelegt, die Abspaltung divergierender Gruppen, oft auch deren gewaltsamer Unterdrückung, wenn die Kirche mit der Staatsmacht in allzu großer Nähe »kungelte«. Die Kirchengeschichte ist weithin auch eine Geschichte der internen Auseinandersetzungen, Verdammungen und Abspaltungen.

Damit war der Glaube zu einer Religion geworden; so wurde sie auch von den Juristen des römischen Reiches bezeichnet: »*religio illicita*«, unerlaubte Religion. Seither bezeichnete sich das Christentum selbst als *religio*. Die ersten Theologen versuchten zu beweisen, dass das Christentum nicht gegen den Staat gerichtet war und dass es nicht dem *logos*, dem Vernunftgesetz, das die Welt regiert, widersprach. Die ganz besonders entschiedenen waren dann die »*religiosi*«, die Religiösen, bis heute im Kirchenlatein die Bezeichnung für die Ordensleute. Glaube als ein personales Geschehen ging dabei weitgehend unter hinter dem verpflichtenden Charakter einer christlichen Religiosität. Glauben aber heißt zuallererst Vertrauen. Wir sagen es ja zuerst in dem Sinn von: Ich glaube dir – anstelle von: Ich glaube an dich. Gemäß unserer Hauptthese würde das bedeuten: Ich vertraue der bedingungslosen Liebe Gottes. Das ist umfassender als die Aussage: Ich glaube an Gott den Allmächtigen. Die erste Aussage ist eine Sache des Herzens, die zweite eine des Verstandes. In diesem Sinn ist das Christentum mehr ein Glaube als eine

Religion. Es ist reine Zweckfreiheit, weil wir uns nur der Liebe Gottes öffnen brauchen – natürlich auch mit dem Verstand, aber vor allem mit dem Herzen, das heißt mit der Emotionalität, dem Gefühl, dem Willen. Das Beispiel der Mystiker, der Frommen unserer Tage, die sich von Gott ergreifen lassen, ihn erfahren haben, spricht für diese Option. Mystiker gibt es allerdings nicht nur im Christentum, sie sind eine Erscheinung auch der anderen Religionen. Der Islam lebt von ihrer Tradition genauso wie das Judentum, der Buddhismus und der Hinduismus. Das Schamanentum der Naturreligionen ist eine frühe Institutionalisierung des Mystikertums. Die von ihnen berichteten Himmelsreisen, die zum Teil während herbeigeführter ekstatischer Zustände erfahren wurden, tauchen in ähnlicher Fassung bei den Muslimen, den jüdischen Chassidim und den christlichen Mystikern wieder auf. Von Mohammed wird erzählt, er sei in einer einzigen Nacht nach Jerusalem geritten und habe von dort aus eine Reise in den Himmel unternommen. Auch der Apostel Paulus berichtet »von einem Diener Christi, der bis in den dritten Himmel entrückt wurde.« (2. Kor 12,2) Paulus gibt aber zugleich auch die Linie vor, wie man in den christlichen Gemeinden mit derartigen Phänomenen umzugehen habe: Man solle sie nicht überbewerten. Die Kraft Christi erweist sich gerade in der Schwachheit des Menschen, nicht in besonderen Offenbarungen. Gemäß der These Dietrich Bonhoeffers wären das Phänomene der Religion, die der Glaube nicht mehr benötigt. Ihm genügt das Bauen auf die Liebe Gottes. Die Annahme einer bedingungslosen Liebe Gottes durch den schwachen Menschen, das ist der Inhalt und gleichzeitig der Weg des Glaubens, den Jesus Christus verkündigt. Glaube ist damit der Sprung ins Wasser, der die absichernde Religion hinter sich lässt. In diesem Sinn ist die Polemik Bonhoeffers gegen den Religionsbegriff in der Theorie verständlich. In der Praxis wird der gläubige und suchende Mensch keine Unterscheidung fällen. Wir reden von den Religionsgemeinschaften, denen wir angehören (oder auch nicht), und schicken die Kinder in den konfessionell verschiedenen Religionsunterricht.

Die Kirche

Damit sind wir bei einer Erscheinungsform von Religion, die allein dem Christentum eigen ist: Wir sprechen von der Kirche. Seit der Reformation im 16. Jahrhundert, die von Martin Luther im Jahr 1517 angestoßen wurde, manifestiert sich diese Kirche Jesu in verschiedenen Konfessionen und Bekenntnissen. Die wichtigsten sind die evangelische, die katholische und die orthodoxe Kirche. Durch die gegenseitige Abgrenzung haben sich die Konfessionen im Laufe der letzten Jahrhunderte auseinanderentwickelt. Nach Jahren der Annäherung scheint man sich in jüngster Zeit wieder mehr auf die Unterschiede als auf die Gemeinsamkeiten zu besinnen. Das katholische Lehramt, verkörpert durch den Papst, bestreitet, dass die evangelische Christenheit überhaupt das Recht habe, sich als Kirche zu bezeichnen. Diese wiederum schärft ihr protestantisches Profil. Der Zusammenbruch des Eisernen Vorhangs hat den keimenden ökumenischen Gedanken bei den orthodoxen Bischöfen aus Angst vor der westlichen Dekadenz wieder zurückfahren lassen. Alle diese Christentümer berufen sich aber darauf, dass sie das wahre Erbe der Verkündigung Jesu verwalteten und in ihnen seine Kirche sich verwirkliche. Die Statistiken belegen, dass in unseren Breiten die Zahl der Kirchenmitglieder zurückgeht. Statt sich zusammenzuschließen und das gemeinsame Problem, das auch ein Imageproblem der getrennten Christenheit ist, gemeinsam anzugehen, werden alte Empfindlichkeiten neu aufgelegt und gehegt.

Es ist offensichtlich so, dass uns das Christentum zuerst in Form einer Kirche begegnet. Die meisten von uns wurden schon als Kinder getauft. Im Personenstandsregister steht nicht: Christ, sondern römisch-katholisch, evangelisch-lutherisch, oder griechisch-orthodox. Man kann nur in eine bestimmte Kirche eintreten, nicht in das Christentum als solches. Trotzdem ist Kirche ein Phänomen, das es in dieser konkreten Erscheinung in der Verkündigung Jesu nicht gibt. Jesus wollte keine Kirche gründen. Er wollte seine eigene Religion, das Judentum, in seiner zeitgenössischen Form reformieren. Damit war er auch nicht der einzige. Er hatte viele »Kollegen«, einer davon war der auch in den Evangelien auftretende Johannes der Täufer. Jesus scheint zuerst sein Anhänger gewesen zu sein, ehe er sich sozusagen selbstständig machte. Eines der wichtigsten Sakramente des Christentums, die Taufe, stammt aus der Praxis der Johannesjünger. Von Johannes unterscheidet sich Jesus, weil der Täufer das Gericht ankündigt, Jesus dagegen das Gewicht auf das Reich Gottes legt, das mit der Annahme seiner Sicht des jüdischen Glaubens anbrechen kann. Es ist sowohl Gegenwart als auch Zukunft. Mir hat sich dieser sperrige Begriff aus der Bilderwelt das Alten Testaments dadurch erschlossen, dass ich ihn in einem ersten Schritt als »Herrschaftsbereich Gottes« interpretiere. Überall dort, wo ich Gott, den Herrn, sein lasse, dort gibt es keine anderen Herren. Er garantiert mir also eine innere Freiheit von allen möglichen Abhängigkeiten. Gottes Herrschaft und gesetzgeberische Vollmacht wird in der Theologensprache als Theonomie bezeichnet (*nomos* = Gesetz, Vorschrift).

Paul Tillich, der überaus anregende evangelische Theologe der Zwischenkriegszeit, bringt es auf den Punkt, wenn er sagt: Die Theonomie bewahrt uns davor, in die Extreme Autonomie und Heteronomie zu verfallen, dass wir abhängig werden von unserem eigenen Ego oder von anderen Wesen oder Dingen. Nun ist das Wort »Herrschaft« heute in unseren demokratischen Gesellschaften einem grundsätzlichen Verdacht unterworfen, der Herrschaftsausübung mit Machtmissbrauch in vordemokratischen Systemen in Zusammenhang bringt. (Gleiches gilt für den Begriff »Reich«, der besonders in der deutschen Geschichte einen schalen Beiklang angenommen hat.) Deshalb kommen auch zunehmend der Titel bzw. die Anrede »Herr« für Gott und Jesus in Misskredit und werden zugunsten des egalitären »Bruder« eliminiert. Wie kann man also den Herrschaftsbereich Gottes umschreiben, dass die ihm inhärente Freiheitsidee, die uns Heutigen so wichtig ist, zum Ausdruck kommt? Ein Vorschlag:

Reich Gottes ist überall dort, wo Gottes bedingungslose Liebe angenommen und in Taten der Liebe widergespiegelt wird. Er herrscht nicht mehr, er fordert nichts, nicht er verpflichtet, sondern ich ziehe selber die Konsequenzen aus der Annahme dieser Liebe: Ich versuche sie zu leben. Damit wird Gott nicht mehr gelehrt, sondern gelebt. Immer wenn es mir nicht gelingt, kann ich es erneut versuchen. Ich kann selbstverständlich in Freiheit die Annahme der Liebe verweigern. Und sie dann nicht leben. Die Konsequenz daraus ist ein liebloses, kaltes, egoistisches Leben. Trotzdem bleibt das Angebot der Liebe Gottes bestehen, er zieht es nicht zurück – in Ewigkeit. Die Ungerechtigkeit, die darin besteht, dass auch derjenige, der die Liebe verweigert, im Letzten von ihr geliebt wird, empfinde ich als Liebender nicht mehr als solche. Bleibt die Frage nach der Freiheit: Wenn jemand ablehnen, verneinen will, wird er gezwungen, die Liebe zu akzeptieren? Hass ist selbstzerstörerisch. Auch der Hassende wird auf jeden Fall getragen und aufgehoben in der bedingungslosen Liebe Gottes: Ein Versuch, sich dem anzunähern, was Jesus verkündigen wollte.

Alfred Loisy (1857–1940), ein katholischer französischer Theologe, der von der Kirche als Modernist verurteilt wurde, hat einen bemerkenswerten Satz geäußert, der die Sache auf den Punkt bringt: »Jesus hat das Reich Gottes verkündet, und gekommen ist die Kirche.« Das wurde ihm in einer Zeit der geistigen Enge und des Kampfes gegen die als kirchenfeindlich eingeschätzte Wissenschaft der Zeit um 1900 zum Verhängnis. Loisy wollte genau das Gegenteil dessen aussagen, was ihm unterstellt wurde. Sicher hat der historische Jesus nicht daran gedacht, eine verfasste Kirche, wie wir sie kennen, zu gründen. Aber er hat das Reich Gottes verkündet und aus dieser Verkündigung ist mit Notwendigkeit die Kirche hervorgegangen. »Jesus hatte das Reich angekündigt, und dafür ist die Kirche gekommen. Sie kam und erweiterte die Form des Evangeliums, die unmöglich erhalten werden konnte, wie sie war, seitdem Jesu Aufgabe mit dem Leiden abgeschlossen war … Eine Absurdität würde es sein zu verlangen, dass Christus die Interpretationen und Anpassungen, welche die Zeit fordern musste, im voraus schon bestimmt hätte, denn sie hatte keine Berechtigung, früher da zu sein … Die Perspektive des Reiches hat sich erweitert und verändert, die seiner endgültigen Ankunft ist zurückgetreten, aber der Zweck des Evangeliums ist der Zweck der Kirche geblieben.«

Der amerikanische Philosoph und Psychologe William James beschreibt diese Tatsache der Entstehung von Religion auf seine Weise: »Ein Blick in die Geschichte zeigt uns, dass in der Regel religiöse Genies Jünger anziehen und Gruppen von Sympathisanten hervorbringen. Wenn diese Gruppen stark genug werden, um sich selbst zu organisieren, werden sie kirchliche Institutionen mit eigenen korporativen Ambitionen. Dann kommen leicht der politische Geist und die Regulierungs- und Dogmatisierungslust ins Spiel und nehmen der ursprünglichen Sache ihre Unschuld, so dass wir, wenn wir heute das Wort ›Religion‹ hören, unvermeidlich an diese oder jene ›Kirche‹ denken. Manche Menschen verbinden mit dem Wort ›Kirche‹ so viel Heuchelei, Tyrannei, Gemeinheit und hartnäckigen Aberglauben, dass sie sich in einer pauschalen, unterschiedslosen Weise der Feststellung rühmen, sie seien mit der ganzen ›Religion‹ fertig.« James ist ein früher Individualist. Für ihn ist Religion zuerst individuelle Erfahrung. Die Korporation fügt die Erfahrungen vieler Individuen zusammen und tötet damit deren Ursprünglichkeit. »Ist eine Religion aber zur Orthodoxie geworden, ist ihre Zeit der Innerlichkeit vorbei: die Quelle ist versiegt; die Gläubigen leben ausschließlich aus zweiter Hand und steinigen nun ihrerseits die Propheten. Auf die neue Kirche kann man fortan als auf einen standfesten Verbündeten rechnen, wenn es darum geht, den spontanen religiösen Geist zu ersticken und alle späteren Wallungen der Quelle zu unterbinden, aus der sie in reineren Tagen selbst einmal ihre Inspirationen bezog.«

Bei aller Polemik, die aus William James' Texten spricht, macht er doch klar, dass Religion ohne so etwas wie Kirche oder eine organisierte Form keinen Bestand hätte. Wenn es keine Kirche gegeben hätte, die sich aus den Anfängen der Jüngerschar Jesu zu dem entwickelte, wie sie sich in ihrer Komplexität heute darstellt, wäre das Wissen um das Leben Jesu und seine Botschaft im besten Fall eine Fußnote der Geschichtsforschung geblieben. Von Jesus wissen wir ausschließlich aus den Schriften des Neuen Testaments. Mit deren Verschwinden wäre auch die Kenntnis von seiner Existenz aus dem kollektiven Gedächtnis der Menschheit verschwunden. Dass so viele Menschen von ihm erfahren und auf seine Weise sich Gott annähern konnten und können, ist nur der Existenz der Kirche zu verdanken, die seine Lehre, seine Biographie – zeitgebunden gewiss – aufgezeichnet, gesammelt und überliefert hat. Und es ist ja nicht nur so, dass die Orthodoxie ihre eigenen Propheten steinigt, sie muss sich auch immer wieder dieser von ihr verwalteten Quelle des eigenen Selbstverständnisses stellen und konfrontieren lassen. Es gab ja nicht nur die große Reformation des 16. Jahrhunderts, welche die Bibel allein gegen die Überfremdung des Traditionsgutes mit allem Möglichen im Lauf der Geschichte zugewachsenen Ballast in Erinnerung rief. Das Mönchtum des 4. und 5. Jahrhunderts mit den riesigen Einsiedlersiedlungen in den Wüsten des Nahen Ostens war eine erste Protestbewegung gegen eine sich im römischen Imperium einrichtende Reichskirche. Als die daraus entstandenen Klöster im mittelalterlichen Heiligen Römischen Reich selbst wiederum zu Institutionen staatlicher Verwaltung geworden waren und die aufkommende bürgerliche Finanzwirtschaft der neu aufblühenden städtischen Kultur die Herrschaft zu übernehmen sich anschickte, entstanden die Armutsbewegungen des Franz von Assisi und des Dominikus. Als Franziskus von der kirchlichen Obrigkeit gedrängt wurde, seiner Bruderschaft eine Ordensregel zu geben, tat er nichts anderes, als die wahrlich provozierenden Texte der Bergpredigt Jesu zusammenzustellen.

Ecclesia semper reformanda

Ich selbst habe eine Erneuerung der Kirche erlebt, die von den äußeren Formen her gesehen alles Bisherige an Reformbemühungen in den Schatten gestellt hat. Wer hätte noch im Mittelalter daran gedacht, dass die Kirche sich vom Latein der Frühzeit als ihrer Kultsprache verabschieden und die Landessprachen in der Feier der Liturgie zulassen würde? Dass die Kirche den Dialog mit den anderen christlichen Konfessionen, den anderen Religionen, dem Atheismus, der modernen Gesellschaft auf Augenhöhe als ihre Aufgabe definieren könnte? Im II. Vatikanischen Konzil (1962–1965) ist das alles gefordert und anschließend auch umgesetzt worden. Mag sein, dass wir zur Zeit einen starken Bremsmechanismus erleben. Das nun sind die normalen Reaktionen der alten Männer, die der »guten alten Zeit« nachtrauern. Der Zug aber fährt weiter in die Zukunft und lässt sich nicht aufhalten, nur verlangsamen. Die zwei Forderungen an die Kirche, die sich immer erneuern muss, bleiben bestehen:

— Orientierung an der alten Ordnung der Väter, d.h. die Besinnung auf die Intentionen des Anfangs, auf das, was Jesus gewollt hat vor jeder schon zeitgebundenen schriftlichen Fixierung seiner Worte. Das Instrumentarium dafür hat uns die wissenschaftlich betriebene Bibelauslegung in die Hand gegeben.
— Rücksichtnahme auf die je heutige Zeit. Papst Johannes XXIII. hat das mit einem kaum übersetzbaren italienischen Wort »aggiornamento« genannt: »Heutigwerdung«. *Vox temporis, vox Dei.* Dieses Motto hatte noch Kardinal Faulhaber, der Erzbischof von München während des Ersten und Zweiten Weltkriegs, als Wappenspruch gewagt zu wählen. In den Anforderungen der jeweiligen Zeit vernehmen wir die Stimme Gottes.

Das bedeutet doch nichts anderes, als dass es bleibende Aufgabe der Kirche ist, ihre Botschaft, die sie von Jesus empfangen hat, über die Kluft von zweitausend Jahren hinweg in immer neuer »Übersetzung« für die Menschen von heute und morgen aufzubereiten. Übersetzung kann dabei ganz wörtlich genommen heißen, von den toten Sprachen des Altertums in die Sprache der heute lebenden Menschen zu übertragen. Schon allein dabei passiert auch Übersetzung in einen anderen, veränderten Kulturkreis. Unser Verständnis vieler Dinge ist ein anderes als zu der Zeit, als die Bibel verfasst und zusammengestellt wurde. Damit verbindet man heute den Begriff der Inkulturation. Die in einer bestimmten Epoche der vorderasiatischen Kultur geschehenen Ereignisse und gesprochenen Worte müssen so interpretiert werden, dass sie in der jeweiligen Kultur, in der sie wiederholt werden, auch verstanden werden können. Die Erfahrungen der christlichen Missionsgeschichte beweisen das. Das Evangelium musste den Indianern Nord- und Südamerikas anders verkündet werden als den Bewohnern der Küstengebiete des Indischen Ozeans. Das ist die räumliche Inkulturation. Es gibt aber auch eine auf der zeitlichen Schiene. So wie wir die Sprache Martin Luthers in der Fassung der 20er Jahre des 16. Jahrhunderts weitgehend nicht mehr nachvollziehen können, müssen wir sie unter größtmöglicher Beibehaltung ihrer Originalität in modernes Deutsch übertragen. Aber auch in unser Denken. Die Verkündigungsarbeit der Kirchen ist nichts anderes als eine einzige große Übersetzungsarbeit. Was Jesus in seinen Gleichnissen gesagt hat, was von Mose und den Propheten überliefert wird, muss so ausgelegt werden, dass wir Heutigen in unserer völlig anderen, vor allem durch die wissenschaftliche und technische Entwicklung geprägten Welt sie auch verstehen und in unserem Leben umsetzen können. Nichts anderes ist Aufgabe der Prediger seit Anbeginn. Jürgen Habermas nennt das die Arbeit der »rettenden Übersetzung«. Zu retten ist dabei der Gehalt der Botschaft. Sicher gemeint ist aber auch, dass diese Botschaft für uns weiterhin hilfreich sein kann in den bleibenden Anliegen der Transzendenz- und Kontingenzbewältigung. Also der Erfahrung, dass es etwas Größeres gibt als unser bloßes Denken und Wissen. Dass jede neue Entdeckung diese Grenze nur um ein Stück weiter schiebt, aber nie überwinden kann. Und die Erfahrung, dass wir trotz allem Wissen den Zufall und das Ungeplante nicht ausschalten können. Glaube hat hier eine wichtige Funktion: Er soll erklären und Ängste nehmen, er soll das Zusammenleben der Menschen optimieren und die Ehrfurcht vor dem Geheimnis kanalisieren: die uralte Frage, warum etwas ist und nicht nichts. Religion und Glaube in der konkreten Form der Kirche haben einen Anwendernutzen, sie müssen lebensdienlich sein. Dies war vielleicht früher selbstverständlich und wurde deshalb nicht eigens verbalisiert. Heute muss sich die Kirche fragen lassen: Was bringt es mir, wenn ich ihr angehöre? Der Mensch von heute wird die Vorteile einer Kirchenzugehörigkeit abwägen gegen die Nachteile und dann seine Entscheidung treffen. Es ist noch nicht soweit wie in den USA, wo ein Konfessionswechsel zur normalen Biographie eines Bürgers gehört wie ein mehrmaliger Umzug. Überhaupt hatten die Kirchen in den USA von Anfang an nicht die Staatsnähe wie im alten Europa. Hier drückt sich diese Nähe auch durch eine staatsähnliche, eher behördenmäßige Organisationsstruktur aus, dort eher wie ein Wirtschaftsunternehmen, das von vornherein weiß, es steht mit anderen ähnlichen Unternehmen im Wettbewerb auf dem Markt der Sinnstiftungsagenturen. Man kann dies sehr monopolistische Selbstverständnis aus unserer Geschichte heraus erklären. Die katholischen Bischöfe waren bis zur Säkularisation im Jahr 1803 zugleich souveräne Fürsten mit Hofhaltung, und Beamtenapparat. Das setzt sich fort, wenn etwa Bischöfe heute noch in einem Palais residieren und sie dort Audienzen gewähren. Die evangelische Kirche hatte in den Ländern mit lutherischer Konfession zumindest einen staatlich garantierten, privilegierten Status. Vielleicht tun sich die Kirchen deshalb so schwer, sich als moderne Dienstleistungsorganisationen zu verstehen und als solche zu agieren. Dabei wäre darin dem Beispiel Jesu zu folgen, der im Evangelium von sich sagt, er sei nicht gekommen, um sich bedienen zu lassen, sondern um zu dienen (Mk 10,45). Er mahnt die Seinen: Bei euch aber soll es nicht so sein, sondern der Führende soll werden wie der Dienende (Lk 22,26). Von Bischöfen habe ich immer wieder den Eindruck, dass sie sich sträuben, wenn die Kirche mit einem Dienstleistungsunternehmen verglichen wird. Warum eigentlich? Sicher, Kirche ist kein Kaufladen mit Wühltischen, auf denen beim Schlussverkauf alles billig verramscht wird. Dies ist aber nur ein Zerrbild dessen, was man unter Dienstleistung versteht. Es ist sicher nicht richtig, die Gläubigen nur als Kunden zu betrachten. Aber nicht aus dem Grund, den die Kirchenoberen vorgeben. Ganz im Gegenteil, die Gläubigen sind deshalb keine Kunden, weil sie selbst das Dienstleistungsunternehmen Kirche sind. Die Kleriker, die in der Kirche führende Stellungen innehaben, sind die Führungskräfte dieses Unternehmens und sie haben gemäß dem von der Kirche selbst so hoch gehaltenen Subsidiaritätsprinzip diesen bei der Erfüllung ihrer Aufgaben zu dienen. Dieses besagt doch, dass die höhere Ebene einer Organisation die Aufgabe hat, die niedrigere Ebene optimal zu unterstützen. Welchen Dienst hat nun die Kirche insgesamt zu leisten? Mit der Beantwortung sind wir wieder bei der Anfangsfrage angelangt: Wozu sind Kirche, Glaube, Religion gut? Welchen Nutzen haben sie? Was bringen sie?

Die Kirche Jesu Christi, gleich welcher Konfession, hat die Aufgabe, die Grundbotschaft Jesu auf ihrem Weg durch die Geschichte lebendig zu erhalten und selbst zu leben. Es ist die Botschaft von Gott, der bedingungslos liebt, der einlädt, diese Liebe zu leben. Es ist weiterhin die Kunde von einem Gott, der sich seiner Macht und Gewalt entäußert, der sich, beispielhaft von Jesus vorgelebt, erniedrigt bis zum »Tod am Kreuz«.

Natürlich braucht Kirche, um bestehen zu können, eine Struktur und Organisationsform, es braucht Verantwortung und Leitung. Aber diese Formen müssen sich wie nirgendwo sonst am Dienstcharakter des Vorbilds Jesu orientieren. Wo Herrschaft und Machtausübung zu noch so subtiler Unterdrückung verkommen, werden die Menschen höchst sensibel reagieren und, wenn das nicht geändert wird, der Kirche den Rücken kehren. Kirche unterliegt den Kriterien der Freiheitsgewährung und Authentizität wie alle anderen Institutionen in unseren Tagen. Kirche kann sich nicht mehr auf eine irgendwie geartete Sonderstellung berufen.

Diese schwere Aufgabe, unter den Bedingungen der Moderne Christi Botschaft zu leben und in lebendiger Erinnerung zu halten, ist nicht nur ein Privileg, sondern auch eine Last. Nur durch die Kirche wissen wir von Jesus. Ohne sie wäre er eine Figur der Bibliotheken und Archive. Nur durch diese seit zweitausend Jahren immer wieder als fehlbar erfahrene Gemeinschaft von Menschen blieb das Wissen um Christus als Glaube, als Religion lebendig. Das heißt auch umgekehrt: Will ich dem lebendigen Christus begegnen, muss ich mich ihm über Kirche annähern. Um zu ihm zu gelangen, muss man sich durch den Flaschenhals der Kirche zwängen. Er selbst schildert diesen Weg als schmal und das Tor, das zum Leben führt, als eng. Dies meint sicher auch die Mühsal der gelebten Liebe, aber doch eben auch die Mühsal, den Zugang zu Jesus nur durch eine beladene und belastete Geschichte zu finden. Benedikt von Nursia tröstet den Anfänger im klösterlichen Leben im Prolog zu seiner Klosterregel mit dem Hinweis, dass nach der Mühsal des Beginns im Zuge des Glaubensfortschritts das Herz weit wird und man dann »in unsagbarem Glück der Liebe den Weg der Weisungen Gottes« ins Ziel läuft. Diese Weite des Herzens beinhaltet auch die Großzügigkeit mit sich selbst, das Wissen um die Vorläufigkeit alles Menschlichen, den Glauben an Gottes Liebe und eine gehörige Portion Gelassenheit.

Demut

Für Benedikt ist eine der wichtigsten Tugenden seiner Mönche die Demut. Ein ganzes Kapitel, das längste seiner Regel, handelt davon. Diese Tugend ist aber nicht nur etwas für Klosterleute. Sie sollte allen Menschen immer wieder ans Herz gelegt werden. Es ist eine typisch christliche Tugend, die es in der Antike nicht gab. Diese hat auch nichts mit dem Zerrbild zu tun, das vergangene Zeiten aus ihr geformt haben. Demütige Menschen sind nicht ohne Rückgrat und eigene Meinung, sie können durchaus ins Angesicht widerstehen, wenn es sein muss. Das Wort Demut kommt aus dem Alt- und Mittelhochdeutschen Dien-muot, und bedeutet: Wille zum Dienen. Es war die Dienstbereitschaft der Vasallen gegenüber ihrem Fürsten. Also keine Haltung, die klein macht und niedrig hält. Es war und ist die Tugend von Führenden! Wenn Kirche die Menschen führen will, dann muss sie dem Beispiel ihres Meisters folgen, der sagt: »Lernt von mir, denn ich bin sanftmütig und von Herzen demütig.« (Mt 11,29).

Nur eine so verstandene Demut kann der Kirche helfen, in einer pluralistischen Gesellschaft ihre Botschaft so zu verkünden, dass sie im Wettbewerb der Religionen und Religiositäten ihr Alleinstellungsmerkmal besser herausstellen kann. Ein Pochen auf Privilegien vergangener Zeiten wird heutzutage eher Verdacht auf bloßen Machterhalt hervorrufen. Dabei kann das Christentum trotz aller menschlicher und kirchlich verursachter Fehler der Vergangenheit auf eine Erfolgsgeschichte verweisen. Es hat zweitausend Jahre gedauert, bis die Botschaft der Liebe sich in den Verfassungen moderner Staaten und der UNO-Menschenrechtscharta niederschlagen konnte. Der Begriff vom Menschen als einer Person, deren Würde unantastbar ist, mag zwar seit der Reaktion auf die antikirchlichen Seiten der Aufklärung im 17. und 18. Jahrhundert von den Kirchen anfänglich abgelehnt worden sein, geht aber doch auf das Bild vom Menschen als Ebenbild Gottes zurück, eine der bleibenden Kernwahrheiten des biblischen Schöpfungsmythos. Auf diese Weise ist eine christliche Wahrheit säkularisiert, also verweltlicht worden. Das kann doch nur im Sinn ihrer dienenden Aufgabe in dieser Welt sein. Der schon mehrfach erwähnte italienische Philosoph Gianni Vattimo sieht gerade darin den Sinn von Kirche. Säkularisierung, d.h. Weltlichwerdung der Welt, also Abkehr von institutionalisiertem Christentum hilft diesem, seine Werte in die Gesellschaft hinein zu diffundieren. Diese Säkularisierung ist eine Bewegung, die nach Meinung einiger Theologen schon im Schöpfungsmythos angelegt sei, als der Kosmos von seiner Göttlichkeit entzaubert worden sei. Vattimo geht sogar so weit zu sagen, Aufgabe der Kirche sei es, sich selbst überflüssig zu machen. Sie hätte nur dazu zu dienen, die Verkündigung der Liebe als festen Wert der

Mitmenschlichkeit und Nächstenliebe in der Ethik der Moderne zu verankern. Und zusätzlich die Angst vor dem Göttlichen und Jenseitigen zu beseitigen, würden Epikur und Eugen Biser ergänzen. Letzterer führt dazu aus, das Christentum stecke noch in den Kinderschuhen, seine große Zeit breche erst an. Das sei durch die Neue Theologie von der bedingungslosen Liebe Gottes möglich geworden.

Demut für Kirche heißt auch, wie es ein Aphoristiker auf einen Punkt gebracht hat, sich dessen bewusst zu sein: Religiöser Glaube sei ein Glaube, der weiß, dass er glaubt, und der nicht glaubt, dass er weiß.

Es bleibt die Frage: Wie kann die Kirche in der heutigen Zeit die zeitlose Botschaft von der bedingungslosen Liebe Gottes verkünden? Wie muss sie selbst sich verändern, um glaubwürdig zu sein? Was muss sie tun, um den Zugang zum Glauben an einen bedingungslos liebenden Gott zu entrümpeln von all den vielen Gedanken, Theorien und Theologien, die dem entgegenzustehen scheinen?

Es ist ein vermessener Anspruch. Viele kritische Menschen unserer Tage haben es unternommen, auf diese Fragen Antworten zu geben. Vielleicht ist es daher eher angebracht, keine fertigen Vorschläge zu machen, sondern einfach ein bisschen zu träumen. Ganz im Sinn von Martin Luther King: »I have a dream.«

– Vor dem bedingungslos liebenden Gott muss man keine Angst haben, man muss auch seinen Zorn und seine Strafe nicht fürchten.
  Deshalb träume ich von einem Christentum, das nicht mit Angst und Furcht verbunden wird. Kirchen verbannen aus ihrer Verkündigung alles, was die Angst als Motor des Glaubens erscheinen lässt.
– Der Mensch darf in Freiheit die Liebe Gottes annehmen oder auch ablehnen.
  Ich träume von einer Kirche, die die individuelle Freiheit des Menschen als Paradigma der Moderne ernst nimmt, wie das

Wort des Apostels Paulus: Wir sind zur Freiheit der Kinder Gottes befreit lebt. Gewissensfreiheit, Religionsfreiheit, persönliche Freiheit werden auch im kirchlichen Miteinander hochgeschätzt.

– Die Annahme der Liebe Gottes führt in Konsequenz zu einer Haltung der Liebe zu Gott, zu den Mitmenschen und zu mir selbst.

Ich träume von einer Ethik der Liebe, die in unsere Gesellschaft hinein verkündet wird. Es ist eine Botschaft des Ja-Sagens zum Leben. Dieses Ja-Sagen wird gegenüber dem Nein-Sagen betont. Ein Nein gibt es wirklich nur dort, wo das Ja zum Leben gefährdet wird. Kirche wird nicht als die große Mahnerin und Verweigerin wahrgenommen, sondern als Förderin einer positiven Einstellung zum vielgestaltigen Leben. Nicht der erhobene moralische Zeigefinger, sondern die weitausgespannten, einladenden Arme sind das Bild für ihr Selbstverständnis.

– Gott ist das große Geheimnis, das ist das Ergebnis fast dreitausendjähriger Beschäftigung mit ihm. Er wird nicht erkannt, sondern erfahren.

Ich träume von einer Kirche, die nicht so viel von Gott lehrt, sondern ihn lebt. Die ihren Gläubigen ermöglicht, ihn zu erfahren – in den regelmäßigen Feiern, an den Lebenswenden, in Meditation, im Erschließen ihres großen Schatzes an Mystik.

– Von Gott gibt es viele Bilder, die zu ihrer Zeit hilfreich waren und es heute oft nicht mehr sind.

Ich träume von einer Kirche, die um ihre Geschichtlichkeit weiß, auch in ihren Dogmen und Moralvorschriften. Eine Kirche, die sich vor allem darum kümmert, Gott für die Menschen von heute erfahrbar zu machen, die sich nicht zu sehr mit sich selbst beschäftigt und die für die vielfach hausgemachten Probleme wie Zölibat, Sexualmoral, Ökumene, Zulassungsbedingungen für das Amt, Ehescheidung vom Geist der bedingungslosen Liebe Gottes getragene kreative Lösungen findet.

- Gott ist erfahrbar auf vielen Wegen, ja eigentlich hat jeder Mensch seinen eigenen Zugang zu ihm.

  Ich träume von einer Kirche, die sich als ein Weg unter vielen versteht. Die keine Scheu hat, mit anderen Religionen ins Gespräch zu kommen und dabei das spezifisch Christliche in das Konzert der spirituellen Wege einzubringen: die Menschlichkeit Gottes und seine bedingungslose Liebe.

Verwendete und weiterführende Literatur

Epikur, Wege zum Glück, Düsseldorf 2003

Aristoteles, Nikomachische Ethik, München 2004

Seneca, De vita beata, Stuttgart 2005

Epiktet, Handbüchlein der Moral, Stuttgart 1992

Mark Aurel, Selbstbetrachtungen, Mannheim, 2010

Meister Eckhart, Werke, Frankfurt a.M. 1993

Nikolaus von Kues, Philosophisch-Theologische Werke, Hamburg 2002

Blaise Pascal, Gedanken, Stuttgart 2004

Angelus Silesius, Cherubinischer Wandersmann, Stuttgart 1984

Karen Armstrong, Geschichte des Glaubens, München 1996

Karen Armstrong, Die Achsenzeit, München 2006

Hans Urs von Balthasar, Was dürfen wir hoffen?, Einsiedeln 1989

Hans Urs von Balthasar, Glaubhaft ist nur Liebe, Einsiedeln 1963

Anselm Bilgri, Entrümple deinen Geist, München 2007

Anselm Bilgri, Herzensbildung, München 2009

Theologie der Zukunft. Eugen Biser im Gespräch mit Richard Heinzmann, Darmstadt 2005

Susan Blackmore, Die Mach der Meme, Heidelberg 2010

Michael von Brück, Religion – Segen oder Fluch der Menschheit?, Frankfurt a.M. 2008

Martin Buber, Das dialogische Prinzip, Gütersloh, 2009

André Comte-Sponville, Woran glaubt ein Atheist? Zürich 2008

Richard Dawkins, Der Gotteswahn, Berlin 2007

Richard Dawkins, Die Schöpfungslüge, Berlin 2010

Richard Dawkins, Geschichten vom Ursprung des Lebens, Berlin 2008

Richard Dawkins, Das egoistische Gen, Heidelberg, 2010

Alfons Deissler, Ich bin dein Gott, der dich befreit hat, Freiburg 2006

Mariano Delgado, Oliver Krüger, Guido Vergauwen (Hrsg.), Das Prinzip Evolution, Stuttgart 2010

Jacques Derrida, Gianni Vattimo, Religion, Frankfurt a. M. 2001

Eric R. Dodds, Der Fortschrittsgedanke in der Antike, Zürich 1977

Ludwig Feuerbach, Das Wesen des Christentums, Stuttgart 1969

Bernard McGinn, Die Mystik im Abendland, Freiburg i. B. 2008

René Girard, Gianni Vattimo, Christentum und Relativismus, Freiburg i. B. 2008

Thomas Gordon, Familienkonferenz, München 1989

Thomas Gordon, Managerkonferenz, München 1989

Werner Heisenberg, Physik und Philosophie, Stuttgart 1959

Christopher Hitchens, Der Herr ist kein Hirte, München 2007

William James, Die Vielfalt religiöser Erfahrung, Frankfurt a.M. 1997

Medard Kehl, Eschatologie, Würzburg,1988

Max Kerner, Klaus Herbers, Die Päpstin Johanna, Köln 2010

Hans Küng, Was ich glaube, München 2009

Joachim Kunstmann, Rückkehr der Religion, Gütersloh 2010

Rupert Lay, Ethik für Manager, Düsseldorf 1989

Odo Marquard, Zukunft braucht Herkunft, Stuttgart 2003

Heinrich A. Mertens, Handbuch der Bibelkunde, Düsseldorf 1984

Tilmann Moser, Gottesvergiftung, Frankfurt a.M.1980

Tilmann Moser, Von der Gottesvergiftung zu einem erträglichen Gott, Stuttgart 2003

Klaus Müller, Dem Glauben Nachdenken, Münster 2010

Peter Neuner, Der Streit um den katholischen Modernismus, Frankfurt a. M.
2009

Christian Nürnberger, Jesus für Zweifler, Gütersloh 2007

Michel Onfray, Wir brauchen keinen Gott, München 2006

Ernst Pöppel, Der Rahmen, München 2006

Hans R. Preuß, Evolution des Glaubens, Darmstadt 2010

John A.T. Robinson, Gott ist anders, München 1963

Richard Rorty, Gianni Vattimo, Die Zukunft der Religion, Frankfurt a. M. 2009

Ulrich Schnabel, Die Vermessung des Glaubens, München 2008

Peter Sloterdijk, Du musst dein Leben ändern, Frankfurt a.M. 2009

John Shelby Spong, Die Sünden der Heiligen Schrift, Düsseldorf 2007

John Shelby Spong, Warum der alte Glaube neu geboren werden muss, Düsseldorf 2006

David Steindl-Rast, Credo, Freiburg 2010

Charles Taylor, Ein Säkulares Zeitalter, Frankfurt a.M. 2009

Charles Taylor, Die Formen des Religiösen in der Gegenwart, Frankfurt a. M.
2002

Martin Urban, Die Bibel. Eine Biographie, Berlin 2009

Martin Urban, Warum der Mensch glaubt, München 2007

Gianni Vattimo, Glauben – Philosophieren, Stuttgart 1997

Gianni Vattimo, Jenseits des Christentums, München 2004

Carl Friedrich von Weizsäcker, Wohin gehen wir? Munchen 1997